भारतीय विवाह संस्था का इतिहास

पीपुल्स पब्लिशिंग हाउस (प्रा.) लि.

भारतीय विवाह संस्था का इतिहास

विश्वनाथ काशीनाथ राजवाडे

वाणी प्रकाशन

वाणी प्रकाशन

4695, 21-ए, दरियागंज, नयी दिल्ली 110 002

फ़ोन : +91 11 23273167 फ़ैक्स : +91 11 23275710

शाखाएँ

अशोक राजपथ, पटना 800 004, बिहार

कॉफ़ी हाउस कैम्पस, महात्मा गांधी मार्ग, इलाहाबाद 211 001, उत्तर प्रदेश

महात्मा गांधी अन्तरराष्ट्रीय हिन्दी विश्वविद्यालय, वर्धा 442 001, महाराष्ट्र

सुल्तानिया रोड, मोतिया पार्क, भोपाल 462 001, मध्य प्रदेश

www.vaniprakashan.in

marketing@vaniprakashan.in

sales@vaniprakashan.in

BHARTIYA VIVAH SANSTHA KA ITIHAS

by Vishwanath Kashinath Rajvade

ISBN : 978-93-5000-959-8

Social Science

संस्करण 2004, 2012

आवृत्ति 2019

मूल्य : ₹ 195

सिटी प्रेस, दिल्ली-110 095 में मुद्रित

वाणी प्रकाशन का लोगो मक़बूल फ़िदा हुसेन की कूची से

अनुक्रम

भारतीय विवाह संस्था का इतिहास : कुछ सम्मतियाँ

मानव जीवन की शुरुआत के साथ ही स्त्री-पुरुष संबंधों की शुरुआत हुई और समय-समय पर इन संबंधों का स्वरूप बदलता रहा। प्रारंभ में स्त्री-पुरुष बिना किसी बंधन के साथ रहते थे, परन्तु जब समाज और परिवार की परिकल्पना अस्तित्व में आयी तो स्त्री-पुरुष संबंधों को एक स्थायित्व देने के लिए वैवाहिक संबंधों को स्वीकारा जाने लगा। हजारों वर्षों के बाद आज भी अलग-अलग जातियों, सम्प्रदायों, देशों-प्रदेशों में विवाह के स्वरूप भी भिन्न-भिन्न हैं और यह भिन्नता भारत जैसे विशाल देश में और अधिक है। परन्तु इतना निश्चित है कि आज भारत में स्त्री-पुरुष संबंधों को सामाजिक मान्यता तभी दी जाती है, जब स्त्री-पुरुष के बीच विवाह-संबंध किसी न किसी रूप में बने हों। परन्तु विवाह संस्था की ऐतिहासिकता क्या है, किन-किन स्वरूपों के बाद वर्तमान स्वरूप हुआ है, इसका अध्ययन भी महत्वपूर्ण और रुचिकर है। यह हर्ष की बात है कि श्री विश्वनाथ काशीनाथ राजवाडे ने इस संस्था का अध्ययन और खोजबीन पूर्णतया ऐतिहासिकता के साथ, प्राचीन समय-खंड को परखते हुए अपनी पुस्तक 'भारतीय विवाह संस्था का इतिहास' में की है।

यह पुस्तक मूलतः मराठी में लिखी गयी थी और अब करीब साठ वर्षों बाद इसका हिन्दी अनुवाद प्रकाशित हुआ है। हिन्दी में इस विषय पर किसी ऐतिहासिक और वैज्ञानिक दृष्टि से लिखी गयी पुस्तक का अभाव बराबर खटकता रहा है, और उस कमी को इस अनूदित पुस्तक ने कुछ दूर किया है। वैसे श्री राजवाडे की यह पुस्तक कोई साधारण पुस्तक नहीं है। आदम समाज के विकास के इतिहास के प्रति गहन अनुसंधानात्मक एवं वैज्ञानिक दृष्टिकोण की परिचायक यह पुस्तक लेखक के व्यापक अध्ययन और चिंतन की एक अनूठी उपलब्धि है।

* * *

'भारतीय विवाह संस्था का इतिहास' एक ऐसी पुस्तक है जिसे कट्टरपंथी अश्लील और समाज-विरोधी घोषित कर चुके हैं...निश्चित रूप से आज के पाठकों और विद्वानों की मानसिकता बदली है और वे इस पुस्तक की उपादेयता को आज ग्रहण करेंगे और विवाह संस्था के इतिहास को उसके यथार्थ में स्वीकारेंगे।

(आजकल, मार्च 1987)

स्व. इतिहासाचार्य राजवाडे की पुस्तक 'भारतीय विवाह संस्थेचा इतिहास' भारतीय समाज के विकास और गठन के प्रति रुचि और जिज्ञासा रखने वाले हर पाठक के लिए एक दुर्लभ रत्न है।

(वामा, जून 1987)

हमारे पुनर्जागरण के कई मनीषी दूर अतीत में स्वर्णलोक की कल्पना में लीन थे। राजवाडे उनसे बिल्कुल अलग थे। विवाह संस्था में वे इतिहास परिकल्पना को बिल्कुल उलट देते हैं। वे जो लिखते हैं उसका निष्कर्ष कुछ यह है कि सतयुग और द्वापर दरअसल पाशविक, बर्बर और अर्धमानवीय संस्कारों और नैतिक मूल्यों के युग थे और जिन महान नैतिक (खास तौर से स्त्री-पुरुष संबंधों में) मूल्यों पर हम अपना सीना फुलाए रहते हैं, वे कलियुग की देन हैं। वैदिक और वेद-पूर्व समाजों का रूप कुछ और ही था, वह नहीं जिसे हम मोहवश मान बैठते हैं।

राजवाडे का नृतत्व, पुरातत्व और सांस्कृतिक इतिहास से जुड़ा बोध पुरातनियों को पचेगा नहीं। जहाँ सब कुछ दिव्य और दैवीय माना जाता हो, वहाँ मनुष्य के लाखों बरसों के संघर्ष और विकास से उत्पन्न समाज व्यवस्था का विचार अजनबी जान पड़ेगा लेकिन राजवाडे पुरातनियों से उनकी जमीन छीन लेते हैं।

(जनसत्ता, 22 फरवरी 1987)

पुस्तक भारतीय विवाह पद्धति के इतिहास के विषय में काफी जानकारी देती है। लेखक ने इस कृति की रचना के लिए वेदों, महाभारत, हरिवंश और संहिताओं को स्रोत सामग्री बनाया है।...

पुस्तक के अनुवाद की प्रशंसा की जानी चाहिए।

(नयी दुनिया, 12 मार्च 1987)

'भारतीय विवाह संस्था का इतिहास' पुस्तक में अभिव्यक्त विचार श्री राजवाडे ने सन् 1920-23 के दौरान अपने अनेक निबंधों में प्रकाशित करवाये थे। उनका व्यापक विरोध हुआ था और प्रेस तक को जला डालने की धमकियाँ दी गयी थीं। परंतु इस पुस्तक की प्रासंगिकता इसमें है कि हम अपने परम्परागत मूल्यों को आवश्यकता के अनुसार बदल सकते हैं।...

* * *

अपनी धार्मिक मान्यताओं और परंपरा द्वारा स्थापित मर्यादाओं में निहित ऐसे अंतर्विरोधों को सामने लाना आज भी निरापद नहीं है। कल्पना की जा सकती है कि 1910-20 में यह काम करने में कितना जोखिम था, इसे सोचने और समझने वाले की चेतना अपने युग से कितनी आगे थी और ऐसी जानकारी को सामने रखने में उसे कितने प्रबल सामाजिक विरोध का सामना करना पड़ा होगा। लेकिन विश्वनाथ काशीनाथ राजवाडे में ऐसे समाजशास्त्रीय ग्रंथों की रचना करने और उसे समाज के सामने रखने का मादा था।...उनकी पुस्तक 'भारतीय विवाह संस्थेचा इतिहास' इसी प्रकार के अंतर्विरोधों और प्रश्नों को लेकर मानव सभ्यता के अतीत में झाँकती है।

(नवभारत टाइम्स, 19 अप्रैल 1987)

प्रस्तुत पुस्तक में श्री राजवाडे ने प्राचीन ग्रंथों के प्रमाण सहित जो कुछ लिखा है उससे हमारे स्वर्णकाल की सारी धारणाएँ खंडित हो जाती हैं। उनका कहना है कि सतयुग व द्वापर में मानव के संस्कार पाशविक बर्बर और अद्र्ध मानवीय थे, खासकर स्त्री-पुरुष संबंध। विवाह संस्था सतयुग की देन है। इस प्रकार वैदिक एवं वेद पूर्व के सामाजिक संबंध वैसे नहीं थे, जैसे कि हमारे मनीषी हमें बताते आये हैं।...

संदर्भित पुस्तक में श्री राजवाडे ने निर्भीक और बेबाक दृष्टि से यथार्थपूर्ण इतिहास पर रोशनी डाली है। इसे मनु के अनुयायी कर्मशास्त्री और रुढ़िवादी सोच के वे लोग ही नहीं पचा पायेंगे जो कि वेदशास्त्रों की दुहाई देते नहीं थकते।

(बिलासपुर टाइम्स, 30 मार्च 1987)

प्रकाशन से पूर्व

(मूल मराठी संस्करण का प्रकाशकीय)

इतिहासाचार्य स्वर्गीय वि.का. राजवाडे का **भारतीय विवाह संस्था का इतिहास** ग्रंथ, और **भाव-विचार प्रदर्शन के साधनों का विकास** लेख, उनकी पचासवीं पुण्यतिथि के उपलक्ष्य में प्रकाशित करके हम महाराष्ट्र के इस महान् विचारक का पुण्य-स्मरण कर रहे हैं।

पूंजी का मराठी में अनुवाद पूरा होने के उपरांत, उसके अनुवादक कामरेड वसंतराव तुलपुले, एक बार बातचीत के दौरान कामरेड डांगे से बोले, "इसके बाद हम अपने प्रकाशन की ओर से एंगेल्स की कृति **परिवार, व्यक्तिगत सम्पत्ति और राज्यसत्ता की उत्पत्ति** का अनुवाद प्रकाशित करेंगे।" इस पर कामरेड डांगे ने कहा, "इनके साथ, आप राजवाडे जी का ग्रंथ **भारतीय विवाह संस्था का इतिहास** भी मुद्रित कीजिए।" एंगेल्स की कृति **परिवार, व्यक्तिगत सम्पत्ति और राज्यसत्ता की उत्पत्ति** तथा राजवाडे के ग्रंथ **भारतीय विवाह संस्था का इतिहास** का मेल कामरेड डांगे के दिमाग में कितना पहले से था यह बात आपको इस पुस्तक के लिए उनके द्वारा लिखी प्रस्तावना पढ़ने पर ज्ञात हो जायेगी।

हमें भी कामरेड डांगे का यह विचार उचित प्रतीत हुआ, अतएव हमने ये दोनों पुस्तकें एक साथ प्रकाशित करने का निश्चय किया।

किन्तु, इसके पूर्व हमारे एक मित्र श्री के.पी. भागवत ने 1946 में अपनी **वैवाहिक जीवन** नामक पुस्तक में विवाह संस्था के इतिहास पर एक अध्याय लिखा था। इस ग्रंथ को लिखते समय, उन्हें इतिहासाचार्य राजवाडे जी के ग्रंथ के अस्तित्व की जानकारी न थी। वह ग्रंथ प्रकाशित होने के उपरांत, "रत्नाकर" मासिक पत्रिका से सम्बद्ध हमारे एक दूसरे मित्र वयोवृद्ध श्री बालासाहेब गोखले ने पुस्तक पढ़ने पर कहा कि इसी पद्धति से श्री राजवाडे जी ने **भारतीय विवाह संस्था का इतिहास** लिखा है। इतना ही नहीं, बाद में श्री बालासाहेब ने "संशोधक" नामक मासिक पत्रिका के अंक भी हमें उपलब्ध करा दिये, जिसमें राजवाडे जी का ग्रंथ प्रकाशित

हुआ था। श्री भागवत को लगा था कि इस ग्रंथ को प्रकाशित किया जाना चाहिए; परन्तु तब ऐसा हो नहीं पाया। अपनी **वैवाहिक जीवन** पुस्तक के छठे संस्करण में श्री के.पी. भागवत ने स्वर्गीय राजवाडे के ग्रंथ का उल्लेख किया है।

स्वर्गीय राजवाडे जी का यह ग्रंथ पुस्तक रूप में प्रकाशित नहीं हुआ था। अलग-अलग अध्याय अलग-अलग मासिक पत्रिकाओं में, अलग-अलग कालखंडों में प्रकाशित हुए थे। उसकी कहानी कामरेड डांगे द्वारा लिखित प्रस्तावना में पढ़ने को मिलेगी। इस तरह इन बिखरे हुए अध्यायों की खोज करना, यह सब कठिन कार्य तो करना ही पड़ा। वे सब काम पूर्ण होने के बाद, हमने मुद्रण के लिए इस ग्रंथ की टंकित प्रति तैयार की। "संशोधक" मासिक पत्रिका के आठ वर्षों में से तीन वर्षों के छः दुर्लभ अंक हमें प्राध्यापक एस.एस. काले की मदद से मिल पाये। अब भी यह ग्रंथ अपूर्ण ही है। इच्छा होते हुए भी, स्वर्गीय राजवाडे इस ग्रंथ को पूर्ण न कर सके।

एंगेल्स की कृति **परिवार, व्यक्तिगत संपत्ति और राज्यसत्ता की उत्पत्ति** तथा स्वर्गीय राजवाडे जी के ग्रंथ **भारतीय विवाह संस्था का इतिहास** का प्रकाशन भर ही हम अपने संकल्प के अनुसार, एक ही समय पर, नहीं कर पाये। दोनों ग्रंथों का मुद्रण पूरा हो चुका था, परन्तु हमारा आरम्भ से ही यह आग्रह था कि इतिहासाचार्य राजवाडे जी की पुस्तक के लिए, उनका उचित मूल्य जानने वाले तथा उनके बुद्धिवैभव के प्रति अत्यन्त आदर-भाव रखने वाले कामरेड डांगे लिखित प्रस्तावना ही होनी चाहिए। कामरेड डांगे की बीमारी, फिर उनकी प्रिय पत्नी कामरेड उषाताई की मृत्यु, उनके अन्य विविध कार्य, इस सबके कारण वह प्रस्तावना हमें समय पर न मिल पायी। अतएव हमें एंगेल्स की पुस्तक का प्रकाशन पहले करना पड़ा।

एक तरह से यह विलम्ब उचित सिद्ध हुआ। इसी कारण से इतिहासाचार्य स्वर्गीय वि.का. राजवाडे की पचासवीं पुण्य-तिथि पर इस ग्रंथ को प्रकाशित करने का अवसर हमें मिल सका।

हमने इस पुस्तक में श्री राजवाडे जी का **भाव-विचार प्रदर्शन के साधनों का विकास** लेख भी शामिल किया है। प्रथम दृष्टि से इन दो विषयों में सादृश्य दृष्टिगोचर नहीं होता, तो भी इस लेख में स्व. राजवाडे के चिंतन की मूलगामी पद्धति, तथा व्यक्त किये गये नये विचार के पूरक उद्धरण देकर उसे सिद्ध करने की वैज्ञानिक पद्धति अत्यंत स्पष्ट एवं उत्तम रूप में दृष्टिगोचर होती है; और इसी पद्धति का प्रयोग उन्होंने अपनी कृति **भारतीय विवाह संस्था का इतिहास** लिखने में किया है। इस पद्धति का परिचय पाठकों को कराने के लिए ही इस लेख को हमने इस पुस्तक में सम्मिलित किया है। पुस्तक में इस लेख का समावेश भी हमने का. डांगे के सुझाव पर किया। हमें दिये गये आश्वासन के अनुसार, कामरेड डांगे ने इस ग्रंथ

के लिए विस्तृत तथा विवेचनापूर्ण प्रस्तावना लिखी, और समय-समय पर मार्गदर्शन भी किया। इसके लिए हम उनके हृदय से आभारी हैं।

31 दिसंबर 1976 को, जब इस पुस्तक का प्रकाशन-समारोह आयोजित करने का निर्णय लिया गया था, तब मुद्रण का काम पूरा होने में मात्र पन्द्रह दिन बचे थे; परन्तु इस अल्प अवधि में भी मुखपृष्ठ तैयार करने की प्रक्रिया से लेकर ग्रंथ रूप में पुस्तक हमारे हाथ में सौंपने तक का काम "कल्पना" मुद्रणालय के संचालक श्री चि.स. लाटकर और उनके मजदूर भाइयों ने अत्यन्त तत्परता के साथ पूरा किया। इसके लिए हम उनके ऋणी हैं।

प्रो. एस.एस. काले ने "संशोधक" मासिक पत्रिका के दुर्लभ अंक हमें उपलब्ध कराये, जिसके लिए हम उनके सदैव आभारी रहेंगे।

इस पुस्तक के मुखपृष्ठ के लिए स्वर्गीय श्री वि.का. राजवाडे का दुर्लभ छायाचित्र हमें 'भारत इतिहास संशोधन मंडल' के संचालकों से प्राप्त हुआ। हम उनके शतशः ऋणी हैं।

मुद्रण साहित्य भंडार ने सस्ते मूल्य पर हमें जो कागज उपलब्ध कराया, इसी कारण हम पुस्तक का इतना कम मूल्य रख सके। इसके लिए हम उनके भी कृतज्ञ हैं।

इतिहासाचार्य स्वर्गीय वि.का. राजवाडे की विपुल ग्रंथसंपत्ति में से एक ग्रंथ प्रकाशित कर उनके विज्ञान-आधारित तेजस्वी विचारों के स्पष्ट विवेचन का अल्प-सा परिचय महाराष्ट्र की नयी पीढ़ी को करा सकने पर हम गौरव का अनुभव करते हैं।

इस ग्रंथ को पढ़ने से, मराठीभाषी पाठकों को स्व. राजवाडे जी की विचारनिधि का परिचय और उसका अध्ययन करने की स्फूर्ति प्राप्त हो, इतनी ही इच्छा इस ग्रंथ प्रकाशन के द्वारा हम कर रहे हैं। हमें पूर्ण विश्वास है कि हमारे पिछले प्रकाशनों के समान ही, इस प्रकाशन के प्रति भी, मराठीभाषी पाठकों की अनुकूल प्रतिक्रिया होगी।

शांता रानाडे,

इतिहासाचार्य विश्वनाथ काशीनाथ राजवाडे का जीवन-परिचय

(जन्म : 24 जून 1863 - मृत्यु 31 दिसंबर 1926)

उन्नीसवीं शताब्दी के उत्तरार्ध और बीसवीं शताब्दी के पूर्वार्ध की पराधीनता और अंध अंग्रेज-भक्ति की अंधकारमय पृष्ठभूमि में इतिहासाचार्य स्वर्गीय वि.का. राजवाडे का तेजस्वी व्यक्तित्व विशेष रूप से दैदीप्यमान दिखायी देता है। उनकी तीक्ष्ण बुद्धि, अपार सृजन शक्ति और अदम्य अन्वेषण क्षमता से उनके समकालीन ज्ञानकोशकार स्वर्गीय डा. व्यम. केतकर जैसे कुछ व्यक्ति परिचित थे। वे उनके कार्य का उचित महत्व जानते थे और उन्होंने उनके कार्य का समय-समय पर गौरव-मंडन भी किया था। परन्तु कुछ अहंकारी तथा कुछ विक्षिप्त दीखने वाले बर्ताव के कारण, वह सर्वसाधारण समाज से कुछ अलग-थलग पड़े दिखायी देते थे।

ऐसे विवादपूर्ण और तूफानी व्यक्ति का परिचय नयी पीढ़ी को कराना अत्यन्त आवश्यक है।

स्वर्गीय विश्वनाथ काशीनाथ राजवाडे का जन्म 24 जून 1863 को वरसई में हुआ था। बालक विश्वनाथ जब तीन वर्ष के थे तभी उनके पिताजी का स्वर्गवास हो गया था। अतः उनकी माता अपने दो बेटों—बड़े बेटे बैजनाथ तथा छोटे बेटे विश्वनाथ—को लेकर अपने पिता के घर, वरसई आ गयी।

इन दोनों भाइयों की शिक्षा पुणे में हुई। विश्वनाथ का प्राथमिक शिक्षण शनिवार पेठ की पाठशाला में हुआ। माध्यमिक शिक्षण के लिए उन्होंने बाबा गोखले की शाला में प्रवेश किया। तदुपरांत कुछ अवधि के लिए वामनराव भावे तथा काशीनाथपंत नातू की शाला में रहने के बाद वह विष्णुशास्त्री चिपलूणकर के न्यू इंग्लिश स्कूल में गये और फिर कुछ समय मिशन स्कूल में बिताकर उन्होंने अपनी माध्यमिक शिक्षा पूरी की। 1882 में श्री राजवाडे ने प्रवेश परीक्षा (मैट्रिक्युलेशन) उत्तीर्ण की।

आगे की शिक्षा के लिए उन्होंने बम्बई के एलफिस्टन कालेज में नाम दर्ज कराया। परन्तु घर की गरीबी के कारण बड़ी मुश्किल से कुल छः माह ही वे कालेज

जा पाये। उसके बाद धनार्जन के साधन के रूप में उन्होंने पुणे में पब्लिक सर्विस सेकंड ग्रेड परीक्षा में बैठने वाले विद्यार्थियों के लिए एक कक्षा शुरू की। उससे थोड़ा धन प्राप्त होने के बाद उन्होंने पुनः देकन कालेज में नाम दर्ज कराया। उनके बड़े भाई बैजनाथ को भी वहाँ छात्रवृत्ति प्राप्त हो गयी थी। उससे भी उन्हें अपनी शिक्षा आगे जारी रखने में सहायता मिली।

शाला या कालेज के पाठ्यक्रम में लगी पाठ्य पुस्तकों की ओर उन्होंने कभी भी विशेष ध्यान नहीं दिया। शाला के शिक्षक और महाविद्यालयों के प्राध्यापक उनकी कुशाग्र तथा विशाल बुद्धि और ज्ञानक्षुधा के लिए आवश्यक सामग्री जुटाने में असमर्थ थे। किन्तु डा. रामकृष्ण गोपाल भांडारकर, न्यायकोशकर्ता म.म. झलकीकर जैसे अखिल-भारतीय स्तर के कुछ विद्वानों और प्राध्यापकों से जो शिक्षा उन्हें मिली वह बहुत लाभदायक रही। ग्रंथों को ही अपना गुरु मान उन्होंने इतिहास, अर्थशास्त्र, धर्मशास्त्र, नीतिशास्त्र, राजनीतिशास्त्र, दर्शनशास्त्र, तर्कशास्त्र, समाजशास्त्र, वनस्पतिशास्त्र इत्यादि विविध शास्त्रों से संबंधित अनेक ग्रंथों का अध्ययन करने के उपरान्त 1891 में बी.ए. की परीक्षा उत्तीर्ण की। "विद्यार्जन का एकमात्र उद्देश्य मन में रखने वाला मैं, नौकर तैयार क़रने के कारखाने में जा गिरा"—इस प्रकार के कड़े शब्दों में उन्होंने तत्कालीन शिक्षण संस्थाओं के संबंध में अपने विचार प्रकट किये हैं। प्राथमिक शिक्षा से लेकर कालेज तक की उच्च शिक्षा से संबंधित अपने अनुभव उन्होंने 'ग्रंथमाला' मासिक पत्रिका में प्रकाशित **कनिष्ठ, मध्यम व उच्च शालांतीत स्वानुभव** (प्राथमिक, माध्यमिक एवं उच्चशालाओं के मेरे अनुभव) शीर्षक निबंध द्वारा समाज के सम्मुख प्रस्तुत किये। इस निबंध में श्री राजवाडे लिखते हैं, "मुझे वैज्ञानिक पद्धति से पढ़ाने वाला एक भी गुरु नहीं मिला। यहाँ से वहाँ तक सब शिक्षक पेट पालकर यहाँ का बोझ उठाकर वहाँ डालने वाले मजदूरों जैसे ही थे। मेरे जीवन के ढाई साल नूतन ज्ञान प्राप्ति की दृष्टि से बिल्कुल ही व्यर्थ गये। इसके अलावा, नैतिक और धार्मिक दृष्टि से मेरी जो हानि हुई, उसे बताना कठिन है।" इसी निबंध में वह आगे लिखते हैं, "पूरे बारह वर्षों तक शिक्षा तो दी जाती है नौकरी करने की, और विश्वविद्यालय के उपाधि-वितरण समारोह के समय, परीक्षा उत्तीर्ण कर नौकरी के इच्छुक उम्मीदवारों को उपदेश दिया जाता है स्वतंत्र उद्योग करने का या देवी सरस्वती की एकाग्रचित्त उपासना करने का। इस अहम्मन्यता से मैं ऊब गया हूँ। अतः यह उचित ही है कि मैं इन किराये के टट्टू जैसे शिक्षकों की गुलामी जैसी नौकरी की उकताने वाली परीक्षाओं से विमुख हो गया और ग्रंथालय के ग्रंथों की ओर खुले दिल से उन्मुख हुआ।" इस तरह, विद्यार्थी अवस्था से प्रारम्भ की गयी उनकी ज्ञानसाधना जीवन के अंत तक चलती रही।

स्वर्गीय राजवाडे जी ने विश्वविद्यालय की उपाधि अवश्य प्राप्त की, पर उसके माध्यम से, उत्तम नौकरी प्राप्त कर, उच्चपद पर आसीन होने की आकांक्षा उन्होंने

कभी नहीं पाली। किन्तु अपना कार्यक्षेत्र निश्चित करने तक उनके जीवन के दो-तीन वर्ष संभ्रमित अवस्था में व्यतीत हुए। उस समय की प्रथा के अनुसार, उनका विवाह 1888 में, विद्यार्थी अवस्था में ही हो गया था। उपाधि प्राप्त करने के उपरान्त, गृहस्थी चलाने की दृष्टि से, उन्होंने पुणे के न्यू इंग्लिश स्कूल में अस्थायी रूप से नौकरी की। परन्तु दो संतानों तथा पत्नी की असामयिक मृत्यु के कारण उन पर से गृहस्थी का पाश टूट गया और स्वाभाविक रूप से ही, गृहस्थी चलाने के उद्देश्य से जो नौकरी की थी, वह उन्होंने 1893 में छोड़ दी। पत्नी के निधन के बाद, पुनः विवाह करने योग्य आयु होने पर भी विवाह न करने का दृढ़ निश्चय कर, श्री राजवाडे ने अपना कार्य प्रारम्भ कर दिया। मराठी भाषा व स्वदेश के लिए अभिमान की और उनकी स्थिति में सुधार लाने की जो भावना राजावाडे जी के मन में बीज रूप में थी, वह विकसित होकर उनके जीवन का ध्येय बन गयी। स्वयं राजवाडे जी का कहना था कि विष्णुशास्त्री चिपलूणकर के लेख, काव्य-इतिहासकार रावबहादुर काशीनाथपंत साने के ऐतिहासिक पत्र एवं परशुरामपंत गोडबोले द्वारा प्रकाशित काव्यों से मुझे 'महाराष्ट्र सारस्वत' के लिए गर्व प्रतीत होने लगा।

जनवरी 1894 में राजवाडे ने 'भाषांतर' मासिक पत्रिका का प्रथम अंक प्रकाशित किया। राष्ट्र का स्वाभिमान विकसित करने और विश्व के विभिन्न विचार-प्रवाहों से देशबांधवों को परिचित कराने के उद्देश्य से उत्तमोत्तम ग्रंथों के अनुवाद लोगों को उपलब्ध कराना आवश्यक था। इस मासिक पत्रिका का शुभारंभ करने के पीछे श्री राजवाडे का उद्देश्य यह था कि पश्चिमी देशों में अलग-अलग शास्त्रों से संबंधित जो अगाध ज्ञान सर्जित हो रहा है, उस तरह का स्वतंत्र ज्ञान-भंडार निर्मित करने की योग्यता चूँकि अभी हममें नहीं है, अतः वही ज्ञान मराठी भाषा में लाने का प्रयत्न किया जाये। इस प्रकार 37 महीने तक कार्य करते हुए उन्होंने 15 पूर्ण व 7 अपूर्ण—इस प्रकार कुल 22 ग्रंथों का अनुवाद प्रकाशित कराया। श्री राजवाडे जब कालेज में पढ़ते थे, तभी उन्होंने प्लेटो के रिपब्लिक ग्रंथ का अनुवाद किया था जो इस मासिक पत्रिका में प्रकाशित हुआ। पुणे में प्लेग के संकट के कारण यह मासिक पत्रिका बन्द करनी पड़ी।

यह मासिक पत्रिका बंद तो हो गयी, पर श्री राजवाडे के आदर्शवादी मन ने उन्हें आराम से नहीं बैठने दिया। जब वह कालेज में पढ़ते थे, तभी से इतिहास उनका प्रिय विषय था। श्री राजवाडे का मत था कि ग्रांट डफ और अन्य इतिहासकारों द्वारा लिखित भारत का इतिहास विजेताओं द्वारा लिखित विजित देश का इतिहास है, अतः उसमें सत्य का अभाव है और महत्वहीन घटनाओं को बढ़ा-चढ़ाकर बताया गया है। उनके मन में यह विचार भी पैदा हुआ था कि सच्चे इतिहास को प्रकाश में लाये बिना, राष्ट्र में स्वत्व की चेतना निर्मित नहीं होगी। अभी वह इस तरह की दुःखी मनःस्थिति में ही थे कि उन्हें यह समाचार मिला कि उनके एक विद्यार्थी, काकाराव

पंडित ने पढ़ने के बाद उनमें एक पुस्तक के लिए सामग्री पायी है। स्वयं काका साहब पंडित ने लिखा है, "निरलस विसुभाऊ उसी रात को पुणे से वाई आ गये। सुबह मुझसे मिले और तुरन्त कागजात पढ़ने में जुट गये।" इस प्रकार दो माह का अविश्रांत परिश्रम करने के बाद, 1896 में **मराठ्यांच्या इतिहासाची साधने** (मराठों के इतिहास के स्रोत) शीर्षक पुस्तक का पहला खण्ड प्रकाशित हुआ। पानीपत के युद्ध से संबंधित 202 पत्र इसी खण्ड में हैं।

इसी रीति से प्रारम्भ की गयी राजवाडे जी की इतिहास की स्रोत-सामग्री जुटाने की तपस्या अनवरत चलती रही। इस हेतु किसी यांत्रिक की-सी दृढ़ता और अनथक प्रयत्नशीलता से उन्होंने पूरे महाराष्ट्र का दौरा किया। ऐतिहासिक दृष्टि से महत्वपूर्ण स्थानों में बार-बार जाकर उनका निरीक्षण किया। उन ऐतिहासिक स्थलों की वास्तुकला जैसे मुखरित हो उठी। अनमोल जानकारी एकत्रित हुई। उन्होंने वहाँ के जनजीवन, वहाँ की भाषा, रीति-रिवाजों और साहित्य का समाजशास्त्रीय दृष्टि से अध्ययन करके निष्कर्ष निकाले। जैसे ही उन्हें यह पता चलता कि किसी जगह पर पुराने कागज-पत्र मिलने की संभावना है, वह धोती, लम्बा काला कोट, सिर पर साफा पहने, अपने लिए भोजन पकाने के इने-गिने बर्तनों का थैला कंधे पर डाले निकल पड़ते, और उन्हें प्राप्त करने के लिए अथक परिश्रम करते। हमेशा के मुँहफट विसुभाऊ तब विनम्र हो जाया करते और अनुनय-विनय करते। कागज प्राप्त होते ही वह उन पर एकदम टूट पड़ते थे। दिन-रात परिश्रम कर उनका संदर्भ लगाकर अपने खुद के खर्चे से उसे प्रकाशित करने का भी खटराग करते थे। यदि किसी सामंती घराने के या किसी राज्य के वारिस, इस प्रकार के कागज-पत्र देने में आनाकानी करने लगते तो राजवाडे जी क्रोधाविष्ट होकर कहा करते, "जिनके पराक्रम पर आज ये ऐश्वर्य भोग रहे हैं वे राजा तो सोये हुए हैं और जागीरदार ऊंघ रहे हैं, इसलिए यह खटराग हमें करना पड़ रहा है।"

धूल की तहों से लिपटे, भीगकर गीली मिट्टी बने पुराने कागजों के ये बस्ते प्राप्त करने में आयी किसी भी प्रकार की कठिनाइयों से, राजवाडे जी की तपश्चर्या में कभी विघ्न नहीं पड़ा। थकान मिटाने लायक थोड़ी नींद और स्वयं का भोजन पकाकर खाने लायक फुरसत—इसके अलावा उनका बाकी सारा समय वाचन, लेखन और चिंतन-मनन में ही बीतता था।

उनकी इस तपस्या के फलस्वरूप मराठों के इतिहास की स्रोत-सामग्री के बाईस खण्ड प्रकाशित हुए। इसके अलावा, मृत्यु के समय इससे भी अधिक ऐसा अप्रकाशित संग्रह राजवाडे जी के पास था। इस भ्रमण में ही उन्हें संत एकनाथ के काल के पूर्व की **ज्ञानेश्वरी** की प्रतिलिपि प्राप्त हुई। उसे संपादित कर उन्होंने प्रकाशित तो किया ही, इसके अतिरिक्त **ज्ञानेश्वरीतील मराठी व्याकरण** (ज्ञानेश्वरी से उद्भूत मराठी व्याकरण) नामक भाषाशास्त्र की दृष्टि से अत्यंत मूल्यवान ग्रंथ

लिखकर **ज्ञानेश्वरी** का अध्ययन करने वाले लोगों को नया मार्गदर्शन प्रदान किया। जयराम पिंड्ये द्वारा शहाजी (शिवाजी के पिता) के चरित्र पर लिखा **राधामाधवविलासचंपू** नामक काव्य ग्रंथ और **महिकावतीची बखर** राजवाडे जी द्वारा संपादित किये गये दो ग्रंथ हैं, जिनकी प्रस्तावना में महाराष्ट्र की बस्तियों, वहाँ सामाजिक जीवन के संबंध में राजवाडे जी ने जो अध्ययन किया और जो निष्कर्ष निकाले, उनका प्रतिबिंब मौजूद है। अल्प अनुसंधान, अपर्याप्त साधन, कुछ खोजने की प्रवृत्ति का अभाव–ऐसी परिस्थिति में राजवाडे जी द्वारा इन प्रस्तावना-लेखों में महाराष्ट्र के जन-जीवन के संबंध में की गयी विशेष चर्चा महत्वपूर्ण प्रतीत होती है।

मराठों के इतिहास के साधनों के खण्डों में उन्होंने जो दीर्घ प्रस्तावनाएँ लिखीं, उनमें राजवाडे जी ने इतिहासविषयक अनेक प्रश्नों की चर्चा की है। मराठों का इतिहास वैज्ञानिक पद्धति से ही लिखा जाना चाहिए, इस प्रकार का उनका आग्रह उनमें दृष्टिगोचर होता है। राजवाडे जी का कहना था कि परिस्थिति तथा मानव के संघर्ष से इतिहास बनता है। ईश्वरीय संकेत, किसी एक ही व्यक्ति के कृतित्व आदि की बातें महत्वपूर्ण नहीं होतीं, किन्तु साधारण और असाधारण व्यक्तियों के जीवन-चरित्रों से मिलकर इतिहास बनता है। वह इतिहास की व्यापक व्याख्या इस प्रकार करते हैं कि इतिहास तत्कालीन समाज का भौतिक तथा आत्मिक चरित्र होता है।

स्वर्गीय श्री राजवाडे का कार्य केवल इतिहास-विषयक ही नहीं है। मराठी भाषाशास्त्र की दृष्टि से भी उन्होंने बहुत बड़ा कार्य किया है। **राजवाडे धातुकोश** और **राजवाडे शब्द व्युत्पत्ति कोश** ये दो ग्रंथ उनकी मौलिक बुद्धि के परिचायक हैं। उसी तरह श्री दामले के व्याकरण पर लिखे गये समालोचनात्मक लेख **सुबंत विचार** तथा **तिङ्त विचार** और **संस्कृत भाषेचा उलगड़ा** (संस्कृत भाषा का स्पष्टीकरण) नामक स्वतंत्र ग्रंथ उनकी स्वतंत्र विचार प्रणाली के परिचायक हैं। इस अंतिम ग्रंथ में व्युत्पत्ति के आधार पर मानव-इतिहास के अर्थ को विशद बनाने का उनका प्रयास निस्संदेह मौलिक है।

महानुभावों के ग्रंथों की सांकेतिक भाषा का राजवाडे जी द्वारा किया गया स्पष्टीकरण उनका बहुत बड़ा काम है। भाषा के अध्ययन के लिए इस स्पष्टीकरण से एक नया आयाम खुल गया। इसके अलावा, समय-समय पर विविध विषयों पर विभिन्न मासिक पत्रिकाओं में जो लेख और निबंध प्रकाशित हुए उनकी संख्या भी बहुत बड़ी है। उनकी सर्वस्पर्शी, सर्वव्यापक प्रतिभा ने अनेक विषयों पर कुछ नये विचार और सिद्धान्त सम्मुख रखे। यद्यपि यह नहीं कहा जा सकता कि ये सभी विचार और सिद्धान्त अविवाद्य या सही थे, फिर भी, अपने कथ्य को उदाहरणों द्वारा संपुष्ट करने की उनकी पद्धति, निःसंदेह, वैज्ञानिक थी।

अपने मनन और चिंतन को, शब्द रूप देकर, लेखों तथा ग्रंथों के रूप में पुनः

प्रकाशित करने में स्वर्गीय राजवाडे जी ने तत्परता दिखायी। यह उनके चरित्र की विशेषता थी। यही कारण है कि विपुल ग्रंथ संपत्ति के रूप में उनकी विचार-निधि भावी पीढ़ियों को प्राप्त हो सकी।

राजवाडे जी की इच्छा थी कि सौ वर्षों तक जीवित रह कर खूब काम करते। विद्यार्थी जीवन में किये गये व्यायाम से उनका स्वास्थ्य भी ठीक-ठाक था। परन्तु सतत भ्रमण और अनवरत चिंतन-मनन से मन पर पड़ने वाले तनाव ने उन्हें उच्च रक्तचाप के रोग से ग्रसित कर दिया। उस अवस्था में भी वह कार्यरत रहे। 1926 के मार्च में टिप्पणियों के कागजों से भरे ट्रंक और भोजन पकाने के बर्तन लेकर वे धुले गये। इस गाँव से उनका बहुत घनिष्ठ तथा स्नेहपूर्ण संबंध था। वहाँ जाने पर भी **धातुकोश** को ठीक तरह से पूरा करने के उनके प्रयास चलते रहे। परन्तु जिद्दी मन को दुर्बल शरीर के सामने झुकना पड़ा और दुर्वासा के समान कोपी, किन्तु अनवरत ज्ञानसाधना करने वाले इस ऋषितुल्य अन्वेषक का, महान् वैयाकरण और समाजशास्त्री का 31 दिसंबर 1926 को देहान्त हो गया।

राजवाडे जी यदि और जीते तो आर्यों की विजय के संबंध में बृहत् ग्रंथ लिख जाते। मराठों के इतिहास की खोज करते समय संपूर्ण आर्य संस्कृति का इतिहास खोजने की जो तीव्र इच्छा उनके मन में पैदा हुई थी, उसका परिपाक उक्त ग्रंथ के रूप में सामने आ सकता था। उसकी रूपरेखा भी उन्होंने तैयार कर ली थी। **धातुकोश** और **विवाह संस्था का इतिहास**, ये दो ग्रंथ पूर्ण हो सकते थे, परन्तु मृत्यु ने उनके इन विशाल मनोरथों को बीच ही में अवरुद्ध कर दिया।

इतिहास के आचार्य के इस अधूरे कार्य को पूरा करने के आह्वान को यदि नयी पीढ़ी स्वीकार कर लेती है, तो यही उनके प्रति वास्तविक श्रद्धांजलि होगी।

मराठी संस्करण की प्रस्तावना

मुझे इतिहासाचार्य राजवाडे जी की महत्ता के संबंध में लिखने की आवश्यकता नहीं है। यह काम इतिहासकार करेंगे। राजवाडे जी इतिहास, भाषा विज्ञान और समाजशास्त्र के क्षेत्र में जो अभूतपूर्व और क्रांतिकारी रचना संसार छोड़ गये हैं, उसका ठीक ज्ञान तथा अध्ययन अभी तक उचित रूप से नहीं हो पाया है। मेरा यह कथन सही है या झूठ, इसका अनुमान महाराष्ट्र या भारत के बड़े-बड़े विश्वविद्यालयों में उच्च पीठासीन प्राध्यापक जो कुछ पढ़ाते हैं, उसे देखने से लग जायेगा। अंग्रेजों के शासनकाल में ऐसा ही पठन-पाठन होता था, इसके अलावा कोई चारा नहीं था। परन्तु अब क्या स्थिति है?

एक संस्मरण बताता हूँ। अंग्रेज मिशनरियों की एक पाठशाला में कुछ दिनों के लिए मैंने शिक्षक की नौकरी की थी। मैट्रिक की इतिहास की कक्षा में शिवाजी की स्वराज्य स्थापना के इतिहास का सारांश मैंने राजवाडे जी द्वारा किये प्रतिपादन के अनुसार कह सुनाया और पाठ्यपुस्तक एक तरफ रख दी। यह सब प्राचार्य महोदया ने, जो एक अंग्रेज महिला थी, पड़ोस की कक्षा से छिपकर सुन लिया। वह आगबबूला हो उठीं। मुझे तत्काल बुला भेजा गया और मेरी मास्टरी उसी समय समाप्त कर दी गयी, और वह भी तनख्वाह दिये बिना। यह घटना 1920 की है।

अब यदि वही पाठ मैं किसी कक्षा में फिर से पढ़ाऊँ तो कम से कम नौकरी नहीं जायेगी। राजवाडे जी का इतिहास-चित्रण हमारे शिक्षाशास्त्रियों को कहाँ तक ज्ञात या मान्य है, इस संबंध में मुझे शंका है। राजवाडे जी के सभी सिद्धान्तों और रचनाओं को, जिस रूप में वे हैं उसी रूप में स्वीकार करके, इतिहास शिक्षण का माध्यम बनाया जाये—यह मैं नहीं कहता, बेशक, स्वयं मेरे भी, मार्क्सवादी दृष्टिकोण से, उनसे सैद्धान्तिक मतभेद हैं। फिर भी, इतिहास की रचना आध्यात्मिक द्वन्द्व-विरोध के अनुसार की जाये या विशिष्ट इतिहास-जनित भौतिक द्वन्द्व के अनुसार, इस संबंध में जो मतभिन्नता है उसे कुछ क्षणों को अलग रख दें तो भी, मेरा मत है कि इतिहास राजवाडे जी की पद्धति से और उनकी सामग्री लेकर ही लिखना पड़ेगा। भारत के इतिहास की मार्क्सवादी दृष्टिकोण से वैज्ञानिक रचना करने वाले

के सम्मुख तो राजवाडेकृत लेखन का भरपूर आधार लिये बिना, दूसरा विकल्प ही नहीं है। हो सकता है शायद इसलिए पूँजीवादी विद्वानों को राजावाडेजी द्वारा रचित इतिहास को पढ़ाने में भय लगता हो।

ऐसा मैं क्यों कह रहा हूँ, इस संबंध में मैं एक महत्वपूर्ण संस्मरण का उल्लेख करना चाहूँगा। राजवाडे जी के अपूर्ण ग्रंथ **भारतीय विवाह संस्थेचा इतिहास** (भारतीय विवाह संस्था का इतिहास) के साथ जो दुःखद घटना घटी, यहाँ मैं उसका उल्लेख करना चाहूँगा।

इस ग्रंथ का पहला अध्याय 1923 की मई में पुणे की सुविख्यात पत्रिका 'चित्रमयजगत्' में प्रकाशित हुआ। उसमें कहा गया था कि अत्यन्त प्राचीन आर्यसमाज में ऐसी कोई विवाह संस्था नहीं थी जैसी आज है। तत्कालीन वन्य आर्यसमाज में भाई-बहन, पिता-पुत्री के शरीर संबंध होते थे। पुस्तक का यह भाग **वेदसंहिता** और **महाभारत** के प्रमाणों पर आधारित था। उक्त प्रकार के अनिर्बंध शरीर संबंधों का आगे किस प्रकार विकास हुआ, यही इस ग्रंथ का विषय था। परन्तु इस पहले ही अध्याय में महाराष्ट्र के पाठकों—विशेषकर विद्वानों—के बीच भयानक तूफान उठ खड़ा हुआ। उन्होंने 'चित्रमयजगत्' के मालिक वासुकाका जोशी को पत्र भेजकर धमकी दी कि अगर अगला अंश प्रकाशित किया गया, तो तुम्हारा छापाखाना ही जला दिया जायेगा। स्वाभाविक रूप से ही, अन्य कोई उपाय न देख वासुकाका ने पुस्तक छपवाना बंद कर दिया। यह खबर जब मुझे मिली तब मेरे ध्यान में आया कि यह पुस्तक या इसमें किया गया विवेचन समाजशास्त्र की रचना के लिए, विशेष रूप से मार्क्स-एंगेल्स के इतिहासविषयक सिद्धान्त के लिए, कच्चे माल के रूप में कितना उपयोगी होगा, और मुझे अत्यंत हर्ष हुआ। इस ग्रंथ को छापने का उद्देश्य मन में रखकर, मैं राजवाडे जी से मिलने पुणे गया। वह घर पर नहीं थे। मैं उनके लिए एक छोटा-सा पत्र छोड़कर आ गया कि यह ग्रंथ मुद्रित करने के लिए मैं तैयार हूँ। उसमें मैंने खेतवाड़ी-स्थित अपने छापेखाने का पता भी दिया था। कुछ दिनों के बाद, मैंने छापेखाने का पता बदल दिया। खेतवाड़ी से वह मुद्रणालय ठाकुरद्वार में इन्दुप्रकाश के अहाते में लाया गया था। उसका पता लगाते-लगाते एक दिन शुभ्र वेषधारी तपस्वी के सदृश दिखने वाले दो महापुरुष मेरे सम्मुख आ खड़े हुए। एक थे, वि.का. राजवाडे और दूसरे शं.रा. राजवाडे। उस समय मैं उनके पहले लेख का अंग्रेजी में अनुवाद कर रहा था। उसके प्रूफ मेरे सामने थे। उसी तरह उनके पहले लेख का मराठी में छपा हुआ सोलह पन्नों का फार्म भी मेज पर पड़ा हुआ था। फिर हमारी बातचीत हुई।

राजवाडे : "आपकी चिट्ठी मिली। आपने चिट्ठी में लिखा था कि आप इस ग्रंथ को छापना चाहते हैं। अतः उस संबंध में मैं अधिक जानकारी प्राप्त करने के लिए आया हूँ।"

उनके ऐसा कहते ही मैंने उनको मराठी में मुद्रित फार्म दिखाया और यह कहकर कि मेरा इरादा इस ग्रंथ के अंग्रेजी भाषांतर को भी छपवाने का है, अपनी 'सोशलिस्ट' मासिक पत्रिका के पन्नों का गैली प्रूफ उनको दिखाया। राजवाडे जी के क्रोधी स्वभाव की जानकारी मुझे भी थी, इसलिए मैं यह सब डरते हुए ही कह रहा था। अभी तक स्वयं वह और उनके साथ आये आहिताग्नि राजवाडे कुर्सी पर नहीं बैठे थे। अतः स्वयं मैं भी खड़ा ही रहा। फिर उन्होंने कहा, "आप बहुत साहसी दिखते हैं। आपने अगर इस ग्रंथ को छापा तो कट्टरपंथी लोग आपका छापाखाना जला देंगे। परन्तु आपका निश्चय पक्का हो तो मैं एक उपाय सुझाता हूँ। मैंने अभी यह ग्रंथ पूरा नहीं लिखा है। मैं उसके सोलह पन्नों के एक फार्म का एक-एक अध्याय लिखकर आपके पास भेजूँगा। उस फार्म को छापकर आप मेरे पास भिजवा दीजिये, फिर मैं आगे का अध्याय आपको भेज दूँगा। आपके पास से यदि छपा हुआ फार्म नहीं आया तो मैं समझूँगा कि यह ग्रंथ आपके लिए भी भारी पड़ रहा है अथवा यह जानकर कि आपका भी दिवाला निकल चुका है, आगे का अध्याय लिखूँगा नहीं और भेजूँगा भी नहीं। क्या यह योजना आपको पसन्द है?" मैंने उत्तर दिया कि कुछ भी हो इस ग्रंथ को मुद्रित करने का मैंने निश्चय कर लिया है। यह सुनकर वे मुद्रणयंत्र की ओर निहारने लगे और बोले, "इस ग्रंथ से आपको लाभ नहीं होगा। आपको दिवाला निकलने का भय नहीं लगता?" मैंने कहा, "नहीं, इस ग्रंथ के पहले ही अध्याय में मेरी मार्क्सवादी इतिहासशास्त्र को मजबूत बनाने योग्य विचारसामग्री आपने मुझे हिन्दुस्तान के इतिहास में से दिखायी और आगे भी वैसे ही मिलेगी। इसलिए मैं यह सब खटराग कर रहा हूँ।"

राजवाडे जी ने कहा, "तो यह बात है? ऐसा लगता है कि यह सब आप अपनी विचारधारा के लिए कर रहे हैं—इसीलिए आपको किसी व्यापारी के समान दिवाला निकलने का डर नहीं लगता।"

एक-दो और बातों का उल्लेख करके मैं इस संस्मरण-प्रसंग को समाप्त करूँगा। यह सब खटराग करने के पीछे मेरा उद्देश्य क्या था? ग्रंथ की सामग्री पढ़कर मुझे पक्का विश्वास हो गया कि कम्युनिस्ट विचारधारा के संस्थापक कार्ल मार्क्स और **परिवार, व्यक्तिगत सम्पत्ति और राज्यसत्ता की उत्पत्ति** पुस्तक के रचयिता, उनके सहयोगी, एंगेल्स के विचारों को पूर्ण रूप से परिपुष्ट करने वाली जो सामग्री भारतीय शास्त्रों और इतिहास में है, वह मुझे राजवाडे जी के ग्रंथ से ही प्राप्त हो सकती है। अतः मैंने पक्का इरादा कर लिया कि किसी भी तरह मुझे यह ग्रंथ उनसे पूरा करवाना होगा।

राजवाडे जी का इतिहासशास्त्र स्थान, काल, और व्यक्ति पर आधारित है। इन घटकों को मार्क्सवाद अपूर्ण मानता है। स्थान, काल और व्यक्ति (साधारण या असाधारण) के परस्पर संबंधों के मूल में जीवन-पोषण के लिए आवश्यक उपकरण,

हथियार होते हैं और तज्जन्य उत्पादन, वितरण, उपभोग, वर्ग संबंध व जाति संबंध और इसी तरह राज्यसत्ता भी। प्राचीन काल से कम्युनिस्ट समाज की रचना होने तक समाज का जो विकास और रूपांतरण होता है, उसकी गति द्वंद्वात्मक होती है। इसका मार्क्स तथा एंगेल्स ने स्पष्टीकरण किया है। परन्तु कम्युनिस्ट-विरोधियों का दावा है कि यह वैज्ञानिक पद्धति हिन्दुस्तान के वैदिक दर्शनशास्त्र से प्रभावित और वर्ण-जाति-धर्म से आबद्ध हिन्दू समाज पर लागू नहीं हो सकती। इस दावे का खंडन करने के लिए वेदबद्ध, शास्त्रीय और ऐतिहासिक घटना इत्यादि से प्रमाण प्रस्तुत करने का काम मैंने पहले से ही शुरू कर दिया था। इस कार्य में **भारतीय विवाह संस्था का इतिहास** पुस्तक काफी मददगार थी। यह बात मुझे पहले ही लेख से ज्ञात हो चुकी थी। मैं उस ग्रंथ को पूर्ण करवाने के लिए उनके पीछे पड़ गया। राजवाडे जी के इतिहास-ग्रंथ में मुझे कहीं भी मार्क्स का उल्लेख नहीं मिला। रामदास के संबंध में की गयी चर्चा में उन्होंने हेगेल का उल्लेख किया है, तथा एक अन्य स्थान पर "सोशलिस्टिक" शब्द आया है। इतना ही, बस। फिर भी, उनके द्वारा प्रस्तुत जानकारी से मार्क्सवाद के इतिहास-विकास के सिद्धान्त की रचना के लिए भरपूर सामग्री मिल सकती है।

एक और बात का उल्लेख कर देना आवश्यक होगा। श्री राजवाडे द्वारा लिखित पहले अध्याय का अंग्रेजी अनुवाद मैंने किया था। इसका कुछ अंश मेरी 'सोशलिस्ट' पत्रिका की मासिक आवृत्ति में, जून 1923 से छपना शुरू हुआ था। उसमें सिर्फ दो पृष्ठ ही आ पाये (पृष्ठ 410-411)। इसके बाद एक और लेख जुलाई 1923 के अंक में पृष्ठ 423-424 पर आया है जिसके अंत में "क्रमशः" लिखा है। इसी अंक में आवरण पृष्ठ पर अंग्रेजी में एक विज्ञापन भी छपा : 'Marriages in Ancient India by V.K. Rajwade. Price: Four Annas. इसके बाद के अंक नहीं मिल रहे हैं। श्री राजवाडे के अंग्रेजी अनुवाद का पहला लेख छापते समय मैंने अंग्रेजी में एक बहुत ही संक्षिप्त टिप्पणी लिखी है। मैं समझता हूँ उसे यहाँ दे देना उचित होगा। इस प्रस्तावना में मेरा राजवाडे जी के कुछ निष्कर्षों से मतभेद है, यह मैंने उसी समय लिख दिया था। वह लेखांश यहाँ देना, शायद उचित न होगा : इसके बावजूद मैं समझता हूँ कि मई-जून 1923 की मेरी यह टिप्पणी आगामी इतिहास के लिए उपयुक्त होगी।

Note : The veteran researcher Mr. Rajwade is known to every student of History. Those who would take every existing moral rule as descending directly from heavens eternal and true for all eternity to come and who would consider a violation of a moral value as criminalism would find that morality is an 'article' as much subject to the creative and evolutionary will of man as any dead thing as a chisel or a knife. Our deductions from the findings of Mr. Rajwade with whom we differ on many points we reserve. Ed. S.

मेरा विचार था कि इन मतभेदों के बारे में मैं ग्रंथ पूर्ण होने के उपरांत लिखूँगा। उस समय मैंने कितने लेखांशों का अनुवाद किया, यह नहीं कहा जा सकता, न ही मुझे यह याद है। चौथे अध्याय की राजवाडे जी की हस्तलिखित प्रतिलिपि वैसी ही पड़ी रही, और बाद में जो दंगे हुए उनमें सब कुछ इधर-उधर हो गया। परन्तु राजवाडे जी अपने लेखों की एक प्रतिलिपि अपने पास रखा करते थे। इसके अलावा, मेरे भेजे हुए छपे हुए फार्म तो थे ही। वह प्रतिलिपि आगे धुले-स्थित 'सत्कार्योत्तेजक सभा' और 'राजवाडे संशोधन मंदिर' की मासिक पत्रिकाओं में क्रमशः प्रकाशित हुई। इसके लिए उन्हें धन्यवाद दिया जाना चाहिए। जब मैं कारावास में था तब श्री भट्ट ने राजवाडे जी की मृत्यु के उपरांत, पत्र द्वारा पूछताछ की थी कि उन्हें जिन चार अध्यायों की हस्तलिखित प्रतियाँ राजवाडे जी के कागजपत्रों में मिली थीं क्या उनके अलावा अन्य कुछ हस्तलिखित प्रतियाँ मेरे पास भेजी गयी थीं? और यह कि क्या वे अभी हैं? स्वाभाविक रूप से ही मेरा उत्तर नकारात्मक था।

राजवाडे ने अपनी प्रतिज्ञा का पूर्णतया पालन किया था। मैं जब एक फार्म छपवाकर भेजता था, तभी वे दूसरा लिखते थे। चौथे अध्याय का अंश छापने के पूर्व ही, 1924 के मार्च माह में मुझे कारावास हो गया और मेरे सहयोगियों के द्वारा उन्हें उस अध्याय की मुद्रित प्रतिलिपि न भेजे जाने के कारण, उन्होंने आगे का अंश लिखना बंद कर दिया। मैं जब 1927 में जेल से बाहर आया, तब उनका देहांत हो चुका था। राजवाडे जी अपने चौथे अध्याय में स्त्री-पुरुष के सामूहिक रूप से लैंगिक समागम में एकपति-पत्नी (मोनोगैनी) पद्धति के ऐतिहासिक विकास की प्रक्रिया को किस प्रकार दर्शाते हैं इस विषय के लेख की मुझे नितांत आवश्यकता थी। कारण यह है कि इस प्रक्रिया का निजी संपत्ति और राज्यसत्ता के उदय से निकट का संबंध है। वह अत्यंत महत्वपूर्ण और जटिल प्रश्न चौथे या पाँचवें अध्याय के बाद आना अपरिहार्य था। उसी समय मैं उन्हें एंगेल्स की पुस्तक की एक प्रति देने वाला था। वह यदि मैं कर सकता तो, मेरी निश्चित धारणा है कि राजवाडे जी हमारे ऐतिहासिक भौतिकवाद के सिद्धान्त को स्वीकार कर लेते। यह कहने की धृष्टता मैं इसलिए कर रहा हूँ क्योंकि उनकी चर्चा या विचार पद्धति में हिन्दू धर्म से संबंधित भावना का धर्म के रूप में कहीं भी स्थान नहीं है। वैदिक इतिहास पर लिखते समय वह हमेशा "हमेशा वन्य ऋषिपूर्वज" शब्दों का उल्लेख करते थे। धर्मभावना के संबंध में उनकी ऐतिहासिक समझ की शानदार मिसाल **भाव-विचार प्रदर्शन के साधनों का विकास** शीर्षक उनके लेख में मिलती है। हाल ही में इस आशय की घोषणा की जाती रही है कि हमारा विधान तथा सामाजिक तानाबाना धर्मनिरपेक्ष है। परन्तु यह घोषणा ही है, सच्चाई नहीं। उसे वास्तविकता का रूप देना हो तो मैं समझता हूँ कि सब विद्यालयों, महाविद्यालयों में, विशेषतया सब मंत्रिमण्डलों, विद्वान शिक्षकों तथा नौकरों के लिए, इस लेख का वाचन तथा मनन, आवश्यक कर दिया

जाये। इस लेख में से मैं केवल एक वाक्य का नमूने के रूप में उल्लेख करूँगा।

राजवाडे जी लिखते हैं, "स्थूलमूर्ति, चित्र, वृक्ष, पशु-पक्षी आदि की प्रतिमाओं के संबंध में भ्रांत धारणाएँ अभी तक कहाँ लुप्त हो पायी हैं? और अभी भी कहीं-कहीं कुछ-कुछ ही उनका लोप हो पाया है। तो भी, स्वर्ग, नरक, देवता, देवदूत, जिहोवा, गाड, अल्ला—ये अमूर्त भ्रांत कल्पनाएँ अब भी सर्वत्र विराजमान हैं। केवल अद्वैत वेदांती और भौतिकशास्त्री कहाने वालों में से कुछ में ही ये धारणाएँ नष्ट हुई हैं। परन्तु इन थोड़े लोगों की संख्या पृथ्वी की जनसंख्या का एक लक्षांश ही है। कहना न होगा कि अभी भी विश्व अपनी बाल्यावस्था तो क्या, अपनी शैशवावस्था में है।"* इस लेख की तथा उपर्युक्त कथन की बौद्धिक या वैज्ञानिक ऊँचाई तक हमारे कई विद्वान पहुँच भी न पायेंगे।

इससे आगे की सीढ़ी कौन-सी है, राजवाडे जैसे विचारवान व्यक्ति को यह बताना मैं अपना महत्वपूर्ण कर्त्तव्य मानता था। किन्तु उनकी असामयिक मृत्यु के कारण और मेरे कारावास के कारण वह अवसर मुझे न मिल सका, इसका मुझे बहुत दुःख है। स्वाभाविक ही है कि मेरा यह विचार अत्यंत ढिठाईपूर्ण या औद्धत्यपूर्ण प्रतीत होगा। परन्तु राजवाडे जी बहुत ही प्रगतिशील और वैचारिक दृष्टि से असीम उड़ान लेने की क्षमता से सम्पन्न व्यक्ति थे। मुझे यह नहीं लगता था कि मेरी उपर्युक्त आशा व्यर्थ जाती। परन्तु कोई भी पूछ सकता है कि अब ऐसी कल्पना तरंगों पर बहने का क्या अर्थ है?

इतिहासाचार्य श्री राजवाडे का यह अपूर्व ग्रंथ इतिहास के अध्येताओं को उपलब्ध कराने के लिए, "प्रागतिक पुस्तक प्रकाशन" का आभार मानना आवश्यक है। इसी अभूतपूर्व ग्रंथ के साथ उनकी अत्यंत मौलिक विचार-प्रणाली के दूसरे सैद्धान्तिक निबंध **भाव-विचार प्रदर्शन के साधनों का विकास** को इसी पुस्तक में सम्मिलित किया गया है। यह उचित ही है।

अगली सीढ़ी

अब प्रश्न प्रस्तुत होता है कि इसके आगे क्या? "प्रागतिक पुस्तक प्रकाशन" और उसकी तरह की विचारधारा वाले विद्वानों के सामने क्या-क्या कार्य आते हैं, इस अवसर पर इस संबंध में कुछ कहना अनुचित न होगा।

ऐतिहासिक भौतिकवाद के मूलतत्वों को ध्यान में रखकर अपने देश और समाज का इतिहास या उसकी रूपरेखा तक अभी नहीं लिखी गयी है। ऐसा इतिहास

---

* साहित्य अकादमी की ओर से प्रकाशित **राजवाडे लेख-संग्रह**, पृ. 26, सं.-लक्ष्मणशास्त्री जोशी, पापुलर प्रकाशन, बम्बई।

लिखना अब आवश्यक हो गया है। इस तरह के संपूर्ण इतिहास की रचना करने के लिए न तो आवश्यक सामग्री उपलब्ध है और न ही आज ऐसे विद्वान हैं। तो भी, ऐसा नहीं कहा जा सकता कि ऐसे विद्वान बिल्कुल ही नहीं हैं जो इस काम की रूपरेखा या नींव के रूप में उपयुक्त सामग्री लेकर उसका उपभोग कर सकें। इस संबंध में मैं अपने कुछ अपरिपक्व विचार प्रस्तुत करने का साहस कर रहा हूँ।

ऐसे ग्रंथ की साधारण रूपरेखा तैयार करने के लिए पहले तीन-चार ग्रंथों का उपयोग करना आवश्यक होगा। इनमें प्रथम स्थान होगा, राजवाडे जी के सम्पूर्ण कृतित्व का, दूसरा स्थान होगा डी.डी. कोसांबी के **भारत के इतिहास की प्रस्तावना** एवं अन्य लेखों का। तीसरे स्थान पर आती है के.पी. जायसवाल की पुस्तक **हिन्दू पालिटी** और चौथे स्थान पर है मेरी पुस्तक **भारत : आदिम साम्यवाद से दास प्रथा तक का इतिहास** में यज्ञ संस्था से संबंधित विवेचना।

कहना न होगा कि सब प्रयासों की नींव के रूप में एंगेल्स की **परिवार, व्यक्तिगत संपत्ति और राज्यसत्ता की उत्पत्ति** पुस्तक रहेगी।

परन्तु इस काम में हाथ लगाने से पहले राजवाडे जी के सम्पूर्ण साहित्य का अवलोकन करना आवश्यक है।

भारत के ऐसे नये इतिहास की रचना करना कठिन कार्य है। इसके लिए एक समिति नियुक्त की जाये। लेकिन प्रश्न यह है कि वह किन लोगों की सलाह से काम करें। कुछ लोगों के नाम मैं सुझा सकता हूँ। उनमें **शूद्र** ग्रंथ के लेखक, सर्वश्री आर. एस. शर्मा, तर्कतीर्थ लक्ष्मणशास्त्री जोशी, प्रो. मिराशी, प्रो. नुरुल हसन, सोवियत इतिहासकार बोंगार्द लेविन आदि की सलाह और सहायता लेना आवश्यक प्रतीत होता है। और भी अनेक विद्वान हैं, परन्तु उन सबके नामों का उल्लेख करने पर सूची बहुत लम्बी हो जायेगी। अपने देश में जो विकृत विचार इतिहास-लेखन द्वारा फैलाये जा रहे हैं, उनको रोकने के लिए यह कार्य आवश्यक है।

यह जरूरी नहीं कि यह इतिहास-ग्रंथ ज्ञानकोश जैसा बृहद हो। इसी प्रकार पुरानी रद्दी अंग्रेजी पद्धति का भी यह इतिहास न रहे, इसलिए राजवाडे, कोसांबी और जायसवाल के ग्रंथों का पहले उल्लेख किया गया है। डा. भंडारकर और अन्य विद्वानों के लेखन की सहायता भी ली जानी चाहिए।

एंगेल्स के ग्रंथ को आधारभूत माना जाय, यह कहने के पीछे मेरा उद्देश्य कम्युनिस्ट विचारधारा का प्रचार-प्रसार करना नहीं है। स्वयं श्री राजवाडे, कोसांबी तथा जायसवाल ने जो सामग्री तैयार की है, उसकी सिर्फ रूपरेखा देने से भी प्रारंभिक आवश्यकता की पूर्ति हो सकती है। इसके अलावा, मार्क्स-एंगेल्स के सिद्धान्तों को श्री कोसांबी का समर्थन प्राप्त था, यह बात सर्वविदित है।

इन प्रयासों का उद्देश्य यही है कि हाल के अंग्रेज विद्वानों और उसी प्रकार के अन्य विद्वानों के निकृष्ट ग्रंथों तथा विकृत विचारों को अलग हटाकर अपनी नयी

पीढ़ी को अपने देश का, समाज का, विचारों का सत्यदर्शन कराया जाय और उनकी कुप्रवृत्तियों से रक्षा की जाय।

क्या यह कार्य कर सकना संभव है?—इस प्रश्न का उत्तर देना कठिन है। शासन और धनवान उद्योगपतियों के अनुदानों के रहते जो संस्थाएँ या व्यक्ति इस क्षेत्र में कार्य कर रहे हैं, उनके द्वारा रचित ग्रंथों से प्रगति का मार्ग प्रशस्त होगा, ऐसी आशा नहीं है। इस तरह की संस्थाओं या व्यक्तियों के नामों का उल्लेख यहाँ करना उचित नहीं है। परन्तु यह कथन सत्य है, यह निश्चित रूप से कहा जा सकता है।

अन्यथा पाठ्यक्रमों, विद्वानों की परिचर्चाओं में या आये दिन गाजेबाजे के साथ होने वाली संगोष्ठियों में श्री राजवाडे, कोसांबी, जायसवाल आदि के नामों का उल्लेख तक न किया जाने का कारण क्या कोई बता सकता है?

इस कार्य के लिए धन किस तरह से एकत्रित किया जाय, इस बात पर बाद में विचार किया जा सकता है। पहले तो, वैचारिक सामग्री एकत्रित करने का कार्य प्रारंभ किया जाना चाहिए।

इस योजना की रूपरेखा तैयार करते समय, प्रथमतः श्री राजवाडे की रचनाओं का, उनके भाषाशास्त्र, इतिहासशास्त्र, विचार-भाव प्रदर्शन-शास्त्र इत्यादि का समग्र रूप में सार-संक्षेप तो कम से कम तैयार किया ही जाना चाहिए।

मुगलकाल का कोई उपयुक्त इतिहास देखने को नहीं मिलता। जो कुछ है वह जातीय पूर्वाग्रहों से भरा हुआ है। यह अत्यंत महत्वपूर्ण कालखंड है। इसका प्रभाव निकट अतीत और वर्तमान भारत के सामाजिक तथा वैचारिक जीवन में अभी भी मौजूद है। अपने देश की स्वतंत्रता का अंतिम कालखंड है, मराठी राज्य और मराठों के एक राष्ट्र की भावनाओं की कथा। उसकी चर्चा राजवाडे जी को छोड़कर अन्य किसी ने भी उचित रूप से या अधिक नहीं की है। कारण यह है कि महाराष्ट्र धर्म, रामदास और अन्य संतों के ऐतिहासिक कार्य से संबंधित मतभेदों और वाद-विवाद में इतिहास का आवश्यक अंश डूब गया है।

मराठों के जानने के लिए मुगलों को समझना जरूरी है और अंग्रेजों को समझने के लिए मराठों को। केवल मस्जिदों, देवालयों, गिरजाघरों तथा उनके दानपत्रों या भग्नावशेषों को देखकर अथवा भूदान तथा गोदान के अनुदान पत्रों को देखकर इतिहास लिखने वालों ने काफी भ्रम फैलाया है। अतः विचारशील लोगों का कर्त्तव्य है कि अपने नये राष्ट्र तथा नये समाज के निर्माण के लिए, वैज्ञानिक दृष्टि से, नये इतिहास की रचना करें।

इसके लिए सर्वप्रथम राजवाडे-साहित्य का अच्छी तरह से अध्ययन किया जाना चाहिए। राजवाडे जी की ऐतिहासिक प्रस्तावनाओं और मराठों के इतिहास संबंधी स्रोत-सामग्री को वैज्ञानिक मूलाधार पर बिठाना चाहिए।

मुस्लिम शासन के संबंध में मनचाही कल्पनाएँ फैलाकर हम अपने लोगों में

राष्ट्रीयता तथा एकता के विकास को संकुचित दीवारों में बन्द कर रहे हैं तथा भारत की समस्त जनता की एकता के लिए भी रुकावटें खड़ी कर रहे हैं। ईश्वरीय संदेश का आधार लेकर रेगिस्तानों से मुसलमानों का यह आकस्मिक जबर्दस्त रैला कैसे विश्व भर में फैल गया। सिकन्दर, अंशोक या नैपोलियन से जो कार्य न हो पाया, वह केवल टोलीबद्ध समाज के लिए कैसे संभव हुआ, इसका वैज्ञानिक रूप से स्पष्टीकरण करना भी जिनसे नहीं बनता, वे क्या इतिहास लिखेंगे या पढ़ायेंगे? और यदि लिखेंगे और पढ़ायेंगे तो किस तरह? वैसे झुडों के हमले की ही बात होती तो इससे पूर्व यूनानियों व रोमनों ने, सिकन्दर व सीजर जैसों ने भी झुंडों में हमला करने का प्रयास किया था। अटिला के श्वेत तथा ताम्र हूणों के हमलों का उल्लेख भी अपने इतिहास में है। फिर मराठों के हमलावरों ने उत्तर भारत में घुसकर वहाँ क्या किया, उसके प्रकट अवशेष और ऐतिहासिक दस्तावेज अभी भी हैं। महादजी शिंदे के अनमोल कागज-पत्र ग्वालियर दरबार में धूल खा रहे हैं। किन्तु इस सारी सामग्री को ऐतिहासिक दृष्टि से किसं तरह क्रमबद्ध किया जाये?

ये प्रश्न हैं जो हमारे देश के इतिहास-लेखकों के सम्मुख उपस्थित हैं। परन्तु उनके परस्पर-संबंध स्पष्ट करने की पद्धति क्या हो, यही मुख्य समस्या हल नहीं हो पायी है। और केवल राष्ट्रीयता की या एकता की खोखली गर्जना करने से वह हल नहीं होगी।

महाराष्ट्र में तो राष्ट्रवाद, क्षेत्रीयतावाद, जातिवाद, शुगर-सत्तावाद और मंत्रिगणों का परस्पर वाद-विवाद चल ही रहा है। अतः उन सभी पर पर्दा डालकर, उन पर एकता और राष्ट्रवाद का सुनहरा दुशाला चढ़ाकर, वर्ग संघर्ष को छिपाने के जबर्दस्त प्रयास चल रहे हैं। परन्तु इन सभी का मूलतत्व तथा उसका विकास कहाँ से और किन मूलभूत सिद्धान्तों को आधार मानकर करना चाहिए, इस बात ने सभी विचारशील व्यक्तियों को और शासकों को, साथ ही मेहनतकश जनता को चिंतित किया है, इसमें संदेह नहीं।

अतएव मनुष्य आदिम वन्य अवस्था से आज की अवस्था तक कैसे पहुँचा, यह स्पष्ट करने के सभी साधनों का उचित परीक्षण करने वाला क्या कोई सिद्धान्त मिलता है? यह वास्तविक समस्या है। इसके लिए सामाजिक, राजनीतिक, सांस्कृतिक, भाषाई साधन तथा उपाय ढूँढने में अनेक विद्धान व साधारण लोग संलग्न हैं।

चलते-चलते एक और बात का उल्लेख कर देना आवश्यक होगा। कुछ लोगों का कहना है कि अपने देश में जिन विविध कारणों से भिन्नता है, उसमें से एक कारण भाषा-भेद भी है। इस भिन्नता को सभी को संस्कृत भाषा सिखाकर दूर किया जा सकता है और इस तरह राष्ट्रीय एकता निर्मित की जा सकती है। इस हेतु रेडियो पर संस्कृत में कुछ वाचन किया जाता है। इन महानुभावों के ध्यान में इतना भी नहीं आता कि भाषा उसके व्यवहार से विकसित होती है—रेडियो में वाचन करने से नहीं।

संस्कृत में लिंग के अनुसार क्रिया के रूप नहीं बदलते और अपनी अनेक आधुनिक भाषाओं में वे तीन-तीन हैं। वैसे ही, संस्कृत के द्विवचन को हम कभी का त्याग चुके हैं। **ज्ञानेश्वरी** में पुरानी मराठी भाषा के अवशेष के रूप में कहीं से एक शब्द द्विवचन में मिल गया। तब श्री राजवाडे को, उसके स्पष्टीकरणार्थ कितना बड़ा भाष्य लिखना पड़ा था। इतना ही नहीं, द्विवचन-त्रिवचन को—यानी बहुवचन को—और चारवचन को क्या कहें? ऐसे प्रश्न विद्यार्थी जीवन में पूछने पर मास्टर साहब के हाथ का जो तमाचा राजवाडे जी के गाल पर पड़ा था उसे याद कर वह इस समस्या के पीछे ही पड़ गये। इस प्रयास के फलस्वरूप ही **संस्कृत भाषेचा उलगड़ा** (संस्कृत भाषा का स्पष्टीकरण) नामक अत्यंत मौलिक शास्त्रीय ग्रंथ की रचना हुई। परन्तु, उसकी ओर ध्यान भी न देते हुए हमारे शासक और तथाकथित विद्वान, डा. भंडारकर लिखित व्याकरण की पाठशालोपयोगी पुस्तकें पढ़ाकर और रेडियो पर संस्कृत भाषा जैसी अगम्य ध्वनियाँ निकालकर भारत में एकता निर्मित करने का प्रयास कर रहे हैं।

भारतीय समाज की या उसके पूर्व के समाज की रचना कैसे हुई; इसका अध्ययन संपूर्ण मानव जाति के एकीकरण के ध्येय की पूर्ति के लिए अत्यंत आवश्यक है। इस संबंध में, हम लोगों के मार्क्सवादी या कम्युनिस्ट शास्त्र के मूलभूत सिद्धान्त भी हैं। यहाँ मैं उनकी व्याख्या नहीं करना चाहता। वह व्याख्या राजवाडे जी के अध्ययन में नहीं आयी है। वह हेगेल तथा कांट तक ही पहुँच पाये। पर हेगेल के निर्गुण परमतत्ववाद पर आकर राजवाडे जी रुक गये। उसके आगे जाकर फायरबाख और फिर मार्क्स-एंगेल्स तक जाने का अवसर हो सकता है कि उन्हें नहीं मिल पाया हो या फिर ऐसा प्रतीत होता है कि हेगेलियन परब्रह्म के द्वंद्वात्मक तर्क और उसमें से उत्पन्न होने वाले द्वंद्ववाद का पर्याप्त रूप में ज्ञान प्राप्त करके आगे बढ़ना उनसे न हो पाया हो। अतः वह अद्वैत वेदान्त पर ही रुक गये, यह स्पष्ट है। उनके **भाव-विचार साधनों का विकास** लेख में उनका मन दुविधा में था और उन्होंने अद्वैत वेदान्त के साथ भौतिकशास्त्र को भी स्थान दिया। ईश्वर-कल्पना की भ्रांति में से सत्य की ओर आने के लिए अद्वैत दर्शन के साथ प्राकृतिक अथवा **भगवतगीता** में जिसे "पराप्रकृति" कहा गया है, वहाँ तक राजवाडे जी आये और वहीं रुक गये। मानव समाज के प्राकृतिक तथा ऐतिहासिक द्वंद्व की 'गति' तक उनकी पहुँच न हो पायी।

इस एकमेव द्वितीय परमाणुमय, किन्तु अत्यंत शक्तिमान परा-प्रकृति से श्री राजवाडे ने ब्रह्माण्डरचना के व तज्जन्य समाज रचना, भाषा रचना, वर्ण तथा जाति रचना के इतिहास के क्षेत्र में विपुल कार्य किया है। परन्तु उसका अभी तक सिर्फ निरीक्षण करने का काम भी किसी ने नहीं किया। हम लोगों के बीच कई ऐसे विद्वान हैं जो इस अवसरवादी विचार का सहारा लेते हैं कि क्यों हिन्दुओं के परंपरागत तथा

प्रचलित विचारों और भावनाओं को व्यर्थ ही स्पर्श करें, अथवा जो कहते हैं कि राजवाडे ही ऐसा कौन बड़ा ज्ञानी है जो यह कहने का साहस करे कि पाणिनि को भी, कहीं-कहीं समाज के इतिहास का ज्ञान न होने के कारण, भाषाशास्त्र से उद्‌भूत **अष्टाध्यायी** में अवैज्ञानिक पद्धतियों का सहारा लेना पड़ा।

परन्तु जिसका अपनी भाषा, रीति-रिवाजों, सामाजिक व ऐतिहासिक क्रियाकलापों का, राज्यों, समाज-परिवर्तन, भाषा-परिवर्तन का, विचार-परिवर्तन का, वर्ग-बद्ध समाज गठन का इतिहास लिखने का इरादा होगा, उसके लिए पहले मार्क्स-एंगेल्स के और उनके साथ राजवाडे जी के अनुसंधान कार्य के अवगाहन के अलावा अन्य कोई रास्ता नहीं है। यह काम हमारे विद्वानों और मार्क्स-एंगेल्स की विचारधारा को मानने वाले लोगों को मिलकर करना चाहिए—इसी उद्देश्य से विवाह संस्था से संबंधित इस ग्रंथ को पुस्तक रूप में प्रकाशित किया जा रहा है।

अपने देश का, समाज का, समझदारी का, विचारों-भावों का, राज्यसत्ता के विकास का इतिहास जानने के लिए मेरे मतानुसार, प्रथमतः राजवाडे जी, इसके बाद कोसांबी तथा जायसवाल को आधार बनाकर ही श्रीगणेश किया जाना चाहिए। स्पष्ट है कि इन सब के सिरमौर राजवाडे को मार्क्स-एंगेल्स के सिद्धान्तों के "लेसर" सदृश दीप्तिमान संपुट में रखकर ही इस पुरुषसूक्तजन्य भूमंडल का उचित रूप से दर्शन करना चाहिए।

अपने इस कथन से मैं किसी भी इतिहासकार या अनुसंधानकर्ता के कृतित्व का मूल्य कम करके नहीं आंकना चाहता। परन्तु, यह प्रश्न क्यों न पूछा जाये कि इतने सारे विद्वानों के सम्मुख वेद, आदि ग्रंथ होते हुए भी, पाणिनि तथा पतंजलि के रहते हुए भी, राजवाडे जी ने विवाह संस्था के इतिहास के जिस मूलगामी सिद्धान्त की खोज की उस सिद्धान्त की उन विद्वानों के द्वारा खोज न की जा सकी अथवा उनका अर्थ विशद करने का कार्य उनसे न हो पाया?

जाति संस्था को लेकर इतना जबर्दस्त प्रयास करने और उसके विघटन का विशाल एवं न्यायसंगत आंदोलन चलाने वाले विद्वानों के मन में जाति संस्था का मूलभूत सिद्धान्त केवल कार्ल मार्क्स और एंगेल्स ने ही स्थापित किया है; किन्तु उसके परिपोषक तत्व विदित न होने पर भी उसके इतिहास का आकलन केवल श्री राजवाडे द्वारा ही किया गया है। इसका एकमात्र कारण यह है कि हमारे अधिकांश इतिहासकार जर्मन, अंग्रेज, अमेरिकी आदि शोधकर्ताओं के अनुगामी बनकर इतिहास संशोधन के कार्य में प्रवृत्त रहे, यह कहने में किसी को संकोच नहीं होना चाहिए।

यदि ऐसा नहीं है तो वेदों का अध्ययन करने वाले या साक्षात **मनुस्मृति** द्वारा स्वीकृत मान्यता प्राप्त अनेक विवाह पद्धतियों पर विचार करके, आर्यसमाज में रूढ़ अनेक विवाह पद्धतियों का—अर्थात् स्त्री-पुरुषों के लैंगिक संबंधों का—स्पष्टीकरण

किसी ने क्यों नहीं किया? चतुष्पाद अवस्था से द्विपाद अवस्था में विकसित हुए मनुष्य प्राणी के विकास की प्रक्रिया का वैज्ञानिक रूप डार्विन अपनी पुस्तक में बहुत पहले ही स्पष्ट कर चुके हैं। लेटुर्नो के वन्य समाज में रूढ़ लैंगिक संबंधों पर लिखे ग्रंथ, इसी तरह बशोफेन के ग्रंथ हमारे सब संस्कृतज्ञ विद्वानों के सम्मुख आज कई वर्षों से हैं। इन ग्रंथों का उपयोग कर, राजवाडे जी ने हिन्दू विवाह संस्था का जो इतिहास 1920-23 में लिखना प्रारम्भ किया, वह विद्वानों ने क्यों नहीं लिखा? इतना ही नहीं, राजवाडे जी द्वारा उस समस्या पर लेखन प्रारम्भ करते ही उनके प्रकाशक को मारने की धमकी दी गयी। प्रत्यक्ष रूप से जिनके आधार पर संपत्ति-विषयक अनेक विवाद वकील लोग अंग्रेजों की अदालतों में लड़ते थे, उन मनु द्वारा प्रतिपादित अनेक विवाह प्रकारों के संबंध में सगोत्र विवाह के वर्जन, सपिंड विवाहों के विचार, इत्यादि समस्याओं की ओर क्यों ध्यान नहीं दिया गया?

इसका कारण यही है कि हमारे विद्वानों को अंग्रेज, अमेरिकी या जर्मन ग्रंथकारों के माध्यम से ज्ञान प्राप्त करने की आदत पड़ी हुई है। संस्कृत कोशकार मौनियर विलियम्स हमारी दृष्टि में बड़े हैं, परन्तु हमारे आप्टे हमें बिल्कुल तुच्छ और नगण्य प्रतीत होते हैं।

चतुष्पाद प्राणी से द्विपाद मनुष्य-प्राणी के विकास के बाद, उसमें परिवर्तन किस तरह से हुए और उसके संबंध में प्राचीन आर्यों के ग्रंथों में क्या लिखा है, इस पर हमारे अनेक विद्वानों ने बिल्कुल विचार ही नहीं किया। इससे हमारी आज भी बहुत बड़ी राजनीतिक, आर्थिक और वैचारिक हानि हो रही है तथा आपसी झगड़े बढ़ रहे हैं।

स्वयं राजवाडे जी को भी मराठी इतिहास के सरदार-इनामदारों के घर के सड़े-मैले बस्ते ढूँढते-ढूँढते इतनी आयु बिता देनी पड़ी कि भारतीय समाज के विकास और शास्त्र का विचार करने का उन्हें समय ही नहीं मिला। परन्तु उनकी असाधारण, उद्यमशील बुद्धि 'जीनियस' जैसी थी। इसीलिए इन सब कठिनाइयों में से वह मार्ग ढूँढ निकाल सके। परन्तु कार्य की अपूर्ण अवस्था में ही उनकी जीवन-लीला समाप्त हो गयी।

इन संबंधों पर विचार करने के पूर्व राजवाडे जी हिन्दवी या आर्य अथवा हिन्दू (हिन्द नाम किसी भी शास्त्रग्रंथ में नहीं है, और उसकी परिभाषा भी नहीं है) समाज और राज्य की रचना के संबंध में विचार करने में संलग्न थे।

लैंगिक अथवा विवाह संस्था जैसे विवादपूर्ण विषय पर लिखने के पूर्व उन्होंने दो-तीन अत्यन्त मूलभूत प्रश्न विचारार्थ हाथ में लिये थे।

एक प्रश्न यह है कि वर्ण तथा जाति-संस्थाएँ आर्यों द्वारा कहाँ, कब, क्यों और कैसे निर्मित की गयीं? यह अत्यन्त महत्वपूर्ण तथा जीवंत विषय है। अस्पृश्य जाति के लोगों की आज की अत्यन्त दलित स्थिति को देखकर उनके पूर्व इतिहास की

रचना नहीं की जा सकती। उदाहरण के लिए, यह देख सकते हैं कि पूर्वकाल में अनेक आर्य-समूहों में चार वर्णों (ब्राह्मण, क्षत्रिय, वैश्य, शूद्र) का आपस में बारी-बारी से परिवर्तन होता था। कुछ समय के लिए ब्राह्मण शूद्र बनते थे, तो कभी शूद्र ब्राह्मणों में प्रविष्ट होते थे। यह चक्रीय परिवर्तन का नियम कुछ काल के बाद बदलना पड़ा। मनुष्य जाति को पहले अग्नि उत्पन्न करने का ज्ञान नहीं था। यह ज्ञान प्राप्त होते ही उसके आर्थिक जीवन की तथा साधनों की परिस्थिति में परिवर्तन हुआ। अधिक संख्याबल भी एक साधन है। उसके लिए अधिक तथा अनिर्बंध लैंगिक संबंधों द्वारा मनुष्यों की संख्या बढ़ाकर स्वरक्षा तथा वृद्धि करना—ये ही प्रारम्भिक लैंगिक संबंधों के उद्देश्य थे। बाद में रक्तबीज शुद्धि का ज्ञान, सगोत्र संबंधों से उत्पन्न अपत्यों पर हुए परिणामों के अवलोकन द्वारा हुआ। तब माता-पुत्र, भाई-बहन आदि के शरीर-संबंधों पर नियंत्रण रखकर उन्हें निषिद्ध किया गया। परन्तु उनके अवशेष वेदों में यम-यामी के संभाषण और वर्णभेदरहित यमन-क्रियावाचक क्षत्तापालागली के संभाषण में वेदोक्त यज्ञक्रियाबद्ध धर्मरक्षण के रूप में हमारे हाथ लग गये हैं। उसका समाजशास्त्र के लिए प्रथम बार उपयोग राजवाडे जी ने किया। इसके बाद के काल में आर्यों के समाज की संपत्ति, साधन और प्राकृतिक साधनों की भी वृद्धि होती गयी। पशुपालन बढ़ता गया, इसी तरह वेदकर्मों की सफलता मनुष्यों और पशुओं की संख्या से नापी जाने लगी। यज्ञ का, अर्थात समाज की उत्पादन-वितरण क्रियाओं का, दान का, ईश्वर की प्रार्थना का, वही एक मुख्य विषय बना। आगे उत्पादन के साधन बढ़ते गये, अनेक वस्तुओं का उत्पादन करने वाले विविध प्रकार के औजारों का निर्माण हुआ। इन औजारों की क्षमता बढ़ाना जैसे-जैसे जरूरी होता गया, वैसे-वैसे अनेक जाति-धंधे वाचक समाज-गठन अस्तित्व में आने लगे।

परन्तु उस समय उनके आपसी संबंधों में भेदों की अभेद्य दीवार नहीं थी। अतः वर्ण या जाति बदलने या आपस में विवाह करने में अथवा संकर प्रजोत्पादन में किसी प्रकार की रुकावट नहीं थी।

इस प्रकार की यह वर्ण-व्यवस्था अपने कर्म में, कर्मसाधना में और कर्मफल के उपभोग में मग्न होकर समाज को सम्पन्न करती रही। सतत् एक ही औजार से एक ही काम श्रमपूर्वक करते रहने से उत्पादन बढ़ता गया। प्राकृतिक अन्न-जल की सुलभता और विपुलता तथा काम के परम्परागत कौशल के फलस्वरूप निर्मित संपत्ति के बीच, कुछ समय बीतने पर, आपस में दृढ़ संबंध स्थापित होना अपरिहार्य था। आपसी संबंध दृढ़ होने की प्रक्रिया में जाति-जाति के बीच संबंध करने की या संकरण की क्रिया रोकने की प्रवृत्ति बढ़ने लगी। चारों वर्णों के आपसी विवाहों पर प्रतिबंध लगाये गये। अंत में संपत्ति उत्पन्न करने के साधन, और उनके सतत् उपयोग से प्राप्त अनुभवजन्य कौशल के अनुसार, जो जातियाँ या वर्ण बने, उन पर बहुत कड़ा सामाजिक नियंत्रण रखे जाने से, ये वर्ण और जातियाँ एकदम संकरे

कमरों वाली दीवारों में बंद हो गयीं। इस आर्थिक और सामाजिक प्रक्रिया के नियम की चर्चा मार्क्स की पूँजी में विस्तार से की गयी है।

इस प्रकार की प्रक्रिया हिन्दुस्तान में ही नहीं, अपितु मिस्र, आदि देशों में भी पुरातन काल में घटित हुई थी।

उत्पादन और उसके साधनों का विकास होने पर श्रम-आधारित तीन वर्गों का विभाजन लुप्त हो गया और उसके स्थान पर चातुर्वर्ण्य व्यवस्था आयी। त्रिवर्ण व्यवस्था से चातुर्वर्ण्य व्यवस्था में पहुँचने की प्रक्रिया आर्यों के समाज में घटित होने वाली एक क्रान्ति थी। उसका सम्पूर्ण वर्णन यहाँ करना संभव नहीं है, फिर भी इस संबंध में राजवाडे जी ने जो मुख्य विचार प्रतिपादित किया है उसका सारांश यहाँ देना आवश्यक है।

इस समाज-संस्था के वर्गनिष्ठ अथवा वर्गनिष्ठ काम के विभाजन का अत्यंत प्रभावपूर्ण दर्शन श्री राजवाडे ने **पुरुषसूक्त** का जो भाष्य किया है, उसमें मिलता है। राज्य और वर्ण-वर्ग संस्था का इतना पुरातन इतिहास-लेखन विश्व के किसी भी साहित्य में नहीं मिलेगा।

त्रैवर्णिक आर्यों के समाज का चातुर्वर्णिक समाज में संक्रमण शूद्रों के आगमन अथवा समन्वय से हुआ। इस चातुर्वर्णिक क्रान्तिकारी घटना से आर्यों के समाज का जो उत्कर्ष हुआ, जो पुनर्रचना हुई, उसका स्पष्टीकरण स्वतंत्र रूप से **राधामाधव** में ही पूर्णतः पढ़ना उचित है। राजवाडे जी लिखते हैं, "तीन वर्णों वाले समाज में अभी तक शूद्रों को अपना स्वयं का अधिकार-युक्त स्थान प्राप्त नहीं था। वह अधिकार युक्त स्थान चातुर्वर्णाधिष्ठित समाज की निर्मिति से, शूद्रों को स्थायी रूप से मिल गया। आज तक शूद्रों को त्रिवर्ण-बाह्य, अस्पृश्य तथा अमंगलकारी माना जाता था। अब आगे वे चार वर्णों के अंतर्गत-स्पृश्य और साफ-सुथरे माने जाने लगे। चार वर्णों के लोगों में समाविष्ट होने से उसके सामान्य धर्म का पालन करने की जिम्मेदारी भी उन पर आ गयी...तात्पर्य यह कि चातुर्वर्ण्यों में आने से शूद्रों की वन्य अवस्था से ग्राम्य अवस्था में तरक्की हुई।"

परन्तु यह कानून एकतरफा नहीं था—इसका स्पष्टीकरण भी राजवाडे जी ने किया है। "शूद्रों द्वारा सब दासकर्म करने से, पर्याप्त शांति तथा फुरसत मिलने पर, वैश्यों को व्यापार उद्योगों की ओर, क्षत्रियों को देश-रक्षण की ओर तथा ब्राह्मणों को विद्यावृद्धि की ओर ध्यान देने का अवसर मिला और राष्ट्र की सर्वतोमुखी प्रगति हुई। गत चार सौ वर्षों में अफ्रीकी गुलाम प्राप्त होने से यूरोपीय और अमरीकी राष्ट्रों की जिस प्रकार अभूतपूर्व आर्थिक उन्नति और प्रगति हुई, वैसी ही उन्नति और प्रगति शूद्र प्राप्त होने से उत्तर कुरु में स्थित आर्यों की हुई। पुरुषसूक्तकार बड़ी आत्मश्लाघा और गर्व से कहता है कि विराट संस्था के रूप में स्थापित होकर चतुर्वर्णाधिष्ठित समाज पद्धति के प्रारम्भ से घोड़े, गायें, भेड़, बकरी आदि सम्पत्ति बढ़ी और ऋक्,

यजुर, साम और अथर्व—इन चार वेदों का विकास हुआ और आर्यों ने आसपास का प्रदेश आक्रांत कर लिया।"*

इसके आगे की चर्चा हम फिर कभी करेंगे। प्रारम्भिक काल में प्रकृति, उत्पादन के उपकरण और मनुष्य व इनके द्वारा बनायी गयी वस्तुएँ केवल उस मनुष्य-समूह के ही काम में आती थीं। औजारों तथा कौशल के और अधिक विकास और आवश्यकता से अधिक उत्पादन करने की क्षमता प्राप्त होने से दूसरों से श्रम करवा कर, उनके जीने के लिए जितना आवश्यक है, उतना हिस्सा उन्हें देकर, आवश्यकता से अधिक जो उत्पादन होता था, उसे अपनी ही संपत्ति मानने की पद्धति अस्तित्व में आयी। जब तक सबके उपयोग के लिए विभिन्न समूहों द्वारा विशिष्ट प्रकार का उत्पादन करने की पद्धति अस्तित्व में थी, तब तक वैश्य-शूद्रों द्वारा किये जाने वाले काम को, अथवा उनके साथ किये जाने वाले शरीर-संबंध को तथा उस शरीर-संबंध से उत्पन्न प्रजा को धर्मबाह्य नहीं माना जाता था। अतः, उनके बीच किसी बाह्य समाज के आने की या गुलामों के समान शूद्र जाति के निर्माण की कोई संभावना नहीं थी।

परन्तु साधनों की तथा मनुष्य बल की उत्पादन क्षमता जैसे-जैसे बढ़ी, वैसे-वैसे आपस में होने वाली लड़ाइयों में या अन्य प्रकार से मिली हुई टोलियों को अपने शासन के अंतर्गत लाकर, या उन्हें वर्ण-जाति रचना के भीतर समाविष्ट करके, उन पर "राज्यसत्ता" स्थापित करने की आवश्यकता पैदा हुई। समाज की रचना में जाति-भेदों का जो कर्मभेद से उत्पन्न होने वाला स्वरूप था, वह समाप्त हुआ और शूद्र स्त्री से उत्पन्न ब्राह्मण के बालक ब्राह्मण ही माने जाते थे, किसी ब्राह्मण की पत्नी के शूद्र होने पर भी उसका कुटुम्ब ब्राह्मण ही माना जाता था। इस पद्धति के नष्ट होने पर नयी वर्ण व जाति-संस्था का निर्माण हुआ। पहले जीवन के लिए आवश्यक वस्तुओं का उत्पादन करने वाले समूहों में आपसी विवाह संबंध शास्त्रसम्मत माने जाते थे। अब इस स्थिति में परिवर्तन हुआ। उसका प्रारम्भ, **शूद्रों में ही दो विभाग** बनाकर हुआ।

राधामाधव का विवेचन ऐतिहासिक दृष्टिकोण से इतना मूल्यवान है कि यहाँ उसका पूर्ण रूप से मूल्यांकन या स्पष्टीकरण करना कठिन है।

अब श्री राजवाडे के सिद्धान्तों और मार्क्स के सिद्धान्तों का विभिन्न पद्धतियों से स्पष्टीकरण करना शेष रह जाता है।

अब नये वर्गबद्ध समाज का अथवा नव शूद्रों तथा नव वैश्यों पर आधारित वर्गीय समाज का निर्माण हुआ। **पहले वह त्रैवर्णिक था, अब वह चातुर्वर्णिक** हो गया। वर्णों तथा जातियों के बीच पुराना आपसी मेलजोल का संबंध बदल गया और

---

* **राधामाधव**, पृ. 144-145।

आपस में वैवाहिक संबंध करने की प्रक्रिया निषिद्ध मानी जाने लगी। इतना ही नहीं, पुराने जो एक समान जाति के शूद्र थे उनके भी दो भाग हो गये। एक का नाम पड़ा **अवसित** शूद्र और दूसरे का नाम **निरवसित** शूद्र। अवसित शूद्र तो अभी भी आर्यों के वर्ण तथा जातियों के शासन की सत्ता के अंतर्गत जाकर बसने को ही तैयार नहीं था। यह समाज के बाहर ग्रामसंस्था के बाहर ही बसा हुआ था, कारण यह कि उसका स्वतंत्र समाज ही इतना शक्तिशाली था कि वह आर्यों के चार वर्णों के श्रम विभाजन में आने को तैयार ही नहीं था।

इनके समान ही निरवसित शूद्रों के पास भी अपने-अपने काम का कौशल था। इस कर्मकौशल के बल पर ही वह ब्राह्मण-क्षत्रियों से विवाह संबंध बनाता था, उन्हीं के घरों में या खेतों में काम करता था; ब्राह्मण-क्षत्रियों की गृहस्थी में व रिश्तेदारी में रहकर वह उच्च वर्णों में या तत्समान हालत में रहने लगा था। इतना ही नहीं, संपत्ति के विभाजन में उसका भी हिस्सा रखा जाता था। उसके हिस्से का हक मनु को भी मानना पड़ा—इसका उल्लेख उसकी **स्मृति** में भी है।

पर यह प्रक्रिया कहाँ जाकर अवरुद्ध हुई? श्रम के अनुसार, समाज का विभाजन निरवसितों के आगमन और साहचर्य से बिगड़ने लगा। उसमें निजी संपत्ति की वृद्धि से समाज में वर्ण-जाति और वर्ग-भेद का तूफान उठ खड़ा हुआ। ब्राह्मण-क्षत्रियों के बीच गाय-बैलों के झुण्डों या संपत्ति के बँटवारे को लेकर लड़ाइयाँ होने लगीं। तब इन पराये "अवसितों" का, जिनमें केवल शूद्र ही नहीं थे, आर्य समाज के नये शास्त्र-बंधन के आधार पर निरूपण करना आवश्यक हो गया। इस प्रक्रिया व संघर्ष में "शासन संस्था" का निर्माण हुआ तथा दंडधारी राज्यसत्ता अस्तित्व में आयी। **महाभारत** में जिस "रक्तानुबंधी" समाज-रचना का उल्लेख है, उसका लोप हुआ और राजदंड के नियमों से नियंत्रित, प्रादेशिक सीमाओं के अनुसार राज्य का निर्माण हुआ। इस राज्य संस्था के अनेक प्रकार थे; परन्तु संपत्ति के साधन, श्रम-विभाजन तथा उत्पादन के संबंधों का नियमन करना सरल हुआ। इस प्रकार, आर्यों के प्रथम समाज का तेजी से विकास हुआ। समाज विघातक संघर्ष सीमित हुआ। एंगेल्स की पुस्तक पढ़ने से यह समझ में आ जाता है कि यह प्रक्रिया यूनानी समाज में किस प्रकार घटित हुई और उसका मूलभूत सिद्धान्त क्या है।

राजवाडे जी ने **पुरुषसूक्त** और विभिन्न राज्यों के संविधानों का जो स्पष्टीकरण किया है, वह हमारे देश के इतिहास-लेखन में अतुलनीय है। श्री जायसवाल ने अपने ग्रंथ में इस विषय को गणसंघ-रचना में सम्मिलित किया है। पाणिनिकालीन शासन-संस्थाओं का भी वर्णन किया गया है। वार्तोपजीवी संघ, आयुधोपजीवी संघ आदि राज्य संगठनों में इतिहास निहित है, परन्तु हमारे शिक्षण-क्रम में या ज्ञानार्जन में केवल अंग्रेजी, फ्रांसीसी, अमरीकी और अब भारतीय घटनाओं की और उनके विवरणों की ही चर्चा की जाती है। यही नहीं, उस समाज की चर्चा भी हमारे इतिहास

शिक्षण में शामिल नहीं की जाती, जिसमें निजी संपत्ति का स्वामित्व, वर्ण व जाति-संस्था अपनी प्रारंभिक अवस्था में थी और जिसमें दमनकारी या कानून का डंडा दिखाने वाली कोई राज्यसत्ता अस्तित्व में नहीं थी। अतः, स्पष्ट है कि इस प्रकार के शिक्षण में राजवाडे, कोसांबी या जायसवाल के वैज्ञानिक दृष्टिकोण का पूर्णतः अभाव ही रहता है। तब ऐसे में मार्क्स-एंगेल्स के सिद्धान्त पर प्रकाश पड़ना तो दूर की बात है।

इतिहास-दृष्टि की गरुड़ जैसी उड़ान

राजवाडे जी की इतिहास-दृष्टि, गरुड़ पक्षी के समान, इतनी पैनी थी कि पाणिनी के व्याकरण का अर्थ स्पष्ट करते समय, विकासक्षम समाज व विकास की प्रक्रिया की हर सीढ़ी पर उन्हें पर्यावरण के अनुसार स्वयं को बदलने वाला मानव ही सदैव दिखायी दिया। उनके समस्त कृतित्व का ध्येय व केन्द्रबिन्दु मनुष्य ही है। मानव के जनन, संवर्धन, धनसंपादन, समाज विभाजन का, व्यक्ति, कुटुंब व समूहों के परस्पर-संबंधों का वैज्ञानिक दृष्टिकोण से अध्ययन तथा मनन करना ही उन्हें भाता था। राजवाडे जी का कहना था कि अपनी **अष्टाध्यायी** में अस्मद्-युष्मद् शब्दों की सात विभक्तियों के प्रत्यय लगाकर इक्कीस रूप बनाने के लिए, पाणिनि को जो सूत्रों की रचना करनी पड़ी थी उसका कारण यह था कि उन्हें पूर्वकालीन समाज के मिश्रण तथा समन्वय की घटना का पर्याप्त ज्ञान नहीं था (**संस्कृत भाषेचा उलगड़ा**, पृष्ठ 62)। उनके इस कथन पर अनेक व्याकरणशास्त्री उन पर क्रोधित हुए। कई लोगों ने राजवाडे जी के कथन के विरोध में लेख लिखे और यह प्रश्न पूछा कि व्याकरण और समाजशास्त्र का संबंध ही क्या है? एक विद्वान ने तो यहाँ तक कहा कि राजवाडे जी पाणिनी को समझ ही नहीं पाये। अपने कथन के समर्थन में वे यह भी कहते हैं कि अमरीकी-जर्मन भाषाशास्त्रियों तथा वैयाकरणों द्वारा तैयार किये गये नये विज्ञान का उन्हें ज्ञान नहीं था। ऐसे तथाकथित विद्वानों के ज्ञान सृजन के बारे में यदि **अन्यैद्विजैः परभृताः खलु पोषयन्ति** कहा जाये तो किसी को बुरा नहीं मानना चाहिए। यहाँ पर एक बात ध्यान में रखनी चाहिए कि राजवाडे जी के मन मे पाणिनि के प्रति गहन आदर की भावना थी और पाणिनी का उल्लेख उन्होंने व्याकरण के "सूर्य भगवान" कह कर किया है। एक व्याकरण-सूर्य का दूसरे व्याकरण-सूर्य से लड़ना शोभा देता है, परन्तु परजीवी विद्वान जुगनुओं को इन दो सूर्यों के झगड़े में पड़कर स्वयं को भस्मसात् करके क्या मिलेगा!

संस्कृत भाषेचा उलगड़ा नामक अपने ग्रंथ में "अस्मद्-युष्मद्" की चर्चा करते हुए तथा नपुंसक लिंग के शब्दों में "म्" और "इ" प्रत्ययों की व्युत्पत्ति बताते हुए, राजवाडे जी कहते हैं, "वन्य आर्यों में से एक समूह एक की संख्या को, स्वतः

को हृम्, अर्थात् हम, शब्द द्वारा दर्शाता था और दो की संख्या (हम से अलग) को "त्वि" शब्द से। मू और हृ प्रत्ययों को वचन दर्शाने के लिए प्रयुक्त करने वाले समूह के लोग कोंकणवासी लोगों के समान, फ्रेंच लोगों के समान अथवा पहाड़ी भीलों के समान अपनी सारी बोली अनुनासिक स्वर में बोलते थे। इस अनुनासिक स्वर में बोलने वाले समूह का अनुनासिक-विरत भाषा बोलने वाले समूह से जब सम्मिलन हुआ, तब अनुनासिक उच्चारण करने वाले समाज के उच्चारण त्रुटिपूर्ण माने जाने लगे। अतः उनके शब्दों और प्रत्ययों को नपुंसक विभाग के अंतर्गत रख दिया गया। केवल पुलिंगात्मक शब्द बोलने वाले समूह की बोली में पुं व नपुं प्रकार की द्विलिंगात्मक भाषा अस्तित्व में आयी। पाणिनीय संस्कृत और वैदिक भाषा में नपुंसक लिंग के प्रवेश की वास्तविकता यही है।"*

जब राजवाडे जी ने यह कहा कि महाराष्ट्र में अभी कोंकणी-मराठी भाषाओं का जो विवाद चल रहा है, उसी तरह का विवाद प्राचीनकाल में वैदिक व पाणिनीय समाजों के बीच चला, जिसके अनंतर यह समझौता अस्तित्व में आया तो इस पर जर्मन-अमरीकी उपाधियों से विभूषित विद्वान क्यों क्रोधित हो उठे, यह समझ में नहीं आता।

वास्तव में, व्याकरण मनुष्य प्राणी की भाषा का शास्त्र है। **महाभारत** में एक लोमड़ी एक ब्राह्मण से कहती है, मनुष्य एक प्राणी है, किन्तु उसको भाषा का ज्ञान है, अतः वह अन्य प्राणियों से भिन्न है। समाजशास्त्रीय आधार पर वैज्ञानिक रीति से जिस व्याकरण को पाणिनि स्पष्ट नहीं कर पाये, उसका स्पष्टीकरण राजवाडे जी ने किया। इस संबंध में, एक स्थान पर वह जो लिखते हैं, उसे ध्यान में रखना अत्यंत आवश्यक है, अतः उस उद्धरण को यहाँ दिया जा रहा है।

पाणिनि की अनैतिहासिक दृष्टि

"सर्वनामस्थान, म एवं पद के संबंध में मूल प्रतिपादकों से नये रूप तैयार करने के लिए सैकड़ों जगहों पर नये-नये सूत्रों की रचना करनी पड़ी है। इन सूत्रों के जाल में से रास्ता ढूंढते-ढूंढते नये तथा पुराने, दोनों तरह के विद्यार्थियों की जान खुश्क हो जाती है। फिर भी, वे कुछ समझ नहीं पाते। इन सूत्रों से विद्यार्थी इतना भर जान लेता है कि देव शब्द के रूप होते हैं—देव, देवा, देवे अथवा तस्थिवस् शब्द के रूप होते हैं।—तस्थिवत्, तस्थुष और तस्थिवांस। परन्तु आगम क्यों होते हैं, आदेश क्यों होते हैं, अंग क्यों बदलते हैं—पाणिनि यह नहीं बताते। अतः शास्त्राध्ययन से, बुद्धि में जो प्रगतिशीलता और जागृति आनी चाहिए, वह नहीं आ पाती। इसका कारण

---

* **संस्कृत भाषेचा उलगड़ा,** पृ. 61।

है, ऐतिहासिक दृष्टि का पूर्ण अभाव। वैदिक भाषा देवताओं की भाषा है, यानि वह अनादि है--ऐसी थी पाणिनी की विचित्र कल्पना। पर इसमें आश्चर्य की कोई बात नहीं। आश्चर्य दूसरी ही बात पर है। इस आशय का संपूर्ण **अष्टाध्यायी** में एक भी शब्द या कथन नहीं है कि संस्कृत भाषा का जन्म वैदिक भाषा से हुआ। संस्कृत भाषा वैदिक भाषा का अपभ्रंश या विपरिणाम है, यह कल्पना भी पाणिनि की रचना में कहीं नहीं मिलती। विद्यार्थियों को शुद्ध प्रयोग समझाने के उद्देश्य से ही पाणिनी ने सूत्रों की रचना की। किन्तु, वह यह मानते थे कि वेदों में आये हुए आर्य प्रयोग और भाषा में आये हुए लौकिक प्रयोग, दोनों ही, समान रूप से शुद्ध हैं। छंद-संबंधी कोई प्रयोग अप्रचलित या विचित्र दिखा, तो "छंदसि बहुलं" उक्ति के अनुसार वेदों में उसे अशुद्ध नहीं माना गया, परन्तु अशुद्ध अनाड़ी रूपों के संबंध में भी, पाणिनी तिरस्कार या उपहास न दिखाकर उलटे आदर ही दिखाते हैं। इतिहास के प्रति इस अंधदृष्टि के कारण, वेदों के पूर्व विश्व नहीं था या काल भी न था, आदि जैसी प्रगति-विरोधी कल्पनाएँ समाज में प्रचलित हुईं और भावी काल के संबंध में तुच्छता की भावना पैदा हुई। अनेक पूर्व-वैदिक भाषाएँ, वैदिक भाषा, पाणिनीय भाषा, प्राकृत भाषा तथा मराठी जैसी प्राकृतिक भाषाओं की वर्धमान श्रेणी है--यह ज्ञान नहीं प्राप्त होता, बल्कि इसके विपरीत, यह एक क्षीयमान श्रेणी है, इस कल्पना से समाज का मन भारी होकर उदास होता है, इतिहास-दृष्टि के अभाव से समाज को कितना नुकसान पहुँचता है, इसका एक उल्लेखनीय उदाहरण पाणिनीय सूत्र है।"*

शब्द या वाक्य की प्रक्रिया में से, समाज का इतिहास दिखाने की राजवाडे जी की दृष्टि कितनी गहरी और विशाल है, इसका एक अन्य उदाहरण **राधामाधव** में वर्णित अभिवादन तथा प्रत्याभिवादन करने की प्रथा के विकास और ह्रास के उनके विवेचन में देखा जा सकता है (पृष्ठ 136-137)। राजवाडे जी ने पाणिनिकालीन अभिवादन की पद्धति का, उसके बाद पाँच-छः सौ वर्षों के उपरांत कात्यायन के सूत्रों में वर्णित परिवर्तित पद्धति का, और कात्यायन के बाद दो सौ वर्षों के उपरांत पतंजलि के सूत्रों में वर्णित इस पद्धति का तुलनात्मक विवेचन किया है। इस तुलना के माध्यम से राजवाडे जी ने यह उद्घाटित किया कि स्त्रियों का स्थान किस तरह निम्न होता गया और स्त्रियाँ, वैश्य तथा कुछ ब्राह्मण भी शूद्रत्व तक कैसे पहुँचे। ऐसा नहीं लगता कि उस व्याकरण तथा इतिहासशास्त्र का जो स्पष्टीकरण उन्होंने दिया है, उसके महत्व से अभी भी हमारे इतिहासकार, भाषाशास्त्री, व समाज-सुधारक अवगत हो पाये हैं। व्याकरण के माध्यम से समाज के विकास या ह्रास पर दृष्टिपात करना बहुत कठिन काम है। इसके लिए राजवाडे जी सदृश दृष्टि की ही आवश्यकता होती है। इस प्रकार की उनकी इस महत्ता को पहचानने में विद्वान विद्वेष की भावना न रखें और यदि वे इस महत्ता का उपयोग करके, अपने देश, समाज तथा अपने विशिष्ट

---

* **संस्कृत भाषेचा उलगड़ा,** 1920, पृ. 53।

समूह का इतिहास लिखने के लिए तैयार होंगे, तो उसका लाभ समस्त प्रगतिशील विश्व को मिलेगा।

पुराणगत इतिहासकथन

संस्कृत में लिखित पुराणों तथा ग्रंथों को अंग्रेजों ने काल्पनिक, बनावटी, निरर्थक तथा झूठमूठ की कथाएँ कहा। उसका प्रभाव अपने यहाँ के विद्वानों पर अभी भी है। पौराणिक ग्रंथों में कई प्रसंग और कथाएँ अद्भुत रूपों में कही गयी हैं। परन्तु उनमें ऐतिहासिक सत्य का मूल है, और यह बात सही है कि आधुनिक विज्ञान के अभाव में तत्कालीन लेखकों ने उन पर भ्रामक धारणाओं का अम्बार खड़ा कर दिया। पर अब सभी इस बात को मानते हैं कि मिस्र के पिरामिड स्तंभों की कई काल्पनिक कथाओं में, या पुरानी धारणाओं वाली चर्चाओं में इतिहास अंतर्निहित है। इस प्रकार मध्य एशिया में असीरिया, बेबीलोन की मिट्टी की ग्रंथात्मक ईंटों के संग्रह में भी इतिहास निहित है।

परन्तु संस्कृत पुराणों को इस स्थिति में लाने के लिए बहुत प्रयास करने पड़े। कारण यह कि हमारे शासक, अंग्रेज साहबों, द्वारा अपने इतिहास लेखन को प्रकाशन योग्य होने का प्रमाणपत्र नहीं दिया गया।

पुराणों की अनगढ़ कल्पनाओं को अगर अलग कर दिया जाये तो उनमें बहुत कुछ इतिहास प्राप्त होता है। अगर कोई यह प्रश्न पूछता है कि अनगढ़ कल्पनाओं या विचित्र कथाओं में इतिहास कैसे छिपा हुआ है, तो खोज करने के लिए उत्तर पूर्वकाल के जंगल में विचरण करना पड़ेगा। अगर बड़े-बड़े अंग्रेज वैज्ञानिक सन् 1930 में हुए विश्व विज्ञान सम्मेलन के सम्मुख यह कह सकते हैं कि परमेश्वर एक बड़ा गणितज्ञ अथवा शक्ति है, तो पाँच हजार वर्ष पूर्व अनाड़ी लोगों ने यदि वेद तथा पुराणग्रंथों से समाजशास्त्र और इतिहास बघारते समय गंवार के समान उत्तरीय या पगड़ियाँ धारण कर लीं तो उसमें चौंकने का क्या कारण है? शास्त्रज्ञ होने के कारण उत्तरीय, पगड़ी इत्यादि दूर रखकर जब राजवाडे भारतीय विवाह संस्था का इतिहास लिखने लगे तब उन्होंने यह बात स्पष्ट रूप से लिखी कि पाराशर ऋषि ने सत्यवती के साथ संभोग किया। परन्तु पुराने लेखक को स्पष्टतः यह लिखने में लज्जा प्रतीत हुई, अतः उसने धुएँ का पर्दा निर्मित कर उस क्रिया पर एक काव्यमय आच्छादन डाल दिया। परन्तु उसको दूर हटाकर शास्त्र के अन्वेषक राजवाडे जी ने वास्तविक घटना बतायी। इसलिए चाहे तो अनाड़ी लोग नाराज हो सकते हैं, परन्तु पंडित और विद्वानों ने राजवाडे को अब तक मारने का, या उपेक्षा की गर्त में फेंकने का जो प्रयास किया, उसे क्या कहा जाये?

इस परिस्थिति में **हिस्टोरियन्स हिस्ट्री आफ दि वर्ल्ड** ग्रंथ में लिखित राजवंशों

एवं जनसमूहों की नामावलियाँ देकर श्री राजवाडे ने **आमची पुराणे व असीरियातील नवे शोध** (हमारे पुराण एवं असीरिया की नयी खोजें) लेख के द्वारा यूरोप के इतिहासकारों के अज्ञान का पर्दाफाश किया, तथा भारत के अति प्राचीन इतिहास के एक प्रचंड और नये अध्याय को उजागर किया। फिर भी, **विष्णु पुराण** और अन्य आधार दिखाने पर भी, हमारा शिक्षण-विभाग इस इतिहास को हमारे शिक्षण क्रम में स्थान नहीं दे रहा है। इसका कारण यह है कि यद्यपि वे स्वयं इस संबंध में इतने अज्ञानी नहीं हैं, परन्तु शिक्षण के तंत्र को निर्मित करने वाले नौकरशाह अभी भी अँधेरे में डूबे और यूरोपीय विद्वानों द्वारा निर्मित कुहरे से घिरे प्रतीत होते हैं।

जब मनुष्य समाज का निर्माण हुआ तब समाज नामक संस्था की रचना करना, उसके कायदे-कानून बनाना, ये कार्य अपरिहार्य रूप से किये ही गये। और वहीं से समाज रचना के, कुटुम्ब रचना के, आपसी संबंधों के, नियम बने और फिर शासन-संस्था के स्वरूप और संविधान के तंत्र या शास्त्र का प्रारम्भ हुआ। ऐसे गणराज्य, जिनमें मूर्धाभिषिक्त दण्डधारी राजा नहीं होता था, वैराज्य, द्वैराज्य आदि अनेक शासन पद्धतियों के प्रकार अपने देश में हो गये। अनभिज्ञ जनों से हमारे मंत्रीगण कहते हैं कि आज का हमारा संविधान ऐसा है मानो हमने एक अननुभूत व अपूर्व संस्था निर्मित कर ली हो। वर्तमान वर्ग-कलह, धार्मिक तथा जातीय झगड़ों के बावजूद, हमने जो कार्य किया वह निःसंदेह प्रशंसनीय है। परन्तु अपने देश में हजारों वर्ष पूर्व इनकी शुरुआत हो चुकी थी, जो आगे कई शताब्दियों तक चलती रही। इस तरह की शासन पद्धतियों का जो इतिहास श्री राजवाडे तथा श्री जायसवाल ने लिखा है, उसका तथा आज हमारे लोगों द्वारा किये गये काम का ऐतिहासिक दृष्टि से तुलनात्मक अध्ययन करने के उपरान्त ही, हमें अपने किये हुए काम पर उचित गर्व करने का अधिकार है। हमारे शासनकर्ताओं के लिए यह इतिहास-वाचन अनिवार्य किया जाये तथा कक्षा में बिठाकर (अत्यंत गुप्त कैबिनेट चैम्बर में ही क्यों न हो) उनकी परीक्षा ली जाये—श्री राजवाडे जीवित होते तो उन्होंने निश्चय ही इस तरह का सुझाव दिया होता। संविधान के शास्त्र पर ऐतिहासिक, जानपदिक और वर्गीय दृष्टिकोण से विचार करना आवश्यक है। इसके अभाव में संविधान को जनता द्वारा दी गयी मान्यता या संविधान के लिए प्रतीत होने वाला अभिमान निरर्थक है। संविधान के विज्ञान का उचित ज्ञान न होने पर जनता नेताओं के इशारों पर चलने लगेगी और संगठन दुर्बल हो जायेगा। इसलिए हम कहते हैं कि राजवाडे, कोसांबी, जायसवाल के ग्रंथों का अध्ययन आवश्यक होना चाहिए, और इसके बाद एंगेल्स के ग्रंथों का अध्ययन भी। इस अंतिम बात को अभी हम न भी मानें तो उसको फिलहाल छोड़ दें, परन्तु सर्वप्रथम, ऐतिहासिक दृष्टिकोण का विकास करना आवश्यक है। फिर, एंगेल्स तक पहुँचना स्वाभाविक रूप से ही होगा, यह हमारा इतिहासजन्य अनुभव और विश्वास है, दुराग्रह नहीं।

मराठी धातुकोश

किसी विज्ञान की चर्चा करते समय अथवा तद्विषयक ग्रंथों का निरीक्षण करते समय दुरभिमान, ईर्ष्या, विद्वेष आदि भावनाओं को अपने मन में स्थान देना उचित नहीं होता, न ही यह वैज्ञानिक होता है। परन्तु राजवाडे जी की बुद्धि के तेज से तथा ज्ञान संपन्नता को देखकर जो चकाचौंध हो गये, वे, ऐसा प्रतीत होता है कि, ऊपर दर्शाये गये मानसिक रोगों से पीड़ित थे। श्री राजवाडे की मृत्यु के उपरांत उनके द्वारा रचित मराठी धातुकोश को नष्ट करने का कुछ लोगों ने जो प्रयास किया, उसे याद रखना आवश्यक है। पाणिनी ने संस्कृत का धातु पाठ लिखा था। ज्ञानकोश की रचना करने में डाक्टर केतकर और उनके सहायकों की नाक में दम हो गया और अंत में उनकी दरिद्रता में ही मृत्यु हुई। यह देखते हुए भी उनके विरोधियों ने ईर्ष्या-भरा सवाल उठाया कि अकेले कष्ट उठाकर मराठी धातु पाठ तैयार करने वाला यह प्रति-पाणिनि कौन है? इसमें विशेष बात यह है कि पाणिनी के धातु पाठों की संख्या दो हजार तक है, राजवाडे जी के मराठी धातु पाठों की संख्या करीब-करीब सोलह हजार हुई। कुछ विद्वानों में यह चर्चा थी कि कोई समिति बनाये बिना अथवा सरकार से लाखों का अनुदान लिये बिना ही इस मामूली-से आदमी द्वारा अकेले अपनी विद्वत्ता के आधार पर, इतना बड़ा धातु पाठ तैयार किया जाना संभव ही नहीं है और यदि किया भी होगा तो वह निश्चित ही कूड़ा-करकट होगा, अतः उसे फेंक दिया जाना चाहिए। परन्तु अंत में एक समिति नियुक्त की गयी और उसके द्वारा की गयी जाँच-पड़ताल से यह सिद्ध हुआ कि वास्तव में यह धातु पाठ ही है। अंत में श्री कृ.पां. कुलकर्णी जैसे एक विद्वान व्यक्ति द्वारा वह संपादित किया गया और धुले स्थित "राजवाडे संशोधन मंडल" ने इसे प्रकाशित किया। यह एक ऐतिहासिक और स्वागत-योग्य घटना थी।

परन्तु यह काम अभी भी पूरा नहीं हुआ है। धातु देते समय, पूर्ववैदिक, वैदिक, पाणिनीय, संस्कृत, प्राकृत, अपभ्रंश और वर्तमान मराठी—इतने भिन्न-भिन्न रूपों में ये धातुएँ कैसे पायी जाती हैं और उनका साहित्य में प्रयोग किस तरह से हुआ और उनकी स्थिति में परिवर्तन कैसे हुए, इतना विस्तृत कार्य करने का राजवाडे जी का विचार था, परन्तु यह कार्य पूरा करने के लिए, वह भी अकेले अपने बूते पर, उन्हें पर्याप्त समय न मिल पाया। अब इस कार्य को, अपना समझकर कौन भाषाशास्त्री हाथ में लेंगे यह देखना है। फालतू ग्रंथों के लिए लाखों के अनुदान देने वाली हमारी सरकार को, इस ग्रंथ की महत्ता जानने के लिए कितने वर्ष लगेंगे या परिस्थिति में कितने परिवर्तन होंगे, यह कौन जानता है?

लोगों को इस विषय का सामाजिक महत्व समझाने के उद्देश्य से श्री कुलकर्णी द्वारा लिखित प्रस्तावना का एक कथन यहाँ उद्धृत कर रहा हूँ : "कोई समाज प्रगति की किस अवस्था में है, यह देखना हो तो उस समाज की भाषा का अध्ययन कीजिये।

उसमें भी फिर उसका शब्द-समूह देखें, उसके उपरान्त उसका धातु पाठ देखें। इस पद्धति से धातु पाठों का नृवंश-विज्ञान में कितना महत्वपूर्ण स्थान है, यह ज्ञात होगा।"*

इस प्रकार मराठी धातुओं का परिशीलन कर उनकी रचना करने वाले इस आचार्य की महत्ता का वर्णन जितना करें, उतना ही कम है। राजवाडे जी का स्वभाव, चरित्र, विद्वत्ता, विचार पद्धति का वर्णन करना हो तो धातुओं को उन्होंने जिस नियम से परखा उसी नियम से उन्हें भी परखना होगा। सतत् पुरोगामी गतिमानता, यही उनका स्थायी भाव था। "गत्यार्थास्तेज्ञानार्थाः"

हिन्दू समाज में बाहरी लोगों का समावेश

श्री राजवाडे की विचारप्रणाली का संक्षेप में वर्णन करना कठिन काम है। 'हिन्दू समाज में बाहरी लोगों का समावेश' नामक लेख में की गयी वर्ण तथा जातिभेद की चर्चा से जातिभेद को समाप्त करने के लिए जो आंदोलन चल रहा है, उसमें बहुत कुछ सहायता मिलने की संभावना है। इन आंदोलनों में द्वेष भावना रहती है, उसमें कुछ सौम्यता लाकर उसे वर्गीय और वैज्ञानिक दृष्टि से नष्ट करने के काम को सुलभ बनाने में इस लेख से मार्क्सवादी समाजशास्त्र को काफी मदद मिल सकती है। वर्ण और जाति संबंधों की उत्पत्ति, उत्पादन के औजार तथा उनसे उत्पन्न सामाजिक संबंधों के सिद्धान्त की पूर्ति के लिए, राजवाडे जी का यह निबंध अत्यंत उपयुक्त सिद्ध होगा। हिन्दुओं की ग्राम और समाज रचना का विचार प्रकट करते हुए, राजवाडे जी कहते हैं, "ग्राम हो या नगर, वह अठारहों प्रकार की जातियों का बना रहता था। उसमें अन्य किसी के लिए स्थान न था। प्रत्येक काम-धंधे की एक स्वतंत्र जाति थी और उस जाति के लोगों से मिलकर एक ग्राम बनता था। प्रत्येक जाति को अपने-अपने धंधे पर पैतृक अधिकार रहता था। सभी जाति के लोग अपने-अपने पारंपरिक धंधे करते थे। जिस व्यक्ति के पास कोई पैतृक पारंपरिक धंधा नहीं होता था, उसको किसी भी ग्राम में रहने का अधिकार न था। अगर किसी अन्य गाँव का कोई बेकार आर्य व्यक्ति किसी दूसरे ग्राम में रहना चाहता तो ग्राम के पैतृक धंधे वालों के पंचों की ग्रामसभा होती थी। यदि ग्रामसभा ने एकमत से—बहुमत से नहीं—अनुमति दी, तो उस व्यक्ति को गाँव में स्थान दे दिया जाता था—वह भी एक अस्थायी निवासी के रूप में। इस अस्थायी निवासी को वहाँ के स्थायी निवासी का पैतृक अधिकार प्राप्त करने के लिए कई पीढ़ियाँ गुजारनी पड़ती थीं। यह स्थिति थी आर्य अस्थायी निवासी जनों की।

---

* **राजवाडे मराठी धातुकोश,** प्रस्तावना, पृ. 11।

"ग्राम संस्थाएँ, अपने गाँवों में अनार्य लोगों का समावेश करने से पहले उनमें विशेष संस्कारों का होना आवश्यक समझती थीं। ये संस्कार न होने पर उन्हें गाँव में रहने की अनुमति नहीं दी जाती थी। अनार्य दो प्रकार के थे। देशज अनार्य और बहिर्देशज अनार्य। देशज अनार्यों में नाग, कोल, भील, गोंड, पुक्कस, कातकरी, ठाकुर आदि लोग आते थे। बहिर्देशज अनार्यों के अंतर्गत शक, यवन, पारसीक, बाह्लीक, मुसलमान आदि लोग आते थे। आर्यावर्त, दक्षिणारण्य और अपरांत में जब ग्राम संस्थाओं का गठन किया गया, तब वह प्रश्न सामने आया कि इन देशज अनार्यों को ग्राम संस्था में कौन-सा स्थान, किस तरह से दिया जाये। इस समस्या पर निरापद रूप से पार पाने में आर्यों की एक पुरानी रीति सहायक सिद्ध हुई। गुण और कर्मों से भिन्न व्यक्तियों के वर्ण बनाने के कार्य में आर्य लोग बहुत पुरातन काल से अभ्यस्त थे। इस विद्या या सतत् प्रवृत्तियों का परिणाम चातुर्वर्ण्य है।

"चातुर्वर्ण्य के चारों वर्णों के रक्त संबंधों में अलग होने से पूर्व अनुलोम और प्रतिलोम विवाह-संबंध हुआ करते थे। उन संबंधों से जो प्रजा उत्पन्न होती थी, उसको तीन, पाँच या सात पीढ़ियों के बाद अपने पिता के वर्ण में जाने का अवसर प्राप्त होता था।

"परन्तु संकर प्रजा की संख्या में वृद्धि होने से उनके आपसी स्नेह के कौटुम्बिक संबंध बढ़ते गये। और पिता के वर्ण में आने की प्रक्रिया रुक गयी। और संकर जातियाँ, अपने स्वयं के समूहों में, वृत्ति में तथा पारंपरिक धंधों में स्थायी रूप से संलग्न हो गयीं।

"जिस समाज की प्रवृत्ति केवल अपने समाज में ही लैंगिक संबंध की होती है और किसी अन्य प्रकार की नहीं होती, उस समाज को जाति कहते हैं। जाति केवल जन्म से प्राप्त होती है, अन्य किसी भी रीति से नहीं। जाति संस्था के द्वारा एक कार्य उत्तम रीति से किया जाता है। एक जाति के अंतर्गत लैंगिक संबंध होने से वांशिक शुद्धता पूर्ण रूप से बनाये रखी जाती है और प्रियजनों को एक-दूसरे से बिछुड़ना नहीं पड़ता। संकर वर्णों की उन्नति के प्रश्न को हल करने की प्रक्रिया में आर्यों को जाति संस्था का निर्माण करने की तरकीब हाथ लगी। ग्राम संस्थाओं में देशज अनार्य समाज की स्थापना करते समय यह तरकीब आर्य अमल में लाये थे। भिन्न-भिन्न अनार्य समाजों को आर्य लोगों ने स्वतंत्र जाति माना।

"जाति संस्था का विचार संकरों की व्यवस्था करते समय सूझा था और यही विचार आर्यों ने अनार्य समाजों पर लागू किया। इतना ही नहीं, यही व्यवस्था हमारी चातुर्वर्ण्य संस्था की स्थापना पर भी लागू की गयी। संकर प्रजा से वांशिक शुद्धि होने के बाद मनुष्य को चातुर्वर्ण्य व्यवस्था के किसी भी वर्ण में जाने की सुविधा उपलब्ध थी। इसी तरह चातुर्वर्ण्य में से किसी निम्न वर्ण के व्यक्ति को अपने गुणकर्मों का उत्कर्ष-विकास करने पर, अर्थात् तपश्चर्या करने के बाद, ब्राह्मण वर्ण

में प्रवेश मिलना संभव था। जाति संस्था की कल्पना सूझने पर, ब्राह्मण, क्षत्रिय, वैश्य व शूद्र—ये चार वर्ण ही जातियाँ बने। फिलहाल, ब्राह्मण, क्षत्रिय, वैश्य, शूद्र इन चार वर्णों के अलावा चार जातियाँ भी हैं। इनके अलावा बढ़ई, चमार, अछूत (शूद्र), लुहार, सुनार आदि सुस्थिर अवस्था वाली कुछ संकर जातियाँ भी हैं। इनके अतिरिक्त नाग, कोल, राक्षस आदि देशज अनार्यों के संस्कारों के कारण बनी हुई अत्यंज व बाह्य जातियाँ अस्तित्व में आयीं।

"चाहे वे देशज अनार्य रहे हों, या बहिर्देशज अनार्य, यदि वे भारत में रहना चाहते, तो हिन्दू समाज उन्हें किसी जाति में सम्मिलित होकर ही यहाँ रहने देता था। इस तरह अनार्य बाह्य समाज को जाति बनाकर हिन्दू समाज उसका समावेश अपने में कर लिया करता था। जाति न बनने पर नागरिकत्व के या ग्रामस्थ के अधिकार प्राप्त नहीं होते थे। परिणामतः, स्थानिक स्वराज्य और साम्राज्य के छत्र का संरक्षण नहीं मिलता था। हिन्दू समाज में बाहरी लोगों का राजनीतिक समावेश किसी जाति के रूप में ही होता था। जाति बन जाने के बाद बाहरी लोगों को, जाति के अनुरूप रोजगार या धंधा उपलब्ध कराया जाता था, इस तरह वे हिन्दू समाज में और हिन्दू देश में शासन छत्र के नीचे सुखपूर्वक रह सकते थे। इस प्रकार की जाति देश में बहुत काल तक रही। इस जाति के लोग यहाँ के कौटुम्बिक जन बन जाते तथा हिन्दू समाज के सामान्य धार्मिक रीति-रिवाजों का पालन करने लगते; और फिर उन्हें हिन्दू नाम प्राप्त होता। तदनन्तर जब उस जाति के देवता की स्थापना हिन्दुओं के तैंतीस कोटि देवताओं में हो जाती तो उस जाति पर, पूर्ण हिन्दुत्व की मुहर सदा के लिए लग जाती थी।"

जाति संस्था की उत्पत्ति, विकास और स्थिरता की जिस परम्परा का राजवाडे जी ने वर्णन किया है, उसमें मुख्य बात वृत्ति है। किसी व्यक्ति या समूह के लिए वृत्ति बाँध देने का तात्पर्य क्या है, यही वास्तविक प्रश्न है। व्यावसायिक शक्ति की रचना पर आधारित समाज को जातिबद्ध समाज कहा जाता है। जाति तथा व्यवसाय, ये दोनों सम्पूर्ण समाज-रचना का ढाँचा हैं। इस ढाँचे की बुनियाद यह होती थी कि व्यवसाय करने वाले व्यक्ति को, अर्थात् उसके गणगोत्र को, गाँव के आसपास गाँव की सीमा में, जमीन का एक हिस्सा प्राप्त होता था। इसके अतिरिक्त, उस व्यक्ति या समूह के पास समाज के लिए उपयुक्त वस्तु बनाने के औजार भी रहते थे। इन औजारों और अपने व्यावसायिक कौशल से वह उपयोगी वस्तुओं का निर्माण करता था। अन्य जाति के समूहों द्वारा उत्पादित सामानों से इन वस्तुओं का लेन-देन होता था। इस तरह, विभिन्न जाति-समूहों के श्रम द्वारा निर्मित वस्तुओं के लेन-देन के व्यवहार से जो अर्थ-लाभ होता था उसी से उसका जीवन-यापन होता था। इस तरह, किसी भी गाँव के विभिन्न वर्गों या जातियों के समूहों का जीवन उन्हीं के श्रम या कार्य करने की शक्ति तथा कौशल के अनुसार चलता था। जमीन के हिस्से और

एक ही प्रकार के औजारों के सतत् उपयोग करने को बाध्य की गयी हिन्दू जातियाँ हजारों वर्षों तक अटूट रहकर इतिहास की पुनरावृत्ति करती रहीं। मार्क्स-एंगेल्स ने इसका मौलिक विवेचन किया है। राजवाडे जी ने भी उसी का वर्णन और उसी समाज-रचना का स्पष्टीकरण किया है।

यह बात अपनी जगह सच है, तो भी राजवाडे जी की यह निश्चित धारणा थी कि समाज परिवर्तन का यह अबाधित और सनातन नियम ही हिन्दू समाज का प्रेरक, पोषक व संरक्षक साबित हुआ है, वह वैसा ही रहना चाहिए और रहेगा। इस बात का उनके ध्यान में आना असम्भव-सा था कि यह पद्धति अब नयी उत्पादन प्रणाली के संदर्भ में, उपयुक्त नहीं हो सकती। नये-नये उद्योग और उन पर आधारित नये समाज में जातियों तथा उनकी जातीय कारीगरी के लिए स्थान नहीं रह जाता। इतना ही नहीं, वे प्रगति के लिए हानिकारक भी हैं, और जातियों का अंत समाजवादी समाज रचना में ही पूर्णतः होगा। अतएव, राजवाडे जी के बारे में यह माना जाने लगा कि वह एक कट्टर ब्राह्मण हैं और अन्य जातियों से द्वेष करते हैं। वह महान् विचार शक्ति वाले व्यक्ति थे। पुराने समस्त शास्त्रों, रूढ़ियों, धार्मिक मान्यताओं को भेद कर, उनकी ऐतिहासिक उत्पत्ति को स्पष्ट करने वाला, परमेश्वर को न मानने वाला, विचार और भाव-प्रदर्शन के साधनों के विकास का क्रांतिकारी वर्णन करने वाला यह महान् शास्त्रज्ञ ऐतिहासिक भौतिकवाद के मार्क्सवादी सिद्धान्त तक न पहुँच पाया। यह भारत के इतिहास के लिए एक बहुत ही हानिकारक घटना थी, इसमें शक नहीं। राजवाडे जी इन बातों से जरा भी अवगत न थे कि हजारों जातियों के विभिन्न धंधों में संलग्न श्रमजीवी लोग, पूँजीवादी समाज परिवर्तन के साँचे में, पारम्परिक जाति और पेशा छोड़कर एक ही धंधे में बंधकर किस तरह मजदूर बन जाते हैं, समाज में वर्ग-संघर्ष के माध्यम से किस प्रकार परिवर्तन घटित होते हैं तथा समाजवाद पर आधारित नये विश्व का किस प्रकार निर्माण होता है, शस्त्र, शास्त्र और उद्योग धंधों के, नये पुरुषसूक्त के समाजवादी गणसंघों की रचना किस प्रकार होती है। इस कारण ही अपने विवेचन में वह वर्णाभिमानी तथा जात्याभिमानी बने। प्राचीन और मध्ययुगीन समाजों की भारतीय अखंडता, अलौकिकता और नैरंतर्य को देखकर उनका ध्यान वर्ण जाति पद्धति पर ही केन्द्रित हुआ। अंग्रेजों के द्वारा लायी गयी नयी जाति-विहीन कल्पनाओं और उन पर आधारित नयी समाज-रचना का प्रचार भी चल रहा था। उसी तरह हमारे देश में प्रचलित और बद्धमूल जातिभेद को नष्ट करने के लिए आंदोलन भी हो रहे थे। परन्तु उसमें स्वराज्य साधन और राजनीतिक दृष्टि का अभाव देखकर उनके समाजशास्त्रीय सिद्धान्त अवरुद्ध हो गये। लेकिन साथ ही उन्हें यह भी प्रतीत हो रहा था कि पूर्वकालीन हिन्दू समाज एकवर्णिक तथा जाति-विहीन था। उन्होंने यह भी देखा कि उसी एकवर्णिक समाज से त्रैवर्णिक, और बाद में शूद्रों के आगमन से, चातुर्वर्णिक जाति-रचना वाले समाज का निर्माण

हुआ, और आगे चलकर अनंत जातियों के बंधनों में बद्ध समाज का स्वरूप बना। उन्होंने यह विचार भी समाज के सम्मुख स्पष्ट रूप से रखा कि अंतरजातीय कलहों में व्यस्त समाज पुनः एकवर्णिक कैसे बनेगा, और वर्तमान कलहों में से मार्ग ढूँढने का विचार प्रस्तुत किया। परन्तु यह किस तरह से होगा इस बात को वह समझ न पाये। वर्ण और जातियों के आवरण के नीचे मूलतः उत्पादन-वितरण की प्रक्रिया कैसे चलती है, उसी प्रक्रिया में शोषणकर्ता वर्ण-जातियों और शोषित वर्ण-जातियों का निर्माण किस तरह से होता है, इस क्रम में ही निर्मित शासन-यंत्र कैसे चलता है, आदि विषयों से संबंधित वाचन तथा मनन करने के बाद भी उत्पादन के साधनों और उनसे जनित विविध वर्गों का पता लगाने वाले आवश्यक सिद्धांत उन्हें न मिल पाये। हेगेल का सिद्धांत अपर्याप्त प्रतीत हुआ, अतः उन्होंने संत रामदास का आधार लिया, कुछ अंग्रेज इतिहासकारों की ओर नजर डाली, परन्तु मार्क्स-एंगेल्स की ओर उनका ध्यान न जा सका।

अतः वह इस बात का स्पष्टीकरण न दे पाये कि यह एकवर्णिक समाज किस प्रकार का होगा। इससे पहले कि रूसी क्रांति, वर्ग-विहीन समाजवादी समाज और नव-मानव से अवगत होने का उन्हें अवसर मिलता, वह चल बसे; अतः सामाजिक क्रांति, वैचारिक क्रांति और विचार-मंथन का फल उन्हें प्राप्त न हो सका।

यह सिद्धांत भी उनके ध्यान में न आ पाया कि भारत की जनता के जीवन के लिए आवश्यक वस्तुओं की उत्पादन क्रिया सर्वोत्तम यंत्रों की सहायता से और तज्जन्य भौतिक व मनोवैज्ञानिक शास्त्रों की सहायता से सम्पन्न होने पर, उस पर पूँजीवाद पर आधारित अर्थसंबंधों तथा राजनीति की जो पकड़ है, उसके पूर्णतः समाप्त होने पर अपना यह समाज जब अत्युच्च समाजवादी संगठन के स्तर पर पहुँचेगा, तभी सब जातिभेदों का व वर्गों का अंत होगा। अगर ऐसा होता तो हमें **राधामाधव** या **पुरुषसूक्त** का एक नया ही रूप देखने को मिलता।

क्या इतिहास की इस त्रासदी को टाला जा सकता था? क्या हेगेल और कान्ट के आगे, उन्हें तथा उनके ऐतिहासिक-भाषिक ज्ञानभंडार को ले जाना संभव था? इस प्रश्न का मेरा अपना उत्तर है—हाँ। परन्तु उसके लिए एक शर्त यही थी कि उनके सामने मार्क्स-एंगेल्स रख दिये जाते, तभी यह संभव था।

यह निश्चित कथन किस आधार पर किया जा सकता है? मराठों की पराजय के कारण ढूँढते समय वह इस बात को जान चुके थे कि पुर्तगाली, फ्रांसीसी और अंग्रेज सेना के पास जो दूर-दूर तक गोले बरसाने वाली प्रभावी और प्राणघातक तोपें थीं उनका पश्चिमी लोगों के विजय-संपादन में बहुत बड़ा योगदान था। तोपखाना, बंदूकें, गोलाबारूद आदि आवश्यक चीजों से मराठे अपरिचित नहीं थे। इन बातों का विस्तृत वर्णन उनके पत्र-व्यवहार में है कि शिवाजी को तोपें प्राप्त करने के लिए अंग्रेज, फ्रांसीसी और पुर्तगाली लोगों की कैसी-कैसी मिन्नतें करनी पड़ती थीं। कभी

धमकाना भी पड़ता था, धन और व्यापार के परवाने देने पड़ते थे। ऐसा होने पर भी, इन इतने भयानक शस्त्रास्त्रों का यहीं निर्माण करना, उनके मूलभूत शास्त्र का अध्ययन करना, इन लोगों से संभव क्यों न हो सका। अपनी पेशवाई के अंत में दिल्लीश्वर पर धाक जमाकर, महादजी शिंदे ने फ्रांसीसी इंजीनियरों की सहायता लेकर आगरे के पास तोपें बनाने का कारखाना खोला था। परन्तु उसके लिए आवश्यक लोहा, ईंधन तथा रासायनिक सामग्री उन्होंने कहाँ से प्राप्त की, इसका उल्लेख या चर्चा हमारे इतिहास में नहीं है। ग्वालियर कार्यालय के कागजपत्र जब खोले तथा पढ़े जायेंगे तभी इसका कुछ न कुछ स्पष्टीकरण हो सकेगा।

परन्तु तोपें बनाने का महत्व राजवाडे जी जानते थे, और उनका यह मानना था कि शस्त्र बनाने की विद्या के संबंध में मराठी विद्वानों और शासनकर्ताओं, दोनों ने ही, असावधानी बरती तथा वे बेफिक्र रहे। यदि उसका सैद्धान्तिक आधार ढूँढना हो तो इस घटना की चर्चा के लिए मार्क्सवाद के विज्ञान का भी उपयोग करना पड़ेगा। यह सच है कि यह काम राजवाडे जी न कर पाये, परन्तु इस महत्वपूर्ण समस्या के प्रति यह विद्वान उदासीन न था। शहाजी पर लिखे अपने निबंध में वह कहते हैं, "इस प्रश्न का एक ही उत्तर है और वह बिल्कुल सरल है। उत्तम, सुडौल तथा निश्चित हथियार बनाने की कला के विकास के लिए वैज्ञानिक ज्ञान की जो पूर्व तैयारी आवश्यक होती है, वह उस समय महाराष्ट्र में नहीं थी। शहाजी के जीवन काल में यूरोप में डेकार्ट, बेकन आदि विचारशील लोग, सृष्टि में रहने वाले विविध पदार्थों की खोज करने वाले लोगों को प्रोत्साहित कर रहे थे और उसी समय अपने यहाँ एकनाथ, तुकाराम दासोपंत, निपटनिरंजन आदि संत महात्मा पंच महाभूतों को नष्ट कर ब्रह्म-साक्षात्कार का मार्ग राष्ट्र को दिखाकर, मुक्त करने का प्रयास कर रहे थे। इस प्रकार की परिस्थिति में लोगों को, स्क्रू, पिन, बन्दूक, तोप, आदि वस्तुओं का विचार हेय प्रतीत हुआ, तो उसमें आश्चर्य की क्या बात है? जिस दिन वास्को दे गामा ने कालीकट के चातुरी के तमाचा मारा, उसी दिन से भारत का साम्राज्य यूरोपीय लोगों के हाथों में जाने लगा। दूर-दूर तक गोले बरसाने वाले कार्यक्षम हथियारों में ही उनकी वास्तविक शक्ति निहित थी। ये शस्त्र ही यूरोपीय वैज्ञानिक संस्कृति का मुख्य सार थे। अतः यह स्पष्ट है कि दोष शहाजी के साथ ही तत्कालीन समाज का भी है। इस संबंध में दादोजी कोंडदेव की पंक्ति में अकबर, शाहजहां, मीर जुमला तथा औरंगजेब भी आते हैं। अतः यह तत्कालीन भारतवर्ष की संस्कृति का ही सर्वसाधारण दोष है, यह मानना होगा।"*

परन्तु भारतीय समाज ऐसा क्यों रहा—इस प्रश्न का उत्तर नहीं मिलता। उसे प्राप्त करने के लिए मार्क्स-एंगेल्स द्वारा प्रणीत विज्ञान को ही आधार बनाना पड़ता है। नहीं तो आज ही का उदाहरण देख लीजिये। समाजवादी राष्ट्रों से वैज्ञानिक ज्ञान

* **राजवाडे लेख संग्रह,** साहित्य अकादमी संस्कर पृ. 208।

तथा अन्य सामग्री की सहायता लेकर, साथ-साथ इन शास्त्रों का अध्ययन करके और अपनी बुद्धि, संपत्ति तथा अन्य शासकीय साधनों का प्रयोग करके किसी इतिहास काल में विदेशी तोपों की मार खाये हुए हमारे देश के विद्वानों, शास्त्रज्ञों और शासनकर्ताओं ने अपने ही देश में राकेट तैयार किया और अणु का विस्फोट किया। हमारी स्वतंत्रता के विकास को रोकने वाले साम्राज्यवादी राष्ट्रों को भले ही इससे अर्थहीन बड़बड़ करने का मौका मिला। यह देखने के लिए राजवाडे जी जीवित होते तो उन्होंने इस नये समाजवाद के विज्ञान के नये "पुरुषसूक्त" की रचना की होती और चातुर्वर्णिक समाज की जगह "एक वर्णिक" समाज सत्तावाद से संबंधित, कम्युनिस्टों द्वारा निर्मित शास्त्र पर एक जबर्दस्त ग्रंथ लिखा होता—ऐसा क्यों न कहा जाये?

उपन्यास

रजवाडे जी ने समाजशास्त्र के विभिन्न पहलुओं के संबंध में लिखा है। इस क्रम में उन्होंने साहित्य को भी स्पर्श किया है। उसमें भी उनकी बौद्धिक योग्यता, विशाल दृष्टिकोण और अध्ययन कितना था, यह उनके **कादम्बरी** (उपन्यास) नामक निबन्ध में दृष्टिगत होता है : "समाज के पतित भाग की स्थिति का चित्रण प्रत्येक उपन्यासकार को अपना प्रथम कर्त्तव्य समझना चाहिए। इस देश के निर्धनताग्रस्त, रोगपीड़ित और अशिक्षित सामान्य जनसमूह की सहायता सहृदयता के मूर्तिमान रूप, उपन्यासकारों को छोड़कर और कौन करेगा?" **कादम्बरी** निबन्ध में श्री राजवाडे के साहित्यविषयक विचार पढ़ने के बाद मराठी साहित्य में हो रहे विवादों पर काफी प्रकाश पड़ता है। पाणिनी, व्याकरण, वेद, इतिहास के साधन, स्मृतिलुप्त हो गये नगरों और शहरों की खोज, धातुकोश, आदि जैसे एक-दो नहीं सैंकड़ों विषयों के अध्ययन के साथ राजवाडे उपन्यास भी पढ़ते थे। यह केवल मनोरंजन के लिए नहीं किन्तु इसलिए कि वह भी समाजशास्त्र का एक अंश है।

उन्होंने उस समय के अनेक विख्यात साहित्यिकों का मूल्यांकन किया। अंग्रेजी में अनुवादित अन्य देशों के लेखकों के उपन्यासों का भी उन्होंने काफी व्यापक रूप से अध्ययन किया था। ह्यूगो तथा तोलस्तोय की महत्ता दिखाते समय उन्होंने, हरि नारायण आप्टे को, आधुनिक साहित्य समीक्षकों के समान, बिल्कुल कचरे में नहीं डाल दिया है। हरिभाऊ **काल कठिण आला** (काल कठिन आया) लिखने के कारण अंग्रेजों के कोपभाजन बने, इस बात को इतिहासकार भूल चुके हैं। मेरे मन में एक ही बात कुछ खटकी है कि राजवाडे जी ने फ्रांसीसी उपन्यासकार ड्यूमा को जो इतना ऊँचा स्थान दिया उसका क्या कारण है? यह मेरी ठीक से समझ में नहीं आया। और दूसरी बात यह बुरी लगी कि उन्होंने यह क्यों कहा कि अंग्रेज उपन्यासकार रेनाल्ड्स

के रद्दी उपन्यासों का रुचिपूर्वक वाचन करने वाले माई के लाल ही अपने यहाँ अधिक हैं। यह बात सच है कि उसके कई उपन्यास "रद्दी" इसलिए माने जाते हैं, क्योंकि वे सिर्फ ऐतिहासिक कथाओं पर आधारित रोमान्स कथाएँ हैं। ड्यूमा की रचनाएँ भी उसी प्रकार की हैं और हरि नारायण आप्टे की **रूपनगर की राजकन्या** या **वज्राघात** भी इसी कोटि की हैं। रेनाल्ड्स के सम्बन्ध में यही समझदारी अन्य अनेक लोगों में देखी गयी है। यही नहीं, अंग्रेजी साहित्य के इतिहास-लेखकों ने इस ग्रंथकार का उल्लेख तक नहीं किया।

इस बात का सही कारण कि वह वास्तव में एक "रद्दी" लेखक था, यह नहीं है। रेनाल्ड्स ने, **मिस्ट्रीज आफ दि कोर्ट आफ लंदन** (लंदन के दरबार की रहस्य कथाएँ) नामक दस खंडों वाले उपन्यास में जार्ज तृतीय के समय के राजघराने और लंदन के सामंती सरदारों के समूहों की प्रेम कथाएँ और मध्यमवर्गीय सीधे-सादे घरों की निरागत युवतियों को धोखा देने की विविध लीलाओं की कथाएँ लिखी हैं। स्काटलैण्ड पर प्रभुत्व स्थापित करने के लिए अंग्रेजों ने कैसा नरमेध किया, इसकी कथाएँ भी इस ग्रंथ में हैं। रानी एलिजाबेथ ने स्काटलैण्ड की रानी मेरी को कैसे मरवा डाला–यह भी उन्होंने लिखा और सबसे बड़ा काम जो इस "रद्दी" माने गये उपन्यासकार ने किया उनका उल्लेख भी, अंग्रेजी साहित्य के अंग्रेज इतिहासकार नहीं करते। जैसे **सोल्जर्स वाइफ** (सैनिक की पत्नी) नामक उपन्यास में, सिपाहियों को, किसी नगण्य-से अपराध के बहाने, धनवान घरानों के सैन्याधिकारी कोड़े मारने की सजा देते थे, और अमानुषिक रूप से पीड़ा देकर इनके प्राण ले लिया करते थे, इसका उन्होंने उद्‌घाटन किया। तब इस बात की ओर ध्यान देकर ब्रिटिश पार्लमेंट को कोड़ों की यह सजा बन्द करनी पड़ी। उनके द्वारा लिखित **सीमस्ट्रेस** (दर्जिन) नामक उपन्यास में भी कामगार महिलाओं की स्थिति का वर्णन है।

ऐसी स्थिति में समीक्षक रेनाल्ड्स पर हमला करते हैं, यह बात मुझे आश्चर्यजनक प्रतीत होती है। मैंने स्वयं उनकी रचनाएँ 1914 में पढ़ी थीं, अतः मुझे लगा कि शायद मुझसे कोई चूक हो गयी हो। राजवाडे जी के एक सैद्धान्तिक अभिमत का उल्लेख कर मैं यह प्रकरण समाप्त करूँगा।

संत रामदास के सम्बन्ध में लिखते हुए वह प्रश्न उठाते हैं कि "जिस तरह का विस्तारपूर्ण लेखन श्री रामदास ने भक्तिमार्ग, ज्ञानमार्ग और कर्ममार्ग के संबंध में किया, उस तरह का योगमार्ग के सम्बन्ध में क्यों नहीं किया? इस शंका का समाधान इस प्रकार से किया जा सकता है : मूल वेदांत में वर्णित योगमार्ग के दर्शन का विशेष महत्व नहीं माना गया है। समर्थ रामदास ने योगमार्ग की विस्तारपूर्वक चर्चा नहीं की। यही नहीं, उन्होंने हठयोग का उपहास किया। फलां पानी पर चलता है, फलां धरती में अपने को गाड़ लेता है, फलां वीरमंत्र जानता है, फलां मंत्र-तंत्र जानता है, आदि बातों का उपहास करके उन्होंने असद्‌गुरुओं को

फटकार बतायी। हठयोग के बल पर अद्भुत चमत्कार दिखने वाले भोंदू लोगो समर्थ रामदास तिरस्कार करते थे। शिवाजी या रामदास अपने आचार या विचा. न ठगबाजी को बिल्कुल स्थान नहीं देते थे" (**राजवाडे लेख संग्रह**, साहित्यअकादमी प्रकाशन, पृष्ठ 264)। आज हमारे देश में चमत्कार दिखाने का जो खेल चल रहा है उसके सम्बन्ध में रामदास और अन्य अद्वैत वेदान्त के दर्शनशास्त्रियों के ये विचार मनन करने योग्य हैं। राजवाडे जी के साहित्य और विचार-भंडार का सर्वांगीण दर्शन केवल संक्षिप्त निबन्धों के द्वारा करना बिल्कुल असंभव है। अतः अधूरी तथा विशेष गहराई तक न पहुँची इस चर्चा को यहीं समाप्त करना उचित होगा।

वैचारिक तथा सैद्धान्तिक स्तर पर राजवाडे जी का पुनर्जन्म होना संभव था, परन्तु यह नहीं हुआ। इसका कारण यह था कि उन्हें उनके कार्य में साधनों की सहायता का अभाव ही रहा। ऐसी परिस्थिति में भी वह गाँव-गाँव घूमते रहे। कई घरानों के पुराने कागज-पत्र देखने के लिए वे पैदल ही भ्रमण करते थे। प्राप्त कागज-पत्रों में से इतिहास के सुपर्ण कण निकालने में उन्होंने अपनी पूरी आयु बिता दी; और यह काम करते हुए, कागज के टुकड़ों पर धातुकोश के लिए धातुओं का संग्रह करने का तथा व्युत्पत्तियाँ ढूँढने का काम भी वह करते रहते थे : किसी जयराम पांडे के समान भाट की पद्य रचना का बहाना करके शहाजी-शिवाजी की स्वराज-स्थापना पर विचार करते-करते हिन्दू समाज रचना के सम्बन्ध में उन्होंने अनमोल **राधामाधव** ग्रंथ लिख डाला! इस प्रकार के जीवन क्रम में इस असाधारण, बुद्धिमान व्यक्ति की उड़ान मार्क्स-एंगेल्स या रूसी क्रांति तक न पहुँच पायी, हमारे इतिहासशास्त्र और वैचारिक साधनों के हिमालय का यह एवरेस्ट शिखर ही किसी अज्ञात प्रदेश में छिप गया, ऐसा प्रतीत होता है। यह देखकर मन उदास हो उठता है। भाषाशास्त्र का, संस्कृत भाषा के ज्ञान का और इतिहासशास्त्र की सामग्री का स्पष्टीकरण करने वाले भारत के जीनियस को हमारी जनता ने असमय ही खो दिया। इतिहास मंथन के मेरुपर्वत को बाँधने वाली वासुकी की डोर ही महासागर में गिर पड़ी और मंथन रुक गया। मैं आशा करता हूँ कि विछोह की इस पचासवीं पुण्य तिथि पर उस मंथन क्रिया को, नये साधन उपलब्ध करके पुनः शुरू करने का निर्णय आप सब विद्वज्जन लेंगे।

खंडाला,

25 दिसंबर 1976

श्रीपाद अमृत डांगे

भारतीय विवाह संस्था का इतिहास

(इन लेखों के लिए लेखक द्वारा तैयार की गयी टिप्पणियाँ)

(1) कुटुम्ब

गोत्र गोत्रनाम आत्रेयः
कुल-कुलनाम अत्रे

जाति, ज्ञाती	When stress is laid on birth (जब जन्म महत्वपूर्ण माना जाता है)
वर्ण	When stress is laid on colour (जब वर्ण महत्वपूर्ण माना जाता है)
राष्ट्र	When government is meant (जब अभिप्राय शासन संस्था से होता है)
देश	When territory is meant (जब अभिप्राय भूप्रदेश से होता है)
कुलपति :	मुनीनां दशरसाहस्त्रं योन्नदानादि पोषणात्।। अध्यापयतिविप्रर्षि रसौ कुलपतिः स्मृतः।। 1 ।।

कुल शब्द के दो अर्थ :

(2) माता *व्यास—पाराशर ऋषि और सत्यवती कुमारी का पुत्र व्यास। **पिता कानीन** (आदि-63)। बाद में शांतनु का विवाह इसी सत्यवती से होकर पुत्र हुआ।

पुमान्स्, पुपुवस, पुपुमस्—

शांतनु को गंगा से कुमारी सत्यवती के साथ विवाह होने से पूर्व भीष्म हुआ।

भगिनी, भ्राता, पति, स्त्री, नृ, नर, नारी—

विचित्रवीर्य की धर्मपत्नियों, अंबिका और अंबालिका से विचित्रवीर्य के मरने के बाद व्यास द्वारा धृतराष्ट्र तथा पाण्डु—ये दो पुत्र उत्पन्न हुए और दासी से विदुर हुआ।

This is maternal filiation. (यह माता से अपत्यत्व है)।

(3) शर्त पर विवाह–शांतनु और गंगा का विवाह, शर्त : मेरे खिलाफ कुछ न बोला जाय (आदि-98)। बोलोगे तो चली जाऊँगी। स्त्री की शर्त : स्त्री माता के स्थान पर। जरत्कारु की शर्त : विरोध में कुछ न कहा जाय और उसका भाई उसका भरणपोषण करे, नहीं तो छोड़कर चला जाऊँगा। पुरुष की शर्त : स्त्री भाई के झुंड में रहती थी। This is paternal filiation. (यह पिता से अपत्यत्व है)। पुत्रोत्पत्ति तक भीम द्वारा हिडिम्बा के साथ रहने की शर्त रखी गयी (**आदि**-155)। पुत्रोत्पत्ति तक अर्जुन मणिपुर की चित्रांगदा के साथ तीन वर्ष तक रहा (**आदि**-215)।

($3^{1}/_{2}$) *[1] दिन-दहाड़े सब के सामने संभोग : पाराशर और सत्यवती (**आदि**-63)। रणजीत सिंह (Letournaou, page 41) (लेटार्नो, पृ. 41)। उतथ्यपुत्र दीर्घतमा ने सब लोगों के सम्मुख स्त्री संभोग प्रारम्भ किया(**आदि पर्व**-104, पृ. 232 b)।

संभोग एकान्त में किया जाय (**शांति**-193)।

($3^{3}/_{4}$) * वसिष्ठ की कन्या शतरूपा उसको पति मानकर उसके साथ रही। (**हरिवंश**-अंक 2)। modern incest (आधुनिक रक्त के रिश्तों में लैंगिक संबंध)।

इन्द्र अपने पड़पोते जनमेजय की स्त्री वपुष्टमा के साथ रहा। (**हरिभविष्यपर्व** अंक 5)। और यह अपराध जनमेजय ने बरदाश्त किया।

($3^{4}/_{5}$) * दस प्रचेत्य और उनके पुत्र सोम ने मारिषा में गर्भ स्थापना कर दक्ष प्रजापति का निर्माण किया (**हरिवंश**-अं.2)।

($3^{5}/_{6}$) * सोम के दौहित्र अथवा पुत्र दक्ष प्रजापति ने अपनी कन्याएँ अपने पिता या दादा सोम को दीं (**हरिवंश**-अं. 2, पृ.7)। जनमेजय यहाँ शंका प्रकट करता है कि यह अनैतिक कृत्य कैसे हुआ? उसको वैशंपायन का उत्तर था कि यह प्राचीन रीति है (**हरिवंश**-पृ.7)।

($3^{6}/_{7}$) * ब्रह्मदेव के पुत्र दक्ष ने अपनी कन्या ब्रह्मदेव को दी। उससे नारद का जन्म हुआ (**हरिवंश**-अं. 3, पृ.8)।

(4) विवाह का आयुर्मानः गंगा शांतनु से काफी बड़ी थी। राधा कृष्ण से बड़ी थी।

(5) सहगमन : मृत व्यक्ति के साथ स्त्री, गाय और धनसंपत्ति जलायी जाती थी। माद्री ने पांडु के साथ सहगमन किया। अग्निहोत्री के साथ उसकी अग्नि, यज्ञपात्र, गाय अथवा बकरी जलायी जाती थी और आदमी क्षत्रिय हो तो उसका धनुष तोड़कर जलाया जाता था। स्त्री, अग्नि, यज्ञपात्र भी जलाये जाते थे (**आश्वलायन गृह्यसूत्र**-अं. 4)।

---

1. स्वर्गीय राजवाडे जी ने ऐसे निशान (*) कई स्थानों पर लगाये हैं, परन्तु उनका स्पष्टीकरण कहीं भी नहीं मिलता। ये निशान वैसे ही रखे गये हैं।

(6) गुरुतल्पगमन : उत्तंक की कथा (**आदिपर्व**-अं. 3)। आश्रमवासी स्त्रियों ने गुरुपत्नी को ऋतुशांति करने को कहा। इसका अर्थ यह है कि किसी समय पर स्त्रियों की ऋतुशांति किसी भी पुरुष द्वारा करने की पद्धति थी। इससे यह स्पष्ट होता है कि अनिर्बंध लैंगिक सम्बन्ध promiscuity थे। बाद में शिष्य द्वारा भी ऋतुशांति करने की पद्धति थी, इसके बाद गुरुतल्पगमन को अधर्म्य माना जाने लगा।

(7) गंधर्व, अप्सरा और ऋषि का शरीर संबंध : विश्वासु गंधर्व और मेनका अप्सरा के संबंध से प्रमद्वरा हुई। वह रुरु की स्त्री हुई। गंधर्व और अप्सरा अपने अपत्य को जहाँ चाहे वहाँ छोड़ दिया करते थे। प्रायः ऋषियों के आश्रम के पास छोड़ते थे। Savages deserted their newborn children. जंगली लोग अपने नवजात अपत्यों को फेंक दिया करते थे। (**आदि**-अध्याय 8)।

Temporary marriages. गौतम ब्राह्मण और जनपदी अप्सरा के क्षणिक मिलन से कृप तथा कृपी उत्पन्न हुए (**आदि**-130)। भारद्वाज व घृताची अप्सरा से उनके अल्पकालीन Temporary मिलन से द्रोणाचार्य हुए (**आदि**-130)। व्यास तथा घृताची से शुक (**शांति**-324)।

(8) रुरु ने अपनी आधी आयु सर्पदशित और मृत प्रमद्वरा को देकर जीवित किया (**आदि**-अं. 9)।

(9) जरत्कारु प्रतिज्ञा करता है कि स्वनामधेय कन्या—अपने नाम की कन्या—से विवाह करूँगा (**आदि**-अं. 13)। जरत्कारु ब्राह्मण जरत्कारु नागिन का शरीर संबंध। गरुड़ के मुँह में गया ब्राह्मण और उसकी धीवर स्त्री (**आदि**-29)।

(10) व्यास को जनमेजय ने मधुपर्क और धेनु अर्पित की (**आदि**-60)। परन्तु अवध्य होने के कारण उन्होंने उसे छोड़ दिया। परन्तु आश्वलायन गृह्यसूत्र, पशुकल्प में और शूलगवकल्प में बताया गया है कि गाय वध्य है। अतः ऐसा प्रतीत होता है कि गोवध व्यास के बाद भी चलता था।

(11) विश्वामित्र ऋषि और मेनका अप्सरा अपनी बच्ची शकुन्तला को छोड़ देते हैं। प्राचीन भारत में अपत्यों को खुले में छोड़ने और फेंक देने की प्रथा। Exposure and abandonment of children in ancient India.

Temporary marriage? अल्पकालिक विवाह? संकल्प समागम? दृष्टि समागम? अल्पावधिक समागम। गांधर्व विवाह प्रारम्भ में अल्पावधिक था। फिर आपसी संकेत—इतना ही चिन्ह गांधर्व विवाह का रहा।

विश्वामित्र और मेनका का समागम कम से कम दस-पाँच दिनों का तो था ही—दुष्यंत-शकुंतला का गर्भाधान एक-दो घटिकाओं का ही था। (**आदिपर्व**-अध्याय 72, 73, 74)।

(12) मनु से ब्राह्मण और क्षत्रिय हुए। वर्ण व्यवस्था मनु से। क्षत्रियों में इला नामक स्त्री वीर लड़ाकू हुई (**आदि**-अं. 75)। रेत तथा शोणित इन दोनों का भी कार्य

इला ने ही किया। चतुर्धर कहता है कि इला को बुध से पुरुरवा हुआ और उसी ने पुरुरवा को राज्य दिया अतः मातृत्व तथा पितृत्व इला की ओर ही आया।

(13) अ–पुरुष याचक अथवा स्त्री से भिक्षा माँगता है। इसके अनेक उदाहरण हैं। पुरुष याचक Man proposer शर्मिष्ठा ने ययाति के पास ऋतुभिक्षा माँगी या गर्भाधान की याचना की। स्त्री याचक Woman proposer (**आदिपर्व**-82)।

ब–ऐसी भी प्रथा थी कि सहेली का जो पति है, वह उसकी दूसरी सहेली का भी पति है (**आदि**-82)। दो प्रकार की दासियाँ (1) सखी दासी और (2) परिचारक दासी। A man became husband to all the associates and followers of the chief girl. **दासी**s were the property of the chief girls and when the chief girl became wife and property of the husband, her **दासी**s also became property of the husband (**आदि**-82)।

प्रमुख कन्या की सहेलियाँ और सेविका, सभी का पति एक पुरुष हुआ करता था। प्रमुख कन्या की दासियाँ उसकी जायदाद मानी जाती थीं, तथा जब प्रमुख कन्या स्वयं किसी पति की पत्नी और जायदाद बन जाती थी, तब उसकी दासियाँ भी उसी पति की संपत्ति बनती थीं (**आदि**-82)।

(14) शास्त्र द्वारा उपभोग्य मानी गयी कामातुर स्त्री यदि एकांत में भोग माँगेगी तो वह उसे देना चाहिए, नहीं तो धर्मदृष्टि से यह भ्रूण हत्या होगी–ऐसा नीति के जानकार कहते आये हैं (**आदि**-83, पृ. 191a)। उलूपी अर्जुन से कहती है कि मदनार्त स्त्री की इच्छा पूर्ति करने के लिए एक रात्री संभोग करना अधर्म नहीं है (**आदि**-214)।

(15) ययाति तुर्वसु को शाप देता है, गुरुपत्नी से रतिक्रीड़ा करने वाले और पशुओं के समान आचार विहार वाले मलेच्छ लोग (**आदि**-83, पृ. 192 b)। उच्च वर्ण की स्त्रियों से जहाँ नीच वर्ण के पुरुष रममाण होते हैं–वे अंत्यज (**आदि**-83, पृ. 192b)।

(16) 1. दक्ष प्रजापति
2. कन्या x कश्यप–कन्या का नाम अदिति
3. विवस्वान्
4. मनु
5. इला
6. पुरुरवा-उर्वशी
7. आयु
8. नहुष
9. ययाति यादव, यवन, भोज, म्लेच्छ, पौरव, यदु, तुर्वसु, द्रुह्यु, अनु, पुरु

10. कुरु X कौसल्या
11. जनमेजय X अनंती (मधुकुल)
12. प्राचिन्वान् X अश्मकी (यादव कुल)
13. सयाति X वरांगी-दृषद्‌वान की कन्या
14. अहंयाति X भानुमती कृतवीर्य की कन्या
15. सार्वभौम X सुनंदा केकय
16. जयत्सेन X सुश्रूवा विदर्भ
17. अर्वाचीन X मर्यादा विदर्भ
18. अरिह X अंग देश की राजकन्या
19. महाभौम X सुयज्ञ प्रसेनजित की कन्या
20. अयुतनायी X कामा पृथुश्रव्य की कन्या
21. अक्रोधन X करंभा कलिंग
22. देवातिथि X मर्यादा विदेह
23. अरिह X सुदेवा अंग
24. ऋक्ष X ज्वाला तक्षककन्या
25. मतिनार X सरस्वती देशस्थ सरस्वती
26. तंसु X कलिंग कन्या
27. इली X रथंतरा
28. दुष्यंत X शकुंतला
29. भरत X काशेयी सार्वसेनी
30. भुमन्यू X विजया दशार्ह
31. सुहोत्र X सुवर्णा इक्ष्वाकुवंशीय
32. हस्तिन् X यशोधरा त्रिगर्त। हस्तिनापुर बसाने वाला
33. विकुंठन X सुदेवा दशार्ह
34. अजमीढ X कैकयी, गांधारी, विशाला, ऋक्षा 120 पुत्र
35. संवरण X तपती विवस्वान की कन्या
36. कुरु X शुभांगी दशार्ह
37. विदुर X सांप्रिया मधु
38. अनश्वा X अमृता मगध
39. परीक्षित् X सुयशा
40. भीमसेन X कुमारी कैकेय
41. प्रतिश्रवा X 0
42. प्रतीप X सुनंत शिबिकन्या
43. शांतनु X गंगा भागीरथी

देवापि
बाल्हिक } x सत्यवती-(व्यास-पराशर पुत्र)

44. देवव्रत
भीष्म } व विचित्रवीर्य x अंबा, अंबिका, काशि

45. (1) धृतराष्ट्र
(2) पांडु
(3) विदुर

46.	धर्म	भीम	अर्जुन	नकुल	सहदेव	
	|	|	|	|	|	|
	प्रतिविंध्य	सुतसोम	श्रुतकीर्ति	शतानीक	श्रुतकर्त्ता	5 द्रोपदी से
	x	x	x	x	x	
	देविका	बलंधार	सुभद्रा	करेणु	विजया	

	शिबि	काशी	द्वारका	चेदि	मद्र
	|	|	|	|	|
47.	यौधेय	स्वर्ग[2]	अभिमन्यु	निरमित्र	सुहोत्र
		x	x		
		हिडिबा	उत्तरा विराट		
		|	|		
48.		घटोत्कच[2]	परीक्षित x माद्रवती		

49. जनमेजय x वपुष्टमा

50. शतानीक और शंकुकर्ण x विदेह कन्या

51. अश्वमेघ दत्त

(17) दाहिनी गोद कन्या की, बायीं गोद स्नुषा की
(**आदिपर्व**-47, पृ. 217b)
प्रतीप की कथा—गंगा आकर दाहिनी गोद पर बैठी।
2 3 4 1

(18) कुल, गण व पक्ष, अन्वय (**आदि**-66, पृ. 147b)

(19) प्रतीप ने कन्या गंगा पुत्र (शांतनु) के लिए पसन्द की। उसमें शांतनु का मत बिल्कुल नहीं लिया गया था (**आदि**-98)।

(20) उतथ्य का छोटा भाई बृहस्पति उतथ्य की ममता नामक स्त्री के पास कामेच्छा से गया। संभोग देने में उसे कोई आपत्ति न थी। परन्तु वह गर्भवती थी, अतः उसने आपत्ति उठायी (**आदि**-104)।

देवर धर्म—नियोग की प्रथा

(21) बलिराजा ने संतानोत्पादनार्थ दीर्घतमा ऋषि को घर में रख लिया। दीर्घतमा के वीर्य से सुदेष्णा के अंग, वंग, कलिंग, पुंड्र और सुम्ह नामक पुत्र हुए (**आदि**-104)। नियोग प्रथा के रूप में भीष्म द्वारा यह कथा कही गयी है।

(22) भीष्म कहते हैं कुछ थोड़ा धन देकर कोई ब्राह्मण बुलाकर उससे तीर्थ क्षेत्रों में प्रजोत्पादन करवाया जाये (**आदि**-105)।

शरदंडायन ने अपनी भार्या को पुत्रोत्पादन करने की आज्ञा दी। उसने राजमार्ग पर जाकर एक ब्राह्मण को आमंत्रित किया, और उस ब्राह्मण द्वारा पुत्रोत्पादन किया (**आदि**-120)।

जेठ से प्रजोत्पादन कराया जाय (आदि-120)।

सौदास ने अपनी मदयंती स्त्री को वशिष्ठ द्वारा पुत्रोत्पादन कराने की आज्ञा दी (**आदि**-122)। यवनराज ने गार्ग्य से स्व स्त्री के द्वारा कालयवन का निर्माण किया (**विष्णुपुराण हरि**-34)।

(23) मानस प्रजा, शव से प्रजा (**आदि**-121)। व्युषिताश्व की कथा। There was a myth current from very ancient times that children could be begot from the dead body of a husband. अति प्राचीनकाल से इस प्रकार की कल्पना चलती आयी है कि मृत पति के शरीर से पुत्रप्राप्ति हो सकती है।

(24) * (**आदिपर्व**-122) अतिप्राचीन काल की विवाह नीति। पांडू कहते हैं स्त्रियाँ अनियंत्रित-कौमार्यावस्था से मैथुन—उत्तर कुरु याने तिब्बत में यही धर्म है। विवाह की मर्यादा प्राचीन नहीं। उसको शुरू करने वाला श्वेतकेतु। ब्राह्मण, श्वेतकेतु की माता का संभोग के उद्देश्य से हाथ पकड़ता है। इससे श्वेतकेतु को क्रोध आता है और वह सीमाएँ निश्चित करता है कि (1) परपुरुष संग त्याग, (2) परस्त्री संग त्याग, (3) पुत्र-प्राप्ति के लिए पति की सम्मति से परपुरुष-संग। श्वेतकेतु का पिता उद्दालक कहता है कि स्त्रियों द्वारा स्वैरसंग करना धर्म, यानी सर्वमान्य व्यवहार है।

(25) ब्राह्मण स्त्री कहती है, पुरुषों द्वारा अनेक स्त्रियाँ करना अधर्म नहीं होता (**आदि**-158 बकासुरवध) ।

(26) देवलोक तथा पितृलोक। गंगा नदी को देवलोक में अलकनंदा नाम प्राप्त हुआ है और पितृलोक में उसे वैतरणी नाम प्राप्त हुआ। पितृलोक यानी where ancient fathers lived (जहाँ पूर्वज रहा करते थे)।

(27) वशिष्ठ के एक सौ पुत्र थे (**आदि**-174)। विश्वामित्र के सौ पुत्र। धृतराष्ट्र के सौ पुत्र। Polygamy बहुपत्नित्व। आहुक को सौ पुत्र (**सभा**-14, पृ. 45 b)। सगर को 60,000 पुत्र (**वन**-106)। सोमक को सौ पत्नियाँ (**वन**-158) और 100 पुत्र। कुवलाश्व को 21,000 पुत्र थे। (**वन**-202)।

(28) म्लेच्छ : पल्हव, द्राविड, शक, यवन, शबर, किरात, बर्बर, सिंहल, खस,

चुबक, पुलिंद, चीन, हूण, केरल (**आदि**-175)।

(29) नरमांसभक्षण : कल्माषपाद राजा राक्षस होकर नरमांसभक्षक हुआ (**आदि**-176)। हिडिंब नरमांसभक्षक था। कालेय दैत्य ऋषियों का भक्षण करता था (**वन**-102)।

(30) अयोध्या के राजा कल्माषपाद ने अपनी पटरानी अपने पुरोहित वशिष्ठ के पास भेजकर गर्भस्थापना करवाई।

(31) अग्रजन्मत्व का अधिकार : युधिष्ठिर जब अर्जुन को द्रौपदी के साथ विवाह करने को कहता है, तब अर्जुन कहता है कि युधिष्ठर का विवाह प्रथम होना चाहिए, फिर क्रमशः अन्य भाइयों का (**आदि**-191)। हम छोटे भाई आपके दास हैं। नकुल सहदेव द्वारा लायी गयी भिक्षा धर्म को दी। धर्म ज्येष्ठ अतएव गुरु।

सुंद उपसुंद से कहता है, मैं बड़ा हूँ, इसलिए तिलोत्तमा मेरी भार्या है (**आदि**-212)। ज्येष्ठ बंधु, उससे विवाह करने वाला कनिष्ठ बंधु और वह स्त्री—ये तीनों पतित हैं (**शांति**-165)।

(32) द्रुपद कहता है परतंत्र वैश्य (**आदि**-192, पृ. 388 b)।

(33) राजगृह के अबुवीच राजा का राज्य उसके महाकीर्ण नामक अमात्य ने ले लिया (**आदि**-204)। इस कथा से शुंगों के राज्य का स्मरण होता है।

(34) सुभद्राहरण कृष्ण तथा युधिष्ठिर और सभी यादवों की अनुमति से हुआ था (**आदि**-220)।

(35) जरा नामक नरमांसभक्षक राक्षसी दो शक्लों वाले जरासंध नामक बालक को रास्ते से खींच ले गयी (**सभा**-17, पृ. 51 b)। ये राक्षस ही महार आदि लोगों के पूर्वज हो सकते हैं।

(36) माहिष्मती नगरी की स्वच्छन्द स्त्रियाँ (**सभा**-31)।

(37) भीष्म कहते हैं कि पति किसी भी स्थिति में हो स्त्री पर उसकी सत्ता कभी नष्ट नहीं होती है (**सभा**-67)।

(38) द्रौपदी जब सभा में लायी गयी, तब भीम कहते हैं कुल का अधिपति कुल के व्यक्तियों का मालिक और उनके पुण्य तथा तप का भी स्वामी होता है। इतना ही नहीं, उनके प्राणों का भी स्वामी होता है (**सभा**-70)।

(39) भीम कहता है स्वामी जीते जाने पर, उसका अपने कुल के व्यक्तियों के प्राणों पर स्वामित्व नष्ट हो जाता है (**सभा**-70)।

(40) धृतराष्ट्र को प्रजापति कहा गया है (**सभा**-75)। सप्त प्रजापति। प्रज शब्द पुराने मराठी लेखों में आता है।

(41) Incest रक्त सम्बन्ध के रिश्तों में सुरत सम्बन्ध : उर्वशी, पौरव वंश की जननी, अर्जुन पर कामासक्त हुई। उसने कहा, अप्सराओं पर किसी भी प्रकार का प्रतिबंध नहीं है। पुरु के वंश के जो पुत्र या पौत्र इंद्रलोक में आते हैं, वे हम से

रतिक्रीड़ा करते हैं, परन्तु वह अधर्म्य नहीं है। परन्तु अर्जुन ने उसकी इस याचना को स्वीकार नहीं किया। Incest was unknown to अप्सराs। रक्तसंबंधित रिश्तों में लैंगिक संबंध ज्ञात नहीं थे। तब उर्वशी ने शाप दिया कि तुम नपुंसक बनोगे (**वन**-46)। पुरुरवा को उर्वशी से सात पुत्र हुए (**हरि**-25)।

(42) नल दमयंती : नल कहता है इन्द्र, अग्नि, यम और वरुण—इनमें से एक से दमयंती विवाह करे। अर्यमन्, पूषन्, वरुण का उल्लेख अश्वलायन् गृह्यसूत्र में आता है (1, ख. 7, सूत्र 13)। इनसे मुक्त होकर मनुष्य वर को वधू मिलनी चाहिए और वह मिलती है। एक समय देवताओं से विवाह करना मनुष्यों की अभिलाषा थी, इसका यह एक चिन्ह है।

(43) यज्ञ में, ऋत्विज से प्रजोत्पादन किया जाता था, इसी को अयोनिज प्रजा कहा करते थे (द्रौपदी, इत्यादि)।

(44) लोपामुद्रा अगस्त्य की कन्या। इसको विदर्भ के राजा के पास रखकर विवाह-योग्य होने पर स्वयं अगस्त्य ने ही उसका पाणिग्रहण किया—(**वन**-96/97/98)। Incest.

(45) जरत्कारु और अगस्त्य को अपने पितर उल्टे टंगे हुए दिखे। अपत्य उन्हें गिरने नहीं देता। A horde which did not catch females from another horde came naturally to an end. दूसरी टोली से स्त्रियों को भगाकर न लाने वाली टोली स्वाभाविक रूप से ही नष्ट हो जाया करती थी (**आदि व वन**-96)।

(46) युवनाश्व गर्भवान हुआ और उसकी फेफड़े की हड्डी तोड़कर मांधाता पुत्र का जन्म हुआ (**वन**-126)। इन्द्र ने मांधाता को अपनी तर्जनी से दुग्धपान कराया। (Convade) स्त्रीकर्मानुकरण।

(47) सोमक ने अपने पुत्र जंतु का होम किया (**वन**-127-128)।

(48) कृतयुग में सब चतुष्पाद धर्म आते हैं। त्रेता युग में यज्ञ शुरू हुआ। द्वापर युग में तप और दान का प्रचलन था। कलियुग में भक्ति का आरम्भ हुआ (**वन**-149) यज्ञ और तप लुप्त हुए।

(49) सप्तर्षि की स्त्रियों और अग्नि का परस्पर संभोग (**वन**-255/256)।

(50) रावण अनिच्छुक स्त्री से संभोग नहीं कर सकता था (**वन**-280)।

(51) सुग्रीव की स्त्री तारा उसका पराभव होने पर सुखपूर्वक बाली के पास चली गयी और विजय प्राप्त होने पर पुनः बिना शिकायत किये सुग्रीव के पास आ गयी (**वन**-280)।

(52) माता का पति मरने के बाद उसका संरक्षण करने वाला पुत्र—इस प्रकार के शब्द, अश्वपति राजा के मुँह से निकले। Mother's husband means any husband even other than the progenitor of the son माता का पति, इसका अर्थ अपने पुत्र के पिता के अलावा भी अन्य कोई पति (**वन**-283)।

(53) कुंती ने जब सूर्य को आमंत्रित किया तब उसे रजोदर्शन नहीं हुआ था। वह अवयस्क थी। परन्तु तुरन्त उसे रजोदर्शन होकर वह संभोग के योग्य हुई (**वन**-306)। यानी This shows that immature girls cohabited with men. ऐसा प्रतीत होता है कि ऐसी लड़कियों का भी जिन्हें वयस्कावस्था प्राप्त न हुई हो, पुरुषों से सम्बन्ध होता था।

सूर्योपभोग के बाद भी कुंती कुमारी अर्थात् अक्षतयोनि ही रही।

(**वनपर्व**-307) सूर्य कहता है, कन्या शब्द की व्युत्पत्ति कम धातु से हुई है जिसका अर्थ है चाहे जिस किसी भी पुरुष की इच्छा कर सकने वाली। कन्या स्वतंत्र है। उस पर किसी का भी अधिकार नहीं। अधर्म नहीं। स्त्रियों और पुरुष के बीच में कोई रुकावट न होना यही लोगों की मूल तथा स्वाभाविक अवस्था है। विवाह, आदि संस्कार कृत्रिम हैं। तुमने यदि मुझसे संभोग किया तो भी तुम कुमारी ही रहोगी।

(54) माता का शव वृक्ष से बाँधकर रखने की प्रथा सैबीरिया में देखी जाती है (**विराट**-8-5, पृ. 11 a)। पांडवों ने अपने शस्त्र जहाँ रखे थे वह शमीवृक्ष था।

(55) कीचक के शव के साथ सैरंध्री, जो द्रौपदी थी, को जलाने के लिए ले जाते हैं (**विराट**-अं. 22/23)। This custom was to carry everything loved by the dead. मृत व्यक्ति को जो-जो प्रिय था वह सब साथ ले जाने की प्रथा थी।

(56) दौहित्र द्वारा मातामह का उद्धार : माधवी की कथा (**उद्योग**-21) पुत्री का पुत्र।

Sons of daughters supported fathers of daughter. Sons were begotten from males of other clans. From this custom sprang the custom of considering कानीनs as sons. कानीनs were begotten on a daughter from a stranger at home.

लड़कियों के लड़के लड़कियों के पिता की देखभाल करते थे। अन्य टोली के पुरुषों से बच्चे हुआ करते थे। इस प्रथा से कानीनों को अपत्य मानने की प्रथा चल पड़ी। लड़की को अपने ही घर में बाहरी पुरुषों से जो अपत्य प्राप्त होते थे उन्हें कानीन कहा जाता था।

(57) पुत्र माताओं से रतिक्रीड़ा में मग्न होते हैं, यह दुश्चिन्ह (**भीष्म**-3)।

(58) आरट्ट देश, वाहीक देश की स्त्रियाँ मैथुनकाल में स्व-पर पुरुष विचार नहीं रखती हैं, इस प्रकार से शल्य की कर्ण निंदा करता है (**कर्ण**-44) और अभद्र शब्दों का उच्चारण करता है। उनमें जारज प्रजा का परिमाण अत्यधिक होता है (**कर्ण**-44)। शूद्रों से अन्य स्त्रियों द्वारा उत्पन्न अधम ब्राह्मण वहाँ हैं। कर्ण प्रस्थल, मद्र, गांधार, आरट्ट, खस, वसाति, सिंधूसौवीर, कारस्कर, माहिषक, कलिंग, केरल, कर्कोटक, वीरक इत्यादि भ्रष्ट देशों के नाम लेता है।

आरट्ट देश में बहन के पुत्रों को उत्तराधिकार प्राप्त होता है। पुत्रों को वह नहीं मिलता (**कर्ण**-45)।

वाहीक देश में मनुष्य प्रथम ब्राह्मण बनता है, फिर क्षत्रिय, फिर वैश्य और उसके बाद शूद्र बनता है, और शूद्र का नापित भी होता है, पुनः ब्राह्मण और ब्राह्मण का पुनः गुलाम या दास बनता है (**कर्ण**-44)। गांधार, मद्रक, व वाहीक देशों के लोग निंद्य हैं (**कर्ण**-44)।

पंचनद देश के लोग कृतयुग में भी अधर्माचरण करने वाले (**कर्ण**-45)। कृतयुग was all अधर्म, and in such a युग वाहिकाs were थीं।

भिक्षा माँगना क्षत्रियों के लिए लांछन है। व्रतों का त्याग करना ब्राह्मणों के लिए लांछन है, वाहीक लोग पृथ्वी के लिए लांछन हैं और मद्र स्त्रियाँ स्त्री जाति के लिए लांछन हैं (**कर्ण**-45) ।

(1) कन्यादूषण, (2) देख संगम, (3) देवसंगम, (4) षंढ, (5) Barter (बिक्री) कन्या विक्रय, (6) hire out (किराये पर देना)—माधवी, (7) वस्तुस्थिति ब्रह्मदेव के पूर्व की। maternal (मातृप्रधान) प्रजापति के काल से भिन्न प्रकार की नीति-कल्पनाओं का प्रारंभ हुआ। Patriarchal (पितृप्रधान)। (8) स्वयंवर की प्रथा :

मद्र देश में पिंता, पुत्र, माता, सास, ससुर, मामा, जवाई, लड़की, भाई, नाती व दूसरे रिश्तेदार, संगीसाथी, मेहमान, दास-दासी सब एक स्थान पर मिलते-जुलते हैं। उस देश की स्त्रियाँ किसी भी पुरुष से, स्वेच्छा से संभोग करती हैं, फिर चाहे वे पुरुष उनके परिचित हों या न हों। वे बेहूदा गाने गाती हैं। मद्र देश के कारण गांधार का आचरण भी खराब हुआ। मद्र देश की स्त्रियाँ शराब पीती हैं और वस्त्र फेंककर नग्न होकर नाचती हैं। वैवाहिक विधियों से स्त्री-पुरुषों के संबंध नियंत्रित नहीं होते, और स्त्रियाँ चाहे जिस पुरुष को पति बना लेती हैं। स्त्रियाँ ऊँट या गधे के समान नैसर्गिक उत्सर्ग करती हैं। मद्र देश की स्त्रियों के पास यदि कोई मद्य माँगने जाता है तो वे कूल्हे खुजलाती रहेंगी और मद्य नहीं देंगी। कहेंगी कि चाहे तो वे पुत्र या पति दे सकती हैं। मद्र देश की कुमारिकाएँ निर्लज्ज और अनाचारी होती हैं (**कर्ण**-40)।

म्लेच्छ समस्त मानव जाति के लिए लांछन, औष्ट्रिकों म्लेच्छों के लिए लांछन, षंढ औष्ट्रिक के लिए लांछन, राजपुरोहित षंढों के लिए लांछन (**कर्ण**-45)। सुराष्ट्र के लोग संकरवृत्ति के हैं (**कर्ण**-45)।

मद्र गुरुपत्नीगमन, भ्रूण हत्या करते हैं (**कर्ण**-45)।

नारद व्यास से कहते हैं कि धरती पर वाहीक लोगों का अस्तित्व विश्व को असम्मानित करता है (**शांति**-328)।

शल्य कहता है : अंग देश में औरतों और बच्चों की बिक्री होती है (**कर्ण**-45)।

(59) प्राकश्रृंगवान वृद्धकन्या नामक वृद्ध कुमारिका के सामने यह शर्त रखता

है कि वह उसके साथ सिर्फ एक रात्रि के लिए रहेगा। उसके अनुसार रहकर वह वृद्धकन्या गयी (**शल्य**-52)।

(60) शंख तथा लिखित : ज्येष्ठ बंधु की अनुमति प्राप्त किये बिना ही फल खाये, इसलिए राजा से लिखित के हाथ तुड़वाये (**शांति**-23)।

Primogeniture Right of (अग्रजाधिकार)।

(61) स्त्रियाँ रजोदर्शन से शुद्ध होती हैं (**शांति**-35)। यह कल्पना भारतीय लोगों में बिल्कुल वन्य अवस्था से है। तब पिता, माता आदि रिश्ते उनमें निश्चित नहीं हुए थे, तब से यह कल्पना, अस्पष्ट रूप में उनमें थी। बाद में, अनेक स्त्रियों पर एक पुरुष का स्वामित्व होने के बाद, उनमें से यदि कोई व्यभिचार करती है तो उपर्युक्त कल्पना से वे अपना संतोष कर लेते थे।

(62) तीनों ही वर्णों की संतति ब्राह्मणों की वजह से संकीर्ण बनी है। शूद्रों का देवता प्रजापति यानी रक्तसंबंधित टोली का मालिक या नेता Master or leader of the consanguinous clan. ब्राह्मण सब वर्णों का प्रजापति है (**शांति**-60), ब्राह्मण ज्येष्ठ और श्रेष्ठ है (**शांति**-72)।

(63) यवन, किरात, गांधार, चीन, शबर, बर्बर, शक, तुषार, कंक, पल्हव, आंध्र, मद्रक, पौड़, पुलिंद, रमठ, कांबोज, ये सब और ब्राह्मण तथा क्षत्रियों से उत्पन्न वैश्य तथा शूद्र—इन जातियों के संकीर्ण वर्ण धर्माचरण कैसे करेंगे? इन दस्युओं को सब की शुश्रूष करनी चाहिए, पितृयज्ञ करने चाहिए, कुएँ खोदने चाहिए, प्याऊ, शैया ब्राह्मणों को दान में देने चाहिए—पाकयज्ञ करने चाहिए और ब्राह्मण-क्षत्रियों के यज्ञ में दक्षिणा देनी चाहिए (**शांति**-65)।

(64) क्षत्रिय पुरुष से निषादि की कोरव से उत्पन्न निषाद के भारत-धर्मीय होने की हकीकत (**शांति**-135)। आर्यानार्य संकर की उन्नति किस तरह हुई होगी, यह बात इस कथा से ज्ञात होती है।

(65) Cannibalism नरभक्षण प्रथा : अगस्त्य मुनि से क्षुधाक्रांत होने के कारण वातापि राक्षस का भक्षण किया (**शांति**-141)। नृशंस मनुष्यों को मारने वाला (mankiller) नृ + शंस् = to kill

(66) मृत व्यक्ति के लिए अश्रुमोचन, छाती पीटना इत्यादि प्रथाएँ वन्य प्रदेशों के अवशेष हैं। एक टोली द्वारा दूसरी टोली के लोगों को मारने के बाद उनके सगे रोया करते थे। जिन मृत व्यक्तियों के कोई रिश्तेदार नहीं होते थे, उनके लिए कोई नहीं रोता था। अतएव रोना इष्टमित्रों का धर्म, अर्थात् समाजमान्य रूढ़ि हुई।

(67) रजस्वला के साथ संभोग करने वाले पातकी होते हैं। शूद्र स्त्री के साथ बारह वर्षों तक रहने वाला, जिससे विवाह नहीं हुआ है, उस स्त्री को अपनी शय्या पर लेने वाला, गुरुस्त्रीगामी, व्यभिचारी स्त्री का श्वानों से भक्षण कराया जाय (**शांति**-165)।

(68) नग्न स्त्री का अवलोकन न करें, धर्म-अविरोधक मैथुन किया जाय और वह भी एकांत में।

(69) युवनाश्व राजा ने अपनी प्रिय स्त्रियाँ ब्राह्मणों को दीं, इसलिए उसको स्वर्गलोक की प्राप्ति हुई (**शांति**-234)।

मित्रसह राजा ने वसिष्ठ को मदयंती नामक अपनी प्रिय स्त्री अर्पण की, इसलिए वह उसके साथ स्वर्गलोक को गया (**शांति**-234)।

शिबि ने अपना औरस पुत्र ब्राह्मण को दान दिया (**शांति**-234)।

(70) वसिष्ठ, ऋष्यश्रृंग, कश्यप, वेद, तांड्य, कृप, कक्षिवत् कमठ, यवक्रीत, द्रोण, आयु, मतंग, दत, द्रुमद, मात्स्य आदि ऋषि अशुद्ध योनि में जन्म लेकर भी तपस्या से मूल पिता के वर्ण को पहुँचे (**शांति**-296) i.e. (1) The males i.e. fathers claimed the male children. (2) Where mothers claimed the children. the वर्ण of the children was that of the mother. (3) Sometimes the children belonged to a caste lower than that of the mother and other than that of the father i.e. neither father nor mother claimed the child (1) paternal family (2) maternal family and (3) out-caste family.

इसका अर्थ यह है कि (1) पुरुष संतति को अपनी कहा करता था; (2) जहाँ माता अपत्यों पर अपना हक या स्वामित्व जताती थी, वहाँ अपत्यों और माता का वर्ण एक रहता था; (3) कभी-कभी अपत्यों की जाति माता की जाति से निम्न श्रेणी की रहती थी और पिता की जाति से भिन्न हुआ करती थी, यानी माता या पिता दोनों में से कोई भी अपत्यों पर अपने स्वामित्व का दावा नहीं करता था; (1) पितृप्रधान कुटुम्ब, (2) मातृप्रधान कुटुम्ब, (3) जाति-बाह्य कुटुम्ब।

(71) अगिरा, कश्यप, वशिष्ठ और भृगु ये चार ही गोत्र प्रथम थे (**शांति**-296)।

(72) इस शर्त पर कि सदा के लिए ससुराल में रहना होगा, दुर्योधन राजा ने अपनी कन्या सुदर्शना अग्नि को दी (**अनुशासन**-1)।

(73) नरकः क्षुद्रः नरः नरकः। नरकाः यत्र संति सः नरकः देशः।

(74) पुत्रिकापुत्र को, अर्थात् तुम्हें मैं अपनी कन्या देता हूँ एवं उसको तुम से जो पुत्र होगा वह मेरा होगा, इस पुत्र को देवपितृ कार्य में आमंत्रित न किया जाये (**अनुशासन**-23)।

The cause is plain that son is not of the direct blood of his grandfather. इसका कारण स्पष्ट है कि लड़का अपने दादा के प्रत्यक्ष रक्तसंबंध का नहीं था।

(75) मातंग बहुत तपस्या करने पर भी ब्राह्मण न हो पाया (**अनुशासन**-27, 28, 29)।

वीतहव्य राजा एक क्षण में ब्रह्मऋषि हुआ। (**अनुशासन**-30)।

(76) ब्राह्मण की अवकृपा के कारण शक, यवन, कांबोज एवं अन्य क्षत्रिय जातियाँ शूद्र हुईं। ब्राह्मणों की अवकृपा से द्राविड़, पुलिद, उशीनर, कोलिसर्प एवं अन्य क्षत्रिय जातियाँ शूद्र हुईं (**अनुशासन**-33)।

ब्राह्मणों की अवकृपा के कारण मेकल, द्राविड़, लाट, पौंड्र, शबर, बर्बर, कान्वाशिर, किरात, यवन एवं अन्य क्षत्रिय जातियाँ शूद्र हुईं (**अनुशासन**-35)।

(77) स्त्रियाँ एक दूसरे की सहायता लेकर व्यभिचार करती हैं (**अनुशासन**-38) यह बात, पंचचूडा अप्सरा नारद से कहती है।

(78) उत्तर कुरु में स्त्रियाँ स्वच्छंदतापूर्वक व्यवहार करती हैं और नर-नारियों में मत्सरबुद्धि का वास नहीं है (**अनुशासन**-102)।

(79) ज्येष्ठ बंधुओं की प्रशंसा (**अनुशासन**-105)।

(80) उतथ्य की भार्या को वरुण भगा ले गया और उससे संभोग किया। बाद में वरुण को सजा देकर उतथ्य अपनी स्त्री वापस लाकर उसके साथ सुखपूर्वक रहने लगा (**अनुशासन**-154)।

(81) मनु अपनी कन्या इला के साथ रतिक्रिया की इच्छा करने लगा (**हरिवंश**-10)।

(82) विश्वामित्र की स्त्री ने अपने पुत्र के गले में डोरी डालकर उसे बेचने के लिए निकाला (**हरिवंश**-12)।

(83) यवन, पारद, कांबोज, पल्हव, एवं खस—ये गण, यानी आयुधों पर जीने वाले संघ थे (**हरि**-14)। शक आधे सिर का मुंडन करते थे, यवन तथा कांबोज पूरे सिर का मुंडन करते थे, पारद खुली जटाएँ रखते थे एवं पल्हव दाढ़ियाँ रखा करते थे। कोली, सर्प, महिष, दीर्घ, चोल एवं केरल नामक लड़ाकू समूहों के धर्म का सगर ने नाश किया। खस, तुषार, चोल, मद्रक, किष्किंधक, कौंतल, वंग, साल्व तथा कौंकणक को सगर ने जीता।

(84) जन्हू की लड़की गंगा ने जन्हू को, अपने पिता को, पति बनाया (**हरि**-27)

(85) गाधिराज की लड़की सत्यवती ऋचीक ब्राह्मण को दी गयी थी। ऋचीक ने दो चरु सत्यवती और उसकी माँ को दिये। चरुओं की अदला-बदली हो गयी एवं गाधि को ब्राह्मण स्वभाव का लड़का हुआ तथा सत्यवती को क्षत्रिय स्वभाव का लड़का हुआ। यहाँ यह स्पष्ट दिखता है कि ससुर एवं जमाई में स्त्रियों की अदला-बदली हुई। जमाई सास के पास गया तथा ससुर लड़की के पास गया।

(86) सब गोत्र प्रवर्तकों में अत्री की प्रतिष्ठा सबसे श्रेष्ठ। यज्ञ में आत्रेय ब्राह्मण को स्वतंत्र दक्षिणा दी जाती है। स्वस्त्यात्रेय (**हरि**-31, पुरुवंश की कथा)।

(87) यौधेय नृग की संतति (**हरि**-31)।

(88) बलि की संतति उसकी स्त्री सुदेष्णा को दीर्घतप नामक ऋषि से हुई (हरि-31)।

(89) पुरुकुलोत्पन्न राजा एवं कुशिक कुलोत्पन्न ऋषियों के परस्पर शरीर संबंध हुए थे (हरि-32)।

(90) यदुवंशी व महिष्मान् राजा ने माहिष्मति बसाई। (हरि-33, पृष्ठ 102 b) पहले यह नगरी कर्कोटक नागों की थी, उसे कार्तवीर्य अर्जुन यदुवंशी ने जीता और वहाँ मनुष्यों को बसाया (हरि-33)। सहस्रार्जुन रावण का समकालीन। यह सहस्रार्जुन भार्गवराव परशुराम के हाथों मारा गया। परशुराम राम के समकालीन। मृत्तिकावती एवं शुक्तिमती—ये दो नगरियां नर्मदा के किनारों पर यादवों ने बसायीं (हरि-36)। माहिष्मती, करबीर वनवासी (क्रौचपुर)।

(91) सुतनु और वडवा कृष्णपिता वसुदेव की परिचारिकाएँ एवं भोगांगनाएँ थीं (हरि-35)। इसके अतिरिक्त वसुदेव की चौदह पत्नियाँ थीं।

(92) विदर्भ की पत्नी उससे कम से कम सोलह वर्ष बड़ी थी। (हरि-36, पृ. 110)। प्रद्युम्न द्वारा हरण की गयी असुर स्त्री मायावती उससे बीस-पच्चीस वर्ष बड़ी थी (हरि-107)।

(93) अपत्यवध—कंस ने देवकी के सात पुत्र मारे (हरिवंश)।

(94) हर्यश्व यौवनाश्व का भाई एवं बहन

भाई	बहन
यदु	सर्पकन्या

बुआ की कन्या से विवाह (हरि-37, पृ. 288)

(95) कृष्ण के अभिषेक के समय इन्द्र ने मथुरा की गणिकाओं के लिए अन्य नागरिकों के समान एक सौ सुवर्णभाग रखे थे (हरि-55)।

(96) शक, तुषार, दरद, पारद, श्रृंगल, खस, पल्हव, हैमवत आदि म्लेच्छ (हरि-57)।

(97) कृष्ण ने रुक्मिणी का हरण किया, तब घनघोर युद्ध हुआ, और कई लोग मारे गये। इसका अर्थ यह कि तब तक हरण क्रिया केवल रुढ़ि या दिखावे का रूप नहीं थी (हरि-59)। इससे कृष्णकालीन संस्कृति का अनुमान लगता है।

(98) कृष्ण ने 16008 नारियों का विवाह विधि से वरण किया (हरि-60)।

(99) पुण्यक व्रत में स्त्रियों को उनके भर्ताओं से खरीदकर आचार्य को उदकपूर्वक दिया जाये। फिर द्रव्य देकर आचार्य से उन्हें वापिस लाना चाहिए (हरि-79)।

(100) गौरीशंकर की चित्रमय मूर्तियाँ, काष्ठ मूर्तियाँ, पाषाण मूर्तियाँ ब्राह्मण को दी जाएं (हरि-79)।

(101) ब्रह्मदत्त की 200 ब्राह्मण, 100 क्षत्रिय, 100 वैश्य तथा 100 शूद्र, कुल

मिलकर पाँच सौ स्त्रियाँ थीं (हरि-83)।

(102) प्रत्येक संभोग के समय पर उनकी कन्याएँ कुमारिकाओं के समान होंगी (हरि-53)।

(103) निकुंभ के वज्रनाभ नामक भ्राता की कन्या प्रभावती का प्रद्युम्न ने हरण किया। अतएव निकुम्भ ने भानु यादव की भानुमती नामक कन्या का अपहरण किया (हरि-90)। बाणासुर की कन्या उषा से अनिरुद्ध ने विवाह किया (हरि-128)।

(104) सुपुर, विपुर, वृत्र, शुष्ण देश हैं। सुपुरवासी असुर (हरि-93, पृ. 461)।

(105) कुमारीपति :, कुमारी का क्या अर्थ है? दुर्वासा ने असुर कन्या प्रभावती को (प्रद्युम्न की स्त्री को) अखंड सौभाग्य एवं कौमार्य दिया (हरि-94)।

(106) अश्वमेध यज्ञ में यजमान पत्नी मृत घोड़े के पास सोती है (हरि **भविष्यपर्व**-5)।

(107) गोत्र All the women of one tribe are the wives of all the men of another tribe.

(एक टोली की सब स्त्रियाँ दूसरी टोली के सब पुरुषों की स्त्रियाँ)।

(108) दक्ष की सत्ताईस कन्याएँ सोम को etc., groups of sisters are marrying of one husband. यहाँ अनेक बहनें एक ही पति से विवाहबद्ध होती हैं। Letournaou 299 base. लेटुर्नो 299।

(109) पुत्रिकापुत्र–is a trait of maternal filiation. यह मातृ-संतति की प्रथा है। Letournaou 310.

(110) दिति–दैतेयः, दैत्यः; अदिति, आदितेयाः, आदित्यः, वैनतेयः, आजंनेयः कौंतेयः, राधेयः, भाद्रेय, सोभद्रः। These show maternal filiation. ये मातृ-संतति की प्रथा दर्शाते हैं।

(111) सप्तपदी (भांवर) होने के पूर्व विवाह पूर्ण हुआ नहीं माना जाता। Experimental (प्रायोगिक)।

(उपर्युक्त 111 अंकों के आगे के अंकों की टिप्पणियाँ उपलब्ध नहीं हैं। इसके आगे अंग्रेजी में टिप्पणी है और फिर 201 अंकों से 205 अंकों तक की टिप्पणियाँ दी गयी हैं। बाद में कुछ और टिप्पणियाँ देकर फिर वेदांतर्गत टिप्पणियाँ दी हैं–सम्पादक)।

(107)

(1) One woman marrying five brothers. एक स्त्री का पाँच भाइयों से विवाह–द्रौपदी-पांडव।

(2) One man marrying seven sisters. एक पुरुष द्वारा सात बहनों से विवाह।

(कृष्ण क पिता वसुदेव) (वसुदेव father of कृष्ण–**हरिवंश विष्णुपर्व**

अध्याय-101)।

(3) Four sisters marrying four brothers. चार बहनों के चार भाइयों से विवाह।

(4) One woman marrying more than one males not brothers. एक स्त्री का ऐसे एक से अधिक पुरुषों से विवाह जो भाई नहीं हैं।

(5) One man marrying more than one females not sisters. एक पुरुष का ऐसी एक से अधिक स्त्रियों से विवाह जो बहनें नहीं है।

(6) One man marrying one woman. एक पुरुष का एक स्त्री से विवाह।

(7) A man of any race marrying a woman of any race. किसी एक वंश के पुरुष का किसी भी वंश की स्त्री के साथ विवाह।

(201) Forced abduction. **बलात् हरण :**

आजाभि त्वा अजन्या परि मातृस्थोपितुः।
यथा मम क्रतावसो मम चित्तमुपायसि।।5।।
अथर्ववेद–तृतीय कांड, अनुवाक 6, सूक्त 5।

I goad (आजामि) with a goad (अजन्या) मैं अंकुश दिखाकर प्रेरित करता हूँ–away from father and mother, so that you be in my power and act according to my mind. माता एवं पिता से दूर–इससे तुम मेरे नियंत्रण में रहोगी–मेरे मन के अनुसार बर्ताव करोगी।

(202) अथर्ववेद चतुर्थ कांड में "ब्रह्मजज्ञानं" वाले पहले सूक्त का प्रयोग विशद करते समय सायण निम्न वाक्य लिखता है–

"विवाहे चतुर्थिकाकर्मणि 'ब्रह्मजज्ञानं' इत्यनया वरः अंगुष्ठेन प्रजननदेशं तुदति। सूत्रितं (कौ. 10-5) हि ब्रह्मजज्ञानं इत्यंगुष्ठेन व्यचस्करोति।"

The bridegroom scratched the valva of the bride with his finger. वर अपनी अंगुलियों से वधू की जननेन्द्रियाँ खुजलाता है।

(203) Girl enjoyed by three before she is enjoyed by the husband. पति के साथ संभोग से पूर्व तीन पुरुषों द्वारा उपयुक्त स्त्री।

सोमजुष्टं ब्रह्मजुष्टं अर्यम्णा संभृतं भगम्।
धातु र्देवस्य सत्येन कृणोमि पतिवेदनम्।।2।।

अथर्ववेद–द्वितीय खण्ड, षष्ठानुवाक–पंचमसूक्त–द्वितीय ऋक्। भग is enjoyed by सोम, ब्रह्म and अर्यमनः by the divine धातर्। I choose my husband now (अब मैं अपना पति चुनती हूँ)।

(204) They ate semen as mentioned several times in भारत। अनेक बार किये गये उल्लेख के अनुसार उन्होंने वीर्य प्राशन किया। संवत्सरं स्त्रियं

अनुपेत्यशुक्तयां रेत आनीय तंडुलमिश्रं अश्नाति (**कौशिक सूत्र**-3-5) Semen was mixed with boiled rice of course and eaten.

(205) Infanticide male बच्चों की हत्या : In the **भारत** और **हरिवंश**, **आदिपर्व**, there is story of a प्रजापति, who having many wives had his sons carried away by नारद। **भारत, हरिवंश** और **आदिपर्व** में एक प्रजापति की कथा है। उसकी बहुत स्त्रियाँ थीं और वह अपने लड़कों को, नारद को ले जाने देता था। he begot 1000 sons on his wives. उसे अपनी स्त्रियों से 1000 पुत्र हुए थे।

(b) कंस killed 7 sons of वसुदेव, for fear the male child might kill him (कंस) & usurp the गद्दी and right over all the women of the tribe. वसुदेव के पुत्र उसकी (कंस की) हत्या कर उसका राज्य न छीन सके एवं उसकी टोली की स्त्रियों पर उनका अधिकार न हो, अतः कंस ने वसुदेव के सात पुत्रों की हत्या कर दी।

(1) Different terminations of अपत्य means different tribal languages of the same stock.अपत्य शब्द को लगने वाले भिन्न-भिन्न प्रत्यय एक ही कुल की अलग-अलग टोलियों की भाषा दर्शाते हैं।

(2) गोत्रापत्य means the progeny of the गोत्र (गोत्र का अपत्य)।

(3) अनंतरापत्य is a later word (यह बाद का शब्द है)।

(4) युवापत्य is a later word (यह भी बाद का शब्द है)।

(5) All the terminations are for masculine अपत्यs. Hence patriarchal system prevalent. सब प्रत्यय पुल्लिंगधारी अपत्यों को लगने वाले हैं। अतएव पितृ-प्रधान कुटुम्ब व्यवस्था प्रचलित।

(6) गौतमी पुत्रः, वसिष्ठिपुत्रः show matriarchal system (ये शब्द मातृप्रधान कुटुम्ब व्यवस्था दर्शाते हैं)। माद्रेय, कौंतेय, देवकीनंदन shows matriarchal system giving place to patriarchal system. यह पितृप्रधान व्यवस्था द्वारा मातृप्रधान व्यवस्था का स्थान लेने की प्रक्रिया का द्योतक है।

(7) Before अपत्य प्रत्ययs faminine nouns assume masculine forms and then the terminatio 1 applies, which means that females were subordinate to males. अपत्य प्रत्ययों के पूर्व आने वाले स्त्रीलिंगात्मक नाम पुल्लिंग रूप धारण करते हैं और फिर प्रत्यय लगता है। इसका अर्थ यह है कि स्त्रियों का स्थान पुरुषों से कनिष्ठ था।

1. पितृ (पा-पालन करना) = पालन, रक्षण करने वाला Protector and fighter of the horde.

2. मातृ (मा-गिनना) = अन्न गिन कर देने वाली distributor of food,

grain and flesh to the different families in the horde who lived in a long wigwam.

3. दुहितृ (milk-maid) of the horde. टोली की दूध दुहने वाली स्त्री।

4. स्वसृ who followed her own people and married her own brothers. अपने ही लोगों में रहने वाली तथा अपने बंधुओं से ही विवाह करने वाली।

<table>
<tr><td>5. पत्यृ who built a house, separate house. स्वतः का घर, स्वतंत्र घर बनाने वाला।
6. पत्नी who arranged a house. घर की देखभाल करने वाली</td><td>Both words arose when individual family life as distinguished from horde life began. दोनों शब्द तब आये जब टोली जीवन समाप्त हुआ और व्यक्तिगत कुटुम्ब जीवन शुरू हुआ।</td></tr>
</table>

7. ननंदृ who sympathised with the girl, who was forcibly carried away from one horde to another. (एक टोली से दूसरी टोली में बलपूर्वक लायी गयी लड़की के लिए सहानुभूति रखने वाली)।

8. यातृ—workers, co-workers with the girl forcibly carried away. बलपूर्वक लायी गयी लड़की के साथ काम करने वाली सहयोगी।

9. श्वश्रू (F)—who directed the dogs against ran away foreign girls from the horde. टोली में बाहर से आयी हुई एवं भागने वाली लड़कियों के पीछे कुत्ते छोड़ने वाली।

श्वशुर (M) who directed the dogs (कुत्ते छोड़ने वाला)।

10. भ्रातृ who supported the horde and brought provisions to the horde. टोली का भरणपोषण करने वाला एवं टोली के लिए अन्न-सामग्री लाने वाला।

11. भर्तृ = हर्तृ who forcibly abducted girls. लड़कियों को जबर्दस्ती भगाने वाला।

12. भार्या = हार्या one abducted भगा कर लायी गयी हो।

13. देवृ = one who pities and sympathises with the co-wife. सौत के लिए दया तथा सहरनुभूति दर्शाने वाली।

(1) प्रजापति ष्ट्वा नियुनक्तु मह्यम् (**पारस्कर कांड** 1, कंडिका 8, वाक्य 8)।

(2) पांडव तिब्बत से आये। कौरव कश्मीर से आये। पांडवों में Polyandry (बहुपतित्व) थी। कौरवों में Polygamy (बहुपत्नित्व) थी। पांडवों के प्रत्येक भाई की, साझे की पत्नी के अलावा, अलग-अलग पत्नी थी, तात्पर्य यह कि पृथक विवाह करने की प्रथा रूढ़ होती जा रही थी। कौरवों में एक गांधारी के सौ पुत्र हुए; और वे कुंभ में उगने के लिए या बढ़ने के लिए रखे थे। कुंभ यानी घड़ा, एक घर। अनेक स्त्रियों

से धृतराष्ट्र को जो पुत्र हुए, वे सब पटरानी गांधारी के माने जाते थे। गांधारी की एक ही कन्या थी। इससे यह स्पष्ट होता है कि कन्या-हत्या कौरवों में प्रचलित थी।

(3) पंजाब में Marriage (विवाह) बहुत मुक्त हुआ करते थे। ऐसा क्यों? इसका उत्तर यह है कि पूर्व की ओर से आये हुए कौरवों-पांडवों के बाद आर्य पंजाब में घुसे। उनमें कौरवों-पांडवों के समान विवाह के बारे में अभी सुधार नहीं हुआ था। यह इस बात का प्रमाण है कि अलग-अलग संस्कृतियों वाली एवं भिन्न-भिन्न कालखंडों में अनेक टोलियाँ हिन्दुस्तान में आयीं।

(4) नृप = Feeder of leading men. नेताओं का भरण-पोषण करने वाला।

नृनाथ = one who is obsequeously obliged by नृ s. नरनाथ। बाद में उपकृत किया गया।

राजन = one who entertained नृ s. आतिथ्य करने वाला feudal words; when leaders were beseeched and followers were rewarded. सामंतशाही के समाज में रूढ़ शब्द। जब नेताओं से विनती की जाती थी और अनुयायियों को इनाम दिये जाते थे।

पृथ्वीपति, पार्थिव, lords of earth, dominins.

(5) गोविंद = obtainer of cows—गायें प्राप्त करने वाला।

गोपाल = protector of cows—गायों की रक्षा करने वाला।

कृष्ण = one who loots—लूटमार करने वाला

हरि = one who lifts cattle—जानवर चुराने वाला।

देवकी नंदन = son of देवकी (देवकी का पुत्र), mother name माता का नाम।

(6) कंस brother of देवकी kills sons of देवकी, for fear they might usurp his thrown. देवकी lives with कंस with her husband i.e. the husband was sub-ordinate i.e. there was a tribe where husbands had to live in the tribe of the wife and the ownership of the children belonged to the brother of the wife, which clearly shows that at a previous stage of development there was मल्याल. Polyandry in the कंस व कृष्ण tribe—slowly the tribe was coming out of matriarchy to patriarchy, but by stage. The heritage belonged to the sons of the sister.

इस डर से कि कहीं वे उसका सिंहासन न छीन लें, कंस अपनी बहन देवकी के बच्चों को जान से मारता है। देवकी अपने पति के साथ, कंस के घर में रहती है। अतः पति का स्थान गौण है। इससे यह स्पष्ट होता है कि तब ऐसी टोलियाँ थीं जिनमें पति को पत्नी की टोली में रहना पड़ता था और उनके बच्चों पर भाई का अधिकार होता था। इससे यह भी स्पष्ट होता है कि विकास की पहली मंजिल में

कंस और कृष्ण की टोली में मल्याल बहुपतित्व रूढ़ था। क्रमशः टोली मातृप्रधान समाज से पितृ-प्रधान व्यवस्था की ओर आ रही थी, परन्तु कदम-ब-कदम। उत्तराधिकार बहन के लड़के को रहता था।

वेदान्तर्गत टिप्पणियाँ

(1) वस्त्रे वासया मन्मना शुचिं (1-21-140-1) writing on cloth (कपड़े पर लिखना)।

(2) सनायते गोतम इन्द्र नव्यं
अतक्षद्ब्रह्म हरियोजनाय } (1-11-62-13) ऋग्वेद

(2) त्वष्टा अस्मै वज्रस्वर्यं ततक्ष मं.अ.सू.क्र.
(2½) त्वष्टा रूपाणां अधिपतिः (पास्कर-47) } (1-7-32-2)
(3) य इन्द्राय वचोयुजा ततक्षुः मनसा हरि (1-5-20-2)

(4) तक्षन्नासत्याम्यां परिभ्मानं सुखं रथं
तक्षन् धेनुं सबर्दुधाम् } (1-5-20-3)
त्वष्टा और ऋभु देवताओं के बढ़ई, कारीगर।

(5) एकश्चरन् उपशाकेमि रिन्द्र=हे इन्द्र शाकेभिः एकः उपचरन्। यहाँ शाक लोगों का उल्लेख है, क्योंकि अगले आधे भाग में सनकों का उल्लेख है। सनक वृत्रानुचर थे।

(6) सं अर्यो गा अजति यस्य वष्टि।
अर्य may mean वैश्य (अर्य का अर्थ वैश्य होना संभव है)।

(7) (1) हलीबिश, शुष्ण, वृत्र, सनक who were अनुचरs of इन्द्र, सप्त पुराणि, त्रिपुर, शंबर, व्यंस, पित्रु, रौहिण, कुयवं,

(8) मिमीहि श्लोक मास्ये पर्जन्य इव तंतनः। गाय गायत्र्य मुक्थ्यम् (1-8-38-14) मुख में श्लोक तैयार करो और उसे जोर से कहो और मधुर गान गाओ।

(9) होतारं विश्ववेदसं सं हि त्वा विश इन्धते। (1-9-44-7)

समिंधते Kindle (जलाना) यह पहला अर्थ, worships पूजन करता है, यह अर्थ दूसरा अर्थ। परन्तु पहला अर्थ लेना चाहिए।

(10) तक्षत् यत् ते उशना सहसा सहो,
विरोधी मज्मना बाधते शवः } (1-10-51-10)

When उशना with his genius carved your powers it filled both earth and heaven (जब उशना ने स्वयं की बुद्धि से तुम्हारा सामर्थ्य कुरेदकर निकाला तब उससे पृथ्वी एवं आकाश भर गये)।

(11) त्वष्टा चित्ते वावृधे शवः ततक्ष वज्र मभिभूत् योजसम् (मं 1-अ-10-52-7) त्वष्टा himself carved out your triump and chipped of the वज्र brilliant,

the defeating enemies वृध to cut, वर्धकिः=सुतार।

(12) करंज, पर्णय, वंगृद असुरों के नाम (1-10-53-8) इनमें आते हैं।

(13) अर्चा शक्राय शाकिने (1-10-54-2) शाक लोगों का उल्लेख।

(14) नर्य, तुर्वीति, तुर्वशं, वय्यं, एतश, रथ (1-10-54-6)।

(15) अस्मां इदुस्तोमं सं हिनोमि रथ न तष्टेव तत्सिनाय (1-11-61-4)।

(16) अस्मा इदु ग्ना श्चिद्देवपत्नी रिन्द्रायार्क महिहत्य उवुः (1-11-61-8) women saw the exploits of इन्द्र knew how to weave letters into patterns. (महिलाओं ने इन्द्र का पराक्रम देखा। वह शब्दों को वृत्तबद्ध करना जानता था)।

(17) आपो न धीरो मनसा सुशस्त्यो गिरः समंजे विदथेषु आभुवः (1-11-64-1) मनसा गिरः समंजे I cleave together words in my mind annoint together (मैं अपने मन में शब्द एकत्रित करता हूँ एवं उन्हें गूँथता हूँ)।

(18) जारः कनीनां पतिर्जनीनां (1-12-66-4) lovers of girls.

यस्त्वां भ्रा पति भूर्त्वा जारी भूत्वा निपत्यते।

प्रजां यस्ते जिघांसति तमितो नाशयामसि।

(अध्याय 10, अष्टक 162–वर्ग-5)

Brothers or owners or lovers lay with women भ्राता, पति या जार होकर इत्यादि।

(19) हृदा यत्तष्टान् मंत्रान् अशंसन् (1-12-67-2)।

Utters मंत्रs engraved on the heart (हृदय में खुदे हुए मंत्र कहता है)।

(20) नरः पितु र्न जिव्रे र्वेदो भरन्त (1-12-70-5)

As men take property from their old father. जिस तरह लोग पिता से संपत्ति लेत हैं, उस तरह।

(21) अर्यो भागं = अरैः भागं (1-12-73-5)।

अरैः आगतं अर्य–वैश्यांना अर्य म्हणतात। once inimical (एक समय के शत्रु)।

(22) यज्ञै रथर्वा प्रथमः पथ स्तते (1-13-83-5)

ततः सूर्यो व्रतया वेन आजनि।

आ गा आजद् उशना काव्यः सचा।

यमस्य जातं अमृतं यजामहे।

अथर्वन् first invented the यज्ञ (अथर्वन् ने प्रथम यज्ञ की खोज की)।

(23) ग्रावा यज्ञ वदति कारुः उक्थ्यः (1-13-83-6)।

(23-अ) रुद्रस्य सुनवः रुद्रासः, रुद्रपुत्राः (1-14-85-1/2) सूनु=हूनु। गोमातरः पृश्निमातरः, दिवस्पुत्राः, रुद्रियाः।

(23-ब) भयन्ते विश्वा भुवना मरुद्भ्यः राजान इव त्वेषसंदृशो नरः (1-14-85-8)

See this whole सूक्त on मरुत्s

(24) यस्य वाजिनो अनु विप्रं अतक्षत(1-14-86-3)।

(25) दक्ष अदिति का पिता, अदिति दक्ष की कन्या एवं अदिति दक्ष की माता, ऐसा अष्टक 10, अध्याय 72, वर्ग 4 में कहा है।

(26) मातृ र्जनयत स्वधाभिः lay with his mothers (मंत्र 1—अनुवाक-15-सूक्त 95-ऋचा 4) बह्वीनां गभो।

(27) व्राधतश्चित् (1-15-100-9)

वृध् = वृद्ध = व्राधत्

भृ=भर्तु=भ्रातृ

(28) अपां तोकस्य तनयस्य (1-15-100-11) sons and grandsons of अप्। अप् से हुआ आपिः mothers.

(29) स कीरिणा स्तोता चित् सनिता धनानि (1-15-100-9)

(30) मा नो अकृते पुरूहूत योनौ (धाः) (1-15-104-7)

(31) आंजमा नो मघवन् शक्र निर्भेत् (1-15-104-8)

(32) स वां धियं वाजयन्तीं अतक्षम् (1-16-109-1)।

(33) अश्रवं हि भूरिदावत्तरा वां विजामातु रुत वा घा स्थालात् (1-16-109-2) जामातु one who dined and get a wife-service marriage (भोजन लेकर जिसने स्त्री प्राप्त की हो—सेवा-विवाह)।

विजामातृ one who got a wife and did not dine at the wife's house. Price-marriage (स्त्री प्राप्त की, परन्तु उसके घर पर भोजन नहीं किया)।

(34) येभिः सपित्वं पितरो न आसन् (1-16-109-7) पितृs are सपिs that is co-drinkers (साथ पीने वाले)।

(35) वाजसाति fight for food. This word occurs abundently. The ऋषिs fought for food (अन्न के लिए युद्ध, यह शब्द कई बार आता है। ऋषि अन्न के लिए लड़े)।

(36) जामि co-diner (साथ भोजन करने वाले) अजामि not a co-diner (साथ भोजन न करने वाले)।

(37) याभि भरे कारं अशाय जिन्वथः (1-16-112-1) कारं = नादं = ॐकार (कृ)। the sound ॐ (कृ) the letter ॐ।

(38) म 1 अ 16 सू. 112 में निम्न व्यक्तियों का उल्लेख है :

1. तरणि 2. रेभ 3. कण्व 4. वन्दन 5. अंतक 6. भुज्यु 7. कर्कंधु 8. वय्य 9. शुचन्ति 10. अत्रि 11. पृश्निगु 12. पुरुकुत्स 13. परावृज् 14. वर्तिका 15. सिंधु 16. वसिष्ठ 17. कुत्स 18. श्रुतर्व्य 19. नर 20. विश्पल 21. अथर्व्य

22. वश 23. अश्व 24. औशिज दीर्घश्रवा 25. कक्षीवान् 26. त्रिशोक 27. सूर्य 28. मंधातृ 29. भरद्वाज 30. अतिधिग्व 31. कशोजु 32. दिवोदास 33. त्रसदस्यु 34. वभ्र 35. उपस्तुत 36. कलि 37. व्यश्व 38. पृथि 39. शयु 40. अत्रि 41. मनु 42. स्यूमरश्मि 43. पठर्वन् 44. शर्यात 45. अंगिरस् 46. मनु 47. विमद 48. अरुणि 49. सुदास् 50. शंताती 51. भुज्यु 52. अध्रिगु 53. ऋतस्तुभ् 54. कृशांनु 55. युवन् 56. कुत्स आर्जुनेय 57. तुर्वीति 58. दभीति 59. ध्वसंति 60. पुरुषंति।

(39) त्मने तोकाय तनयाय मृल (2-16-114-6)।

(40) नासत्याम्यां बर्हिरिव प्रवृंजे स्तोमान् (1-17-116-1) प्रवृंजे twist, cut. twist like दर्भs. (ऐंठना, काटना, दर्भो के समान मरोड़ना)।

(41) च्यवनं पति अकृणुतं कनीनां (1-17-116-10) master of girls.

(42) घोषायै जुर्यत्यै पतिं अश्विनौ अंदत्ताम् (1-17-117-7) gave a husband to the old girl (वृद्ध कन्या को पति दिया)।

(43) शतं मेषान् वृक्ये मामहानं तमः प्रणीतं अशिवेन पित्रा। आक्षी ऋज्राश्वे अश्विना अधत्तम् (1-17-117-17) father blinded his son for letting a वृक kill them. वृद्धों को मारने पर पिता ने लड़कों को अंधा किया, आँखें निकालीं।

(44) युवतिः पुनर्भू (1-18-123-1)।

(45) भगस्य स्वसा वरुणस्य जामिः उषा (1-18-123-5) स्वसृ & जामि। स्वसृ one who resorts to one's own house (स्वयं के घर में रहने वाला), जामिः one who dines and lives (भोजन कर रहने वाला)। योषा, युवतिः, कन्या, दुहितृ, जाया, पति, भ्रातृ, प्रजा, मातृ, शिशु।

(46) मातृमृष्टे व योषा (1-18-123-11) योषा deflowered by her मातृ।

मृश = to touch, स्पर्श करना = मृष्ट। शंकर पंडित and सायन take मृज् (पोंछना) to wipe which also makes p.p. मृष्ट।

(47) वारा सर्वैः स्पृहणीया courted by all. विश्ववारा (1-18-123-12)।

(48) नाजिमिं न परिवृणक्ति जामिं (1-18-124-7) masculine जामि co-diner, अजामि not a co-diner.

(49) अभ्रातेव पुंस एति उषा (1-18-124-7)। उषा approaches a man without a भ्राता (उषा ऐसे पुरुष के पास जाती है जिसका कोई भाई नहीं है)।

(50) स्वसा स्वस्रे जायस्यै यौनिं अरैक् (1-18-124-8) younger स्वसृ makes plac of her योनि to an elder स्वसृ। Right of primogeniture.

(51) आमधिता परिगधिमा (1-18-126-6/7) libidinous.

(52) परशु र्न द्रुहंतरः (1-18-127-3) like the hateful परशु।

(53) ऋषूणां जर्णिः (1-18-127-11) ऋषि = ऋषु।

(54) भगम् = भजनीयं–भगिनी one who has a भजनीय भग (छेद)।

(55) उभा तरेते अभि माँतरा शिशुम् (1-21-140-3) both the parents approach the child.

(56) आदिन्मातृराविशद्‌यास्वा शुचिरहिंस्यमान उर्विया विवावृधे।

अनुयत्पूर्वा अरुहत्सनाजुवो नि नव्यसीष्ववरासु धावते (1-21-141-5) अग्नि lies with his old and young mothers-promiscuity (अपनी वृद्ध तथा युवा माताओं के साथ समागम करता है)।

(57) जानन्नेव जानती र्नित्य आ शये lies with well-known girls and assumes an innocent form in the presence of elders. प्रसिद्ध लड़कियों के साथ सोता है, पर बुजुर्गों के सम्मुख निष्पाप होना दर्शाता है (1-21-140-7/8) youngsters co-habiting in the absence of elders. शंकर पंडित calls it गूढ़ार्थ। बुजुर्गों की अनुपस्थिति में एक साथ विहार करने वाले युवक। शंकर पंडित इसे गूढ़ार्थ कहते हैं।

(44) यूयं शचीभि र्विमदाय जायां न्यहथुः पुरुमित्रस्य योषाम् (1-17-117-20) you gave a girl woman as wife to विमद (तुमने विमद को एक स्त्री पत्नी के रूप में दी)।

(45) योषा वृणीत जेन्या युवां पति (1-17-119-20) सूर्या or ऊर्जानी made you two her masters-polyandry (सूर्या ने तुम दोनों को अपना पति बनाया–बहुपतित्व)।

(46) तनुनपात् son of son (तनु के लड़के) तनु son नपात् son (लड़का)।

(47) दश प्रमतिं जनयंत योषणः (1-21-141-2) ten women generated अग्नि (दस स्त्रियों को जन्म दिया)।

All the women of a clan were the mothers of all the children of the clan. (टोली की सब स्त्रियां टोली के सब बच्चों की माताएँ)।

(1) नागिं चित्वा रामां उपेयात् अयोनौ रेतो धास्यामीति p. 754 (कांड 5-6-8)। They used to lie promiscuity with any woman. That was prohibited by this मंत्र। वे किसी भी स्त्री के साथ मुक्त रूप से संभोग करते थे। इन्हें इस मंत्र द्वारा रोका गया।

(2) एतं है पर आट्णारः प्रजाकामा सहस्रं पुत्रान् अविन्दंत 3761 (5-6-5)।

अध्याय : 1

स्त्री-पुरुष समागम सम्बन्धी कई अतिप्राचीन आर्ष प्रथाएँ

(1) पुरातन काल से पाणिनी के काल तक भारतीयों के बीच अपने मित्र या अतिथि को स्वस्त्री संभोगार्थ देने की प्रथा प्रचलित थी। अभी की अपनी नीति कल्पनाओं के अनुसार देखा जाय, तो यह प्रथा हमें नीति-बाह्य और चमत्कारिक लगती है; परन्तु इस परिवर्तनशील जगत में, सभी वस्तुओं के गतिमान होने के कारण, नीति भी परिवर्तनशील है, स्वयंभू, स्थायी अथवा स्थिर नहीं। एक विशिष्ट कालावधि में एक विशिष्ट प्रथा नीतिपूर्ण मानी जाती है, और लोग भी उसी ढंग से सोचते समझते हैं। जब समय बदलता है या समाज के अंदर संघर्ष होता है या किसी बाह्य प्रेरणा से परिवर्तन होता है तब पुरानी प्रथाएँ या वे प्रथाएँ जो समाज के व्यवहार से लुप्त हो चुकी हैं अथवा लुप्त होती जा रही हैं, नीतिबाह्य और विचित्र लगने लगती हैं। ऐसी प्रथाओं की गणना गर्हित प्रथाओं में होने लगती है। यह बात भूलनी नहीं चाहिए कि गर्हित का अर्थ है मूलतः ऐसी चीज जो समाज को अमान्य हो। इस प्रकार की गर्हित, अर्थात् वर्तमान समाज को अमान्य और विलक्षण प्रतीत होने वाली, स्वस्त्रीसमर्पण के अतिरिक्त अन्य कई प्रथाएँ पुरातन आर्य समाज में प्रचलित थीं, ठीक उसी प्रकार, जिस प्रकार वे पृथ्वी के अन्य प्राचीन तथा अर्वाचीन, न्यूनाधिक वन्य समाजों में भी थीं। उनमें से कुछ प्रथाओं का उल्लेख आगे किया जा रहा है।

(2) **महाभारत** और **हरिवंश** में वर्णित है कि प्रथम प्रजोत्पत्ति ब्रह्मदेव से हुई। 'आदिपर्व' के 77 वें अध्याय में ब्रह्मदेव की वंशावली दी गयी है, जो इस प्रकार है :

ब्रह्मा

मरीचि — दक्ष — X — दक्षा — धर्म

मरीचि | कश्यप X दक्ष की 13 कन्याएँ

दक्ष ने स्वभगिनी दक्षा से विवाह किया | 50 कन्याएँ

धर्म | X दक्ष की 10 कन्याएँ

इस वंशावली में (1) पहली ध्यान में रखने योग्य बात यह है कि दक्ष और दक्षा का, सगे बहन-भाई का, शरीर संबंध होता है। ब्रह्मदेव के दाहिने अंगूठे से दक्ष हुआ और बायें अंगूठे से उसकी भार्या। दक्ष की इस बहन का नाम व्यास जी ने नहीं दिया है। कदाचित यह व्यास जी से अनजाने में हुई चूक हो या हो सकता है कि उनके काल तक यह पुरातन कहानी पहुँची होगी, तब तक लोककथाओं से इस स्त्री का नाम लुप्त हो जाने के कारण व्यास जी ने उसे न दिया हो। कारण कुछ भी हो, लेकिन यह बात सच है कि दक्ष की बहन के नाम का व्यास जी के **महाभारत** में उल्लेख नहीं है। समझना सरल हो, इसलिए इस महिला का नाम मैंने दक्षा रखा है। (2) वंशावली में दूसरी ध्यान देने योग्य बात यह है कि ब्रह्मदेव के नाती कश्यप ने अपनी तेरह चचेरी बहनों के साथ समागम किया। (3) तीसरी ध्यान देने की बात यह है कि ब्रह्मदेव के पुत्र धर्म ने अपनी दस भतीजियों से शारीरिक संबंध स्थापित किये। तात्पर्य यह है कि इस काल के इतिहासकार महर्षि व्यास द्वारा लिखा गया है कि प्राचीन आर्षकाल में सगे भाई-बहन, चचेरे भाई-बहन और चाचा-भतीजी के बीच शरीर संबंध हुआ करते थे। परम्परा से समाज में जो लोककथाएँ चलती आती हैं, उनका जो स्वतंत्र रूप से उल्लेख इतिहास पुराणों में आता है, वह अतिप्राचीन आर्य-समाज में प्रचलित प्रथाओं की ओर इंगित करता है। **महाभारत, हरिवंशादि** के इतिहास में उल्लिखित इन प्रथाओं का उल्लेख **ऋग्वेदादि** ग्रंथों में भी पाया जाता है। **ऋग्वेद** के दसवें मंडल में यमयमी-संवाद का दसवाँ सर्वप्रसिद्ध सूक्त इस संदर्भ में विचार करने योग्य है। यम और यमी नामक सगे भाई-बहन ऋग्वेद से भी प्राचीन काल में आर्ष समाज में हुए थे। यम तथा यमी ये व्यक्तिवाचक नाम यमाजी, यमूबाई, यमाबाई रूपों में आज भी हमारे, यानी ऋषियों के वंशज हम लोगों के, समाज में सहज रूप में प्रचलित हैं। यमी अपने सगे भाई से कहती है कि तुम मुझ से पति-भाव से व्यवहार करो और अपने पिता का पौत्र मेरे द्वारा उत्पन्न करो।

ओचित् सखायं सख्या ववृत्यां, पितु र्नपानं आदधीत्—यमी का यह कथन यम को पसन्द नहीं आया। फिर भी यमी यम से आग्रहपूर्वक कहती है—**जायेत पत्ये तन्वं रिरिच्याम् विचिद गृहेव रथ्येव च[illegible]ा।**

इतना कहकर ही यमी चुप न हुई, उसने यम को यह भी कहा कि भाई के रहते हुए बहन अनाथ रहे और उसे दुख भोगना पड़े तो वह भाई भी किस काम का?

किं भ्रातासदूयदानार्थ भवाति।
किमु स्वसा यन्निर्ऋति र्नि गच्छात्।।

यहाँ भ्राता लक्ष्य है। भ्रातृ और भर्तृ, ये दोनों शब्द भृ, भरना, पालन करना—मूल धातु से निकले हैं। इन दोनों शब्दों का अर्थ है—पालन करने वाला, रक्षण करने वाला, भरण-पोषण करने वाला। इनमें से भ्रातृ रूप भर्तृ रूप से पुराना है। बहन का, अर्थात् भगिनी का, भाई पतिभाव से भरण-पोषण करते थे, अतः उनके लिए भ्रातृ नाम अतिप्राचीन आर्षकाल से प्रचलित है। स्वसृ शब्द भी यही इतिहास बताता है—**स्वान सरति अनुगच्छति इति स्वसा।** स्वयं के कुल में उत्पन्न भाइयों का जो अनुसरण करती है, वह स्वसृ है। भ्रातृ से वह शरीर-संबंध रखा करती थी और इस संबंध की वजह से वह सनाथ यानी सुरक्षित हुआ करती थी, यही मूल इतिहास है। तात्पर्य यह है कि इस भारतीय ऐतिहासिक विधान की कि अत्यंत प्राचीन आर्षकाल में सहोदर बहनों और भाइयों के बीच शरीर-संबंध हुआ करता था, **ऋग्वेद** में लिखित वचनों से पुष्टि होती है। इन अतिप्राचीन आर्ष प्रथाओं के संबंध में यहाँ एक संकेत कर देना उचित होगा। सगा, सहोदर, चचेरा, चाचा-भतीजी, ये शब्द एवं शरीर-संबंध, इतिहासकार व्यास और मंत्रकर्ता ऋषि ऋग्वेदकार के समय के हैं, ब्रह्मदेव और दक्ष प्रजापति के अतिप्राचीन काल के नहीं। ब्रह्म और दक्ष के काल में भाई, बहन, चाचा, भतीजी के संबंध समाज में उत्पन्न नहीं हुए थे, अतएव ज्ञात भी नहीं थे। केवल स्त्री और पुरुष, ये दो ही संबंध समाज में थे। तथापि, ऐसा भी एक प्राचीन काल था जब यह भेद भिन्न लिंगदर्शक शब्दों से दिखाने की युक्ति आर्यों को नहीं सूझी थी। उदाहरण के लिए, **ऋषिः** शब्द का प्रयोग मंत्रदृष्टा स्त्री-पुरुषों के लिए सूक्तों के शीर्षक पर किया हुआ पाया जाता है। **ऋषिः** रूप व्याकरण की दृष्टि से पुल्लिंग है, परन्तु **अस्य सूक्तस्य वाग् ऋषिः** वाक्य में ऋषि शब्द स्त्रीलिंगात्मक वाग् शब्द से जोड़ा गया है। तात्पर्य यह कि स्त्रियों और पुरुषों की योग्यता, किसी अतिप्राचीन वन्य अवस्था के काल में समान मानने की रीति प्रचलित थी, यह स्त्रीलिंग और पुल्लिंग **ऋषिः** रूप को देखकर अनुमान लगाया जा सकता है। इस अनुमान से अभी हमें कोई विशेष सरोकार नहीं है। अभी हम इतनी ही खोज करने का एवं आधारपूर्वक कहने का प्रयास कर रहे हैं कि प्राचीन आर्यकाल में बहन-भाई के बीच पति-पत्नी सदृश व्यवहार होता था। यह पाया जाता है कि ऐसा व्यवहार प्राचीन आर्यों और तत्कालीन अन्य समाजों में भी प्रचलित था। यह इतिहास सर्वज्ञात है कि पाँच-सात हजार वर्षों पूर्व प्राचीन मिश्र देश के समाज में बहन-भाइयों के विवाह की प्रथा काफी प्रचलित थी, और वह क्लियोपेट्रा के काल तक टिकी रही।

(3) **हरिवंश** के दूसरे अध्याय में वर्णन है कि वशिष्ठ प्रजापति की कन्या

शतरूपा युवावस्था प्राप्त होने के बाद, अपने पिता वशिष्ठ के साथ पत्नी भाव से रही। उसी तरह, इसी ग्रंथ के दसवें अध्याय में कहा गया है कि मनु ने अपनी कन्या, इला से शरीर संबंध किया। इसी प्रकार इस इतिहास के सत्ताईसवें सर्ग में लिखा है कि जन्हू की कन्या जान्हवी–गंगा–ने अपने पिता, जन्हू को अपना पति बनाया। इन तीन ऐतिहासिक उदाहरणों का अर्थ यह हुआ कि अतिप्राचीन आर्षकाल में पिता और उनकी स्वयं की पुत्री के बीच शरीर-संबंध हुआ करता था, और तत्कालीन समाज द्वारा मान्यता प्राप्त होने के कारण उसे निन्द्य अथवा गर्ह्य नहीं माना जाता था। ये ऐतिहासिक कथाएँ केवल निरर्थक, बेकार की बातें हैं या प्रत्यक्ष घटनाएँ–इसकी जांच करने के अन्य साधन उपलब्ध हैं। एक ऋग्वैदिक धारणा सर्वमान्य है कि सूर्य की दुहिता उषा अथवा सरण्यू सूर्य की ही भार्या थी। यास्ककृत निरुक्तों के पाँचवें अध्याय के छठे खण्ड में **उषाः, सूर्या, वृषाकपायी, सरण्यूः** ये चार उषस् के नाम दिये गये हैं।

प्रजापति वैं स्वां दुहितर मध्यायत् (**ऐ ब्रा. पं.**, अं. 3, खण्ड 33)।–इस ऐतरेय ब्राह्मणवचन में यही अर्थ स्पष्ट रूप से कथित है। पितृ-दुहित संबंधों का यह वैदिक प्रमाण है। स्मृतिग्रंथों में भी इन प्रथाओं के, अर्थात् पिता का अपनी कन्या से संबंध होने के, उल्लेख देखन में आते हैं। **वशिष्ठ संहिता** एक बहुत पुरानी संहिता है, अर्थात् उसे स्मृतिग्रंथ माना जाता है। इस संहिता में, ऐसे पुत्र के संबंध में, जिसे कानीन कहा जाता है, निम्नलिखित वाक्य आये हैं :

"कानीनः पंचमः। या पितृगृहे
असंस्कृता कामादुत्पादयेत्
मातामहस्य पुत्री भवतीत्याहुः।
।।अथाप्युदाहरंति।।
अप्रत्ता दुहिता यस्य पुत्रं विंदति तुल्यतः।।
पुत्री मातामहस्तेन द्दयात्पिंडं हरेद्धनं"।।1।।

पिता के घर में रहकर विधियुक्त विवाह न होते हुए भी कन्या को तुल्य जाति के पुरुष से जो पुत्र होगा, वह उस कन्या के पिता का, अर्थात् मातामह का, शास्त्र अथवा रूढ़ि के अनुसार, पुत्र माना जाता है। यह पुत्र पिंडदान कर सकता है तथा धन का उपभोग भी। यहाँ समाजशास्त्र की दृष्टि से प्रश्न उत्पन्न होता है कि समान स्तर की जाति के परपुरुष द्वारा अविवाहित स्वकन्या के पेट से जो पुत्र उत्पन्न किया गया, वह पुत्र, शास्त्र या रूढ़ि द्वारा, उस कन्या के पिता का क्यों माना जाता था? वह कानीन पुत्र जिस परपुरुष से हुआ, उसे वास्तव में उसी पुरुष का मानना उचित होता, और अपने नाना का, अर्थात् माँ के पिता का, नाती माना जाना ठीक था। परन्तु कानीन लड़का न तो परपुरुष का पुत्र और न अपने नाना का नाती माना जाता था, बल्कि अपने नाना का धर्मोत्पादित पुत्र माना जाता था तथा उस पुत्र की माता उसकी

बहन मानी जाती थी। इस आश्चर्यजनक प्रथा का क्या अर्थ है? समाज में इस प्रथा और रूढ़ि को धर्म के रूप में किस प्रकार मान्यता मिली? आज के हमारे समाज में इस तरह का व्यवहार निन्दनीय माना जायेगा, परन्तु इसका क्या कारण है कि **वसिष्ठ संहिता** के काल में वह अधर्म्य और निन्दनीय नहीं माना जाता था? इसका कारण एक ही है, और वह यह कि वशिष्ठकालीन समाज एक ऐसे समाज का वंशज था जिस समाज में पिता स्वयं अपनी कन्या के द्वारा संतति उत्पन्न किया करता था। यह प्रथा उस पुरातन काल में क्योंकि सभी समाजों में प्रचलित थी, अतः कोई इसकी आलोचना नहीं करता था। इसका अर्थ है कि इस प्रथा को अधार्मिक या निन्दनीय नहीं माना जाता था। जब वशिष्ठोत्तर मन्वादि संहिताकारों को और मन्वादिसंहिताकालीन आर्य समाजों को स्वकन्या को परपुरुष से प्राप्त हुए लड़के को कन्या के पिता द्वारा अपना पुत्र मानने की प्रथा अनुचित और अस्वाभाविक प्रतीत हुई तो, उस कानीन लड़के का पितृत्व उत्पादक परपुरुष को अथवा कन्या के भावी पति को मिलना उचित लगने लगा। इस आशय के उल्लेख उत्तरकालीन स्मृति-ग्रंथों में प्रकट हैं। इन उल्लेखों की विस्तृत चर्चा करना इस अध्याय का उद्देश्य नहीं है, अतः उनके संबंध में अधिक विस्तार से लिखने की आवश्यकता नहीं। इस तरह, अतिप्राचीन आर्य-समाज में पितृ-दुहितृ शरीर सम्बन्ध किसी एक समय में प्रचलित था, यह विधान स्मृतिग्रंथों में लिखित वचनों से सिद्ध हो जाता है। संक्षेप में इतिहास, वेद और स्मृति, अथवा इतिहास श्रुति और स्मृति, इन तीनों में लिखे हुए वचनों का आधार इन प्रथाओं के अस्तित्व को सिद्ध करने के लिए उपलब्ध है। अतः इस कथन की पुष्टि करने के लिए अधिक प्रमाण एकत्रित करने की किंचित मात्र भी आवश्यकता नहीं रह जाती कि प्राचीन आर्य लोगों में यह प्रथा प्रचलित थी।

(4) उपर्युक्त परिच्छेदों में महाभारतीय, हरिवंशीय, वैदिक तथा स्मार्त शरीर-संबंधों के जो उदाहरण प्रस्तुत किये गये हैं, वे सब एक स्त्री से एक व्यक्ति के, पिता अथवा भाई के, शरीर-संबंध दर्शाने के लिए पर्याप्त हैं। अनेक सगोत्रीय (सपिंड) पुरुषों का एक ही सगोत्रीय स्त्री से संबंध दिखाने वाले वाक्य भी इतिहास में आये हैं। **हरिवंश** के दूसरे अध्याय में लिखा है कि दस प्रचेताओं ने और उनके पुत्र सोम ने सोम की लड़की मारिषा में अपने-अपने तेज डालकर दक्ष प्रजापति का निर्माण किया। पितृ-दुहितृ संबंध का तो यह उदाहरण है ही, इसके अलावा, दादा व नातिन का संबंध भी इस उदाहरण में दर्शाया गया है। इतना ही नहीं, दस दादाओं और पिता का संबंध पिता की पुत्री से होने की बात लिखी गयी है। इसी अध्याय में आगे यह वर्णन आया है कि सोम के लड़के या दौहित्र, दक्ष प्रजापति ने अपनी सत्ताईस कन्याएँ अपने पिता या प्रपिता या दादा, सोम को प्रजोत्पादनार्थ दीं। यहाँ प्रपिता और नातिनों के बीच शरीर-संबंध का उदाहरण मिलता है। **हरिवंश** के तीसरे अध्याय में लिखा है कि ब्रह्मदेव के पुत्र दक्ष ने अपनी कन्या ब्रह्मदेव को दी और उससे प्रसिद्ध नारद

हुआ। यह संबंध भी उक्त कोटी के अंतर्गत आता है। इन विचित्र संबंधों का वर्णन, और वह भी इतिहासकार व्यास तथा वैशंपायन के द्वारा किया हुआ सुनकर, आज हमें जो आश्चर्य होता है वही आश्चर्य पाँच हजार वर्ष पूर्व जनमेजय राजा को भी हुआ था, और हम जो प्रश्न आज पूछेंगे, वही प्रश्न जनमेजय ने वैशंपायन से पूछा था। जनमेजय पूछते हैं–'हे वैशंपायन, ऐसे धर्म की दृष्टि से अमान्य संबंध का आप जो इतिहास के रूप में वर्णन करते हैं, इसका क्या अर्थ है?' वैशंपायन ने जनमेजय के प्रश्न का समाधान इस प्रकार किया, 'पूर्व युग में, इस प्रकार का संबंध ही धर्म था या यही सामाजिक रूढ़ि सर्वमान्य थी।' वर्तमान काल में समाजशास्त्र की दृष्टि से हम जो उत्तर देंगे वही उत्तर वैशंपायन ने दिया। वैशंपायन को, भीष्म को, या व्यास को पूर्व-इतिहास के रूप में ये कथाएँ परम्परा से ज्ञात थीं। और पुरातन इतिहास के रूप में उन्होंने जानबूझकर वे लिखकर रखी थीं, अनजाने में ही कुछ नहीं लिखा। हर्यश्व और युवनाश्व दो भाई थे और उनकी एक बहन थी। हर्यश्व के पुत्र यादववंश-संस्थापक यदु ने पिता की बहन की पाँच कन्याओं से शरीर-संबंध किया (**हरिवंश**, अध्याय 237)। यहाँ पिता की बहन की लड़की के साथ शरीर-संबंध हुआ। उपर्युक्त सभी उदाहरणों के द्वारा यह स्पष्ट होता है कि प्राचीन काल के आर्य समाज में आर्य लोग सगी बहन, चचेरी बहन, नातिन, सगी लड़की, या बुआ की लड़की से शरीर-संबंध रखा करते थे। बेशक इसमें बहुत से नाते-रिश्तेदारों का समावेश हो जाता है। परन्तु इनसे भी आश्चर्यजनक प्रथाओं का वर्णन **महाभारत** में मिलता है। **महाभारत** के 'आदिपर्व' के 45वें और 46वें अध्यायों में अर्जुन तथा उर्वशी की मुलाकात का वृत्तांत दिया गया है। उर्वशी, पौरवंश की जननी थी और अर्जुन उसका वंशज। ऐसा होने पर भी मुलाकात के समय उर्वशी ने अर्जुन से संभोग की याचना की, जिसे अर्जुन ने अस्वीकार कर दिया। इसका कारण यह था कि अर्जुन के पूर्वज उर्वशीपति पुरुरवा के समय की नीति कल्पना और अर्जुन के समय की नीति कल्पनाओं में बहुत फर्क पड़ गया था। अर्जुन के समय तक बहुत कुछ प्रगति हो चुकी थी। उर्वशी एक पुराणप्रिय स्त्री थी। उसे पुराने रीतिरिवाज अच्छे लगते थे। अतः वह पुराने नीति-नियमों का अनुसरण करती थी। वह अर्जुन से कहती है, "तुम मेरी याचना को इस तरह अस्वीकार न करो। पुरु के वंश के हमारे जो पुत्र या पौत्र यहाँ इंद्रलोक में आते हैं, वे हम अप्सराओं के साथ रममाण होते हैं, और उन्हें कोई दोष नहीं लगता। इसलिए यदि तुम मेरे साथ रममाण होते हो, तो तुम्हें कोई दोष नहीं लगेगा।" यद्यपि उर्वशी ने इस तरह की पुरातन नीति अपने वंशज को बतायी, तो भी नीति-सुधारक अर्जुन ने उसे स्वीकार नहीं किया। तब संतृप्त होकर उर्वशी ने अर्जुन को शाप दिया कि तुमने मेरी इच्छा का आदर नहीं किया है, इसलिए एक वर्ष के लिए तुम नपुंसक हो जाओगे। इसे मातृगमन का या मातामहीतगमन का या प्रमातामहीतगमन का, इसी प्रकार चाहे जिस भी तरह का, उदाहरण समझा जा सकता

है। कारण यह कि अर्जुन इन्द्र का पुत्र था और उर्वशी इन्द्र की भोग्य अप्सरा–इस दृष्टि से उर्वशी अर्जुन की माता होती है। उर्वशी चूँकि अर्जुन के पूर्वज पुरुरवा की स्त्री थी, इसलिए वह अर्जुन की प्रमातामही भी थी। तात्पर्य यह है कि पुरातन भारतीयों के बीच मातृगमन की प्रथा मौजूद थी। उस काल में माता, पिता, भाई, बहन, नातिन, कन्या, चचेरी बहन, बुआ की लड़की, इत्यादि नाते रिश्ते, उत्पन्न नहीं हुए थे। इसका अनुमान वर्तमान वन्य समाजों से उस काल के समाजों की तुलना करके लगाया जा सकता है :

The Chippeways frequently co-habit with their mothers and oftener still with their sisters and daughters. Kadiaks unite indiscriminately, brothers with sisters and parents with children. The Caribs married at the same time a mother and a daughter. The ancient Irish married, without distinction, their mothers and sisters (Letourneau, page 65-66).

(चिपेवे कभी-कभी अपनी माताओं से और कई बार अपनी बहनों और लड़कियों के साथ संभोग किया करते थे। कादिएकों में भाई-बहनों और पिता-पुत्रियों के बीच अनिर्बंध संभोग किया जाता था। कारिब एक ही समय माता एवं पुत्री से विवाह किया करते थे। आयरलैंड के प्राचीन लोग अनिर्बंधता से अपनी माताओं तथा बहनों के साथ विवाह किया करते थे।) (लेटुर्नो, पृ. 65-66)।

चिपेवे, कारिब आदि लोग जंगली अवस्था के लिए प्रसिद्ध हैं। लगता है कि उसी श्रेणी में **महाभारत** में वर्णित प्राचीन आर्य लोग आते हैं किन्तु ऐसा न समझा जाये कि माता, पुत्री, बहन से घर बसाने वाले लोग केवल प्राचीन आर्य समाज में ही थे। स्वयं कौरवों-पांडवों के काल में, भारतवर्ष में भारतीयों में समाविष्ट होने वाले कुछ समाज प्राचीन आर्य समाजों के बराबर या उनसे भी अधिक विचित्र थे। 'कर्णपर्व' के 40 से 46 तक के अध्यायों में कर्ण और शल्य एक-दूसरे की उखाड़-पछाड़ कर रहे थे। उसमें शल्य पर वाकप्रहार करते हुए, शल्य के राज्य में रहने वाले वाहीक, आरट्ट, पंचनद और मद्र देश के लोगों के निंदनीय, अर्थात् आर्यावर्त के लोगों की दृष्टि से निंदनीय चाल-चलन के संबंध में कर्ण कहता है, "हे शल्य, तुम्हारे मद्र देश में पिता, पुत्र, माता, सास, ससुर, मामा, दामाद, लड़की, भाई, नाती और अन्य बांधव, सहचर, मेहमान और दास-दासियाँ ये सब आपस में मिलकर गृहस्थी करते हैं। उस देश की स्त्रियाँ किसी भी पुरुष से स्वेच्छा से संभोग करती हैं, फिर वे पुरुष उनके परिचित हों या न हों। स्त्रियाँ अनापशनाप गाने गाती हैं। मद्रदेश से निकटता के कारण गांधार देश का चालचलन भी बिगड़ गया है। मद्र देश की स्त्रियाँ शराब पीती हैं और वस्त्र फेंक कर नंगी नाचती हैं। स्त्रियाँ ऊँट या गधों के समान प्राकृतिक उत्सर्ग (मल-मूत्र त्याग) करती हैं। मद्र देश की स्त्रियों से यदि कोई

मद्य माँगता है, तो वे मद्य तो नहीं देतीं, किन्तु कूल्हे खुजलाती हुई कहती हैं कि आप चाहें तो पति या पुत्र ले सकते हैं। वाहीक देश में जारज प्रजा का परिमाण बहुत अधिक है। वहाँ शूद्रों से अन्य स्त्रियों को हुए ब्राह्मण हैं। आरट्ट देश में बहन के लड़कों को उत्तराधिकार प्राप्त होता है—अपने पेट के बच्चों को नहीं। वाहीक देश में, अर्थात् अभी के पंजाब में, मनुष्य पहले ब्राह्मण बनता है, फिर क्षत्रिय बनता है, बाद में वैश्य होता है, फिर शूद्र होकर अंत में नापित होता है। वह पुनः ब्राह्मण बनता है और अंत में गुलाम बनता है। मद्र देश की कुमारियाँ बेशर्म तथा अनाचारी होती हैं। पंचनद देश के लोग कृतयुग में अधर्माचरण करने वाले कहे जायेंगे। इस अंतिम वाक्य का अर्थ यह है कि कृत युग में सब चलता था—इस कारण उस समय सर्वत्र अनाचार था; ऐसे अधर्मी युग में भी पंचनद को अधर्मी कहा जाता था। अंत में कर्ण कहता है कि वाहीक लोग इस धरती के लिए लांछन हैं और मद्र स्त्रियाँ स्त्री जाति के लिए! कर्ण कहता है कि मद्र लोग गुरुपत्नीगमन और भ्रूणहत्या करते हैं। यह न समझा जाय कि मद्र तथा वाहीक देश की इस तरह की निन्दा अकेले कर्ण ने ही की है। 'शांतिपर्व' के 328वें अध्याय में नारद व्यास से कहते हैं कि पृथ्वी पर वाहीक लोगों का अस्तित्व पृथ्वी की मानहानि करने वाला है। मद्र और वाहीक आदि निन्दनीय देशों की पंक्ति में कर्ण प्रस्थल, गांधार, आरट्ट, खस, वसाति, सिंधुसौवीर, कारस्कर, माहिषक, कलिंग, केरल, कर्कोटक और वीरक देशों को भी रखता है। इनमें से कारस्कर, माहिषक, केरल, कर्कोटक और वीरक दक्षिण के देश हैं। वीरक बहुधा करवीरक हो सकता है। इन निन्द्य देशों की गणना यहीं समाप्त नहीं होती, कर्ण उनमें सुराष्ट्र का भी समावेश करते हैं। कर्ण के मत से सौराष्ट्र के लोग संकर वृत्ति के हैं ('कर्णपर्व', 45)। विविध देशों का नामक्रम समाप्त करते समय कर्ण म्लेच्छ समाजों को नहीं भूलते। वह कहते हैं, म्लेच्छ मानव जाति के लिए लांछन हैं, औष्ट्रिक म्लेच्छों के लिए और षंढ औष्ट्रिकों के लिए तथा राजपुरोहित षढ़ों के लिए लांछन हैं ('कर्णपर्व', 45)। म्लेच्छ, यानी अस्पष्ट भाषा बोलने वाले भारतवर्ष के और भारत से इतर देशों के लोग। कर्ण के काल में यह म्लेच्छ समाज स्त्री-पुरुषों के लैंगिक संबंधों के बारे में अत्यंत अनाचारी था। पाँच हजार वर्ष पूर्व कर्ण ने ही म्लेच्छों की निंदा की हो, ऐसा नहीं। आधुनिक यात्रियों ने, पुराण-इतिहास संशोधकों ने और प्राचीन ग्रीक तथा रोमन इतिहासकारों ने भी म्लेच्छ लोगों के ऐसे ही वर्णन किये हैं।"

Yazidies, a sect of Arabs, unite in the darkness without heed as to adultery or incest (Letourneau, 44). Justin and Tertullian tell that the Parthians and Persians married their own mothers. In ancient Persia, religion sanctified the union of a son with his mother.

(व्यभिचार अथवा आप्तसंबंध का विचार न करते हुए अरबों के एक पंथ के

अनुयायी याझीदी अंधेरे में संभोग करते हैं (लेटुर्नो, पृ. 44)। जस्टिन और टेर्टुलियन का कहना है कि पार्थियन तथा पर्शियन अपनी स्वयं की माता से विवाह करते थे। पुराने पर्शिया में पुत्र और माता के विवाह को धार्मिक मान्यता थी।)

इस वर्णनमाला को जितना चाहे उतना बढ़ाया जा सकता है। "व्यभिचारियासी मल्याल देश" (व्यभिचारी लोगों के लिए मल्याल देश है)—यह कहकर कवि मुक्तेश्वर अपने भारत के मल्याल तथा मलयदेश का मजाक उड़ाते हैं। वर्तमान काल में महाराष्ट्र में कोल्हाटी लोग हैं, जिनमें स्त्रियों और नीति का पूर्णतः संबंध-विच्छेद देखने में आता है। इसी तरह, जिन लोगों को म्लेच्छ कहा जाता है उनकी नैतिकता सभी को मालूम है। कर्ण का कटाक्ष गांधार, मद्र देशों के आसपास के म्लेच्छ लोगों की ओर ही मुख्यतः लक्षित दिखायी देता है। 'सभापूर्व' (अध्याय 31) में वर्णन आया है कि माहिष्मतीनगरी में स्त्रियाँ बहुत स्वच्छन्दतापूर्वक व्यवहार करती हैं। 'अनुशासन पर्व' के अध्याय 102 में वर्णित है कि उत्तर कुरु में, यानी जहाँ से कौरव-पांडव मूलतः आये उन देशों में, स्त्रियाँ स्वच्छंदता से व्यवहार करती हैं, और नर-नारियों में उस प्रकार के व्यवहार के कारण किसी प्रकार की मत्सरबुद्धि नहीं दिखायी देती।

¼D½**महाभारत** और **हरिवंश** में जो वंशोत्पत्ति-संबंधी पुरातन इतिहास—'पुरातन इतिहास', ये शब्द मेरे नहीं, व्यास जी के हैं—दिया गया है, उसके आधार पर इस बात की विस्तारपूर्वक विवेचना की जा सकती है कि हमारे वर्तमान नैतिक आचरण की दृष्टि से भारतीय समाज का पुरातन नैतिक आचरण किस स्तर का था। यह विवेचना इन पुरातन इतिहासों के आधार पर और भी विस्तारपूर्वक की जा सकती है। मनुष्य पशु के समान है और आरम्भिक वन्य मनुष्यों में किन्हीं बातों में पशु जैसा व्यवहार दृष्टिगत हुआ, तो कोई आश्चर्य की बात नहीं है। 'आदिपर्व' के 63वें अध्याय में, पाराशर ऋषि और सत्यवती उर्फ मत्स्यगंधा निषादी के समागम का वृत्तांत मिलता है। उसमें लिखा है कि पाराशर ने सत्यवती से खुले में संभोग किया। और कवि ने यह कहकर पाराशर की पशुवृत्ति पर पर्दा डालने का प्रयास किया है कि अपनी करनी न दिखाई दे, इसलिए पारशर ने चारों ओर योगमाया से अँधेरा उत्पन्न किया; परन्तु कुछ सूक्ष्म दृष्टि से देखने पर उसमें कोई सार नहीं दिखायी देता; कारण यह कि अतिप्राचीन आर्य लोगों में यह नहीं माना जाता था कि दिनदहाड़े, खुली हवा में स्त्री-पुरुषों का समागम होने में कुछ नीतिभंग होता है। इसके लिए प्रमाण प्रस्तुत किया जा सकता है। 'आदिपर्व' के 104वें अध्याय में यह वर्णन मिलता है कि उतथ्य-पुत्र दीर्घतमा ने सब लोगों के सम्मुख स्त्री समागम करना शुरू किया। 'आदिपर्व' के 83वें अध्याय में, गुरु-पत्नी से रत होने वाले एवं पशुओं के समान आचार-विचारों वाले म्लेच्छ लोगों का वर्णन आता है। सब लोगों के सम्मुख खुले में स्त्री समागम करने की प्रथा हिन्दुस्तान में कहीं-कहीं अभी भी मौजूद थी, ऐसा अर्वाचीन यात्रियों ने लिखा है। ज्याकुमो लिखते हैं कि रणजीत सिंह हाथी के हौदे

में सबके सम्मुख स्त्री समागम करते थे। पुणे में बाजीराव रघुनाथ की घटकंचुकी सर्वज्ञात है। चुने हुए स्त्री-पुरुष रंगमहल में एकत्र होते थे, स्त्रियों की कंचुकियाँ एक घड़े में डाली जाती थीं और फिर जिस पुरुष को जिस स्त्री की कंचुकी या चोली मिलती थी, वह पुरुष उस स्त्री से सबके सम्मुख रमण करता था। इस पाशवी खेल को घटकंचुकी कहा जाता था। यह घटकंचुकी कर्नाटक में पचास वर्ष पूर्व तक प्रचलित थी। घटकंचुकी में बड़े-छोटे या रिश्ते का भेद नहीं किया जाता था, यह बात विचार करने योग्य है। अस्तु, प्राचीन आर्ष समाज के समकक्ष प्राचीन शक, अर्वाचीन टाहीटियन व प्राचीन तमिल लोगों को रखा जा सकता है। हिरोडोटस, स्किथियन (Skythian) यानी शक लोगों के संबंध में लिखता है, When one of them desires a woman, he suspends his quiver in front of his chariot and tranquility unites with her. (जब उनमें से किसी को स्त्री संभोग की इच्छा होती थी, तब वह अपना तरकश रथ से लटकाकर शांतिपूर्वक संभोग किया करता था)। यही बात इतिहासकार तमिल लोगों के संबंध में लिखता है कि They coupled as publicly as beasts (वे जानवरों के समान ही खुले आम संभोग किया करते थे)। तात्पर्य यह कि प्राचीन शक या तमिल अथवा अर्वाचीन टाहीटियन लोगों की जो निकृष्ट अवस्था थी तथा है, वही निकृष्ट अवस्था प्राचीन आर्ष लोगों की भी थी, यह **महाभारत** में दिखायी देता है। यह वन्य प्रथा, जैसे-जैसे टूटती गयी, वैसे-वैसे उसके विरुद्ध धर्म का निर्माण होता गया। मैथुन एकांत में किया जाय, यह बात 'शांतिपर्व' के 193वें अध्याय और अन्य स्मृतियों में सोद्देश्य कही गयी है। सब लोगों के बीच मैथुन करने की प्रथा कभी अस्तित्व में रही होगी, इसीलिए उसे एकान्त में करने का प्रावधान बनाने की आवश्यकता प्रतीत हुई। आर्य लोगों में, लोगों के बीच मैथुन करने की प्रथा का पता 'अयोनिज' शब्द से चलता है। द्रौपदी, सीता आदि अनेक स्त्रियों की उत्पत्ति के अयोनिज होने के वर्णन पाये जाते हैं। 'अयोनिज' शब्द का अर्थ क्या है? 'अयोनिज' का उत्ताना द्वारा लगाया गया अर्थ है, ऐसा अपत्य जो स्त्री योनि से उत्पन्न न हुआ हो। परंतु ऐसा अर्थ लगाना समझदारीपूर्ण नहीं है। स्त्री योनि के बिना संतति की उत्पत्ति असंभव है, अतः स्पष्ट ही उत्ताना दिया हुआ अर्थ सही नहीं है। 'अयोनिज' शब्द का सही अर्थ इस प्रकार है : योनि शब्द का अर्थ मूलतः गृह है, और वेदों में इसी अर्थ में इस शब्द का प्रयोग पाया जाता है। **आरोहंतु जनयो योनि अग्रे (तैत्तरीय आरण्यक,** प्रपाठक 6, अनुवाक 1)। अर्थ यह है कि स्त्रियाँ प्रथम घर में प्रवेश करें। योनिज, यानी घर में जन्मा हुआ बालक और अयोनिज यानी जिसका जन्म घर में नहीं हुआ है अर्थात् घर के बाहर जन्मा बालक। घर के बाहर जन्मा, माने कहाँ पर जन्मा? जिसका जन्म यज्ञ मंडप में हुआ हो, ऐसा बालक। ऋषि वामदेव्य व्रत किया करते थे और ये व्रत यज्ञ भूमि पर किये जाते थे, उस समय यदि किसी स्त्री ने संभोग की इच्छा प्रकट की तो उस इच्छा की पूर्ति वहीं की जाती

थी। वामदेव्य व्रत के मंत्र **छांदोग्योपनिषद** में दिये गये हैं। इस प्रकार के व्रत के समय पर जो बालक जन्म लेता था, उस बालक को अयोनिज या घर के बाहर जन्मा हुआ बालक कहते थे। **महाभारत** में यज्ञ भूमि पर खुले में संभोग किये जाने के उदाहरण मिलते हैं। तात्पर्य यह कि आर्य लोगों में एक समय खुले में समागम करने की प्रथा थी, और उसके अवशेष के रूप में यज्ञ भूमि पर वामदेव्यादि व्रत करते समय स्त्री समागम करने की प्रथा दिखायी देती है।

(6) संकीर्ण समागम और खुला समागम, इन दोनों वन्य प्रथाओं के समान प्राचीन आर्य लोगों के बीच एक तीसरी वन्य प्रथा भी प्रचलित थी। कर्तृत्व, सामर्थ्य तथा ऐश्वर्य में अपने समाज से अत्यंत श्रेष्ठ समाज के पुरुषों के साथ अपनी स्त्रियों का समागम करवाने को अच्छा मानने वाले कुछ निम्न श्रेणी के समाज अभी हाल तक थे।

In Tasmania it was thought an honour for women to prostitute themselves to Europeans, who were ennobled in the eyes of the natives by the prestige of their superiority (Letourneau). (तस्मानिया में यूरोपीय पुरुषों के साथ समागम करना, स्त्री के लिए सम्मानजनक माना जाता था। कारण यह कि तद्देशीय लोगों की दृष्टि में अपने उत्तम गुणों के कारण उन्हें श्रेष्ठत्व प्राप्त था)। तस्मानियाई लोगों पर यूरोपीय लोगों की जो धाक थी और उनके प्रति उन्हें जो आदर व प्रेम प्रतीत होता था, वैसी ही धाक, देव कहे जाने वाले लोगों की आर्ष लोगों पर थी और देवों के प्रति वैसा ही आदर तथा प्रेम आर्ष लोगों के मन में था। प्राचीन आर्षों को लगता था कि देवताओं ने यदि किसी मनुष्य जाति की स्त्री में गर्भाधान किया, तो उसका भाग्य शिखर तक जा पहुँचेगा। इस धारणा को प्रमाणित करने वाले उदाहरण **महाभारत** तथा **हरिवंश** में इतने अधिक हैं कि उन्हें गिनाने की आवश्यकता विशेष रूप से अपने देश में किसी को प्रतीत नहीं होगी। इन्द्र, यमधर्म, नासत्यों, अग्नि, वायु और अन्य देवताओं से आर्ष स्त्रियों को संतति होने की कथाएँ विपुल मात्रा में उपलब्ध हैं। देव समाज की आर्ष लोगों पर इतनी धाक थी कि आर्ष लोगों में कन्या का जन्म होते ही वे उस पर प्रथमतः देवों का अधिकार मानते थे। कन्या के दो वर्ष के होने पर अमुक देवता का हक, चार वर्ष की होने पर अमुक देवता का हक और छः वर्ष की होने पर अन्य किसी देवता का हक–इस तरह जन्म से ही आर्ष स्त्रियों पर देवताओं के अग्र अधिकार हुआ करते थे।

सोमः प्रथमो विवेदे गंधर्वो विविद उत्तरः। (ऋग्वेद)
तृतीयो अग्निष्टे पति स्तुरीयस्ते मनुष्यजाः।। 10/85/40

यह अधिकार किस तरह उत्पन्न हुआ, इसका अनुमान लगाया जा सकता है। देव समाज और आर्ष समाज–ये दोनों पड़ोसी समाज थे। बलिष्ठ होने के कारण, देव समाज ने आर्ष समाज को अपने नियंत्रण में कर लिया और आर्षों की समस्त

वस्तुओं और सम्पत्ति पर उसका अधिकार हो गया। आर्षों की मुख्य धन-दौलत उनकी स्त्रियाँ थीं, जिनकी स्थिति गुलामों की थी। उन पर भी देवताओं का अधिकार हुआ। यह इतना प्रखर हो गया कि स्त्री पैदा होते ही उस पर किसी न किसी देवता का अधिकार प्रस्थापित होता था। देवताओं के इस अग्राधिकार से मुक्त होने के लिए आर्ष लोग देवताओं को केवल अपना हरा धान्य ही नहीं, उत्तम भूंजी हुई लाई और संग्रहीत किया हुआ घी भी दिया करते थे, और इस तरह अपनी लड़कियों को उनके नियंत्रण से मुक्त किया करते थे। देवताओं के अग्रोपभोग का यह अधिकार Medieval Feudal यूरोप में Prelibation के हक के समान ही है। Prelibation यानी अग्रोपभोग का अधिकार । This right of Prelibation has been in use in many fiefs and until a very recent epoch, certain lords of Netherlands of Prussia, and of Germany still claimed, in our own days. In a French Titledeed of 1507 we read that the Count d'Eu has the right of Prelibation in the said place when anyone marries. Even ecclesiastics claimed the right in their quality of feudal lords (Letourneau). (यह अग्रोपभोग का अधिकार कई सामन्ती जागीरों में चलता था। बिल्कुल आधुनिक काल तक नीदरलैंड स्थित प्रशिया के और जर्मनी के कुछ लार्ड आज भी अपने इस हक का दावा करते हैं। 1507 के फ्रांस के एक अधिकारपत्र के अनुसार काउंट ड'ल्यू को उस प्रदेश में होने वाले विवाहों में अग्रोपभोग का हक होने का उल्लेख है। सामन्त होने के कारण धर्मगुरु भी इस अधिकार का दावा किया करते थे) ।

यूरोप के धार्मिक आचार्यों के समान, अपने यहाँ भी वल्लभाचार्यों को यह अग्रोपभोग का अधिकार गुजरात में लोग अभी हाल तक दिया करते थे। और इस हक को यद्यपि अब अक्षरशः कार्यान्वित न भी किया जाता हो, तो भी वल्लभपंथियों को इस हक की मानसिक अनुमति है। यह देखकर कि यूरोप में अग्रोपभोग का अधिकार बिल्कुल अभी हाल तक था, प्राचीन आर्ष समाज में पाँच-छः हजार वर्ष पूर्व इसके होने पर आश्चर्य करने का कोई कारण नहीं है। देवलोक और देवसमाज के नष्ट हो जाने पर, स्त्रियाँ अर्पण करने के लिए मनुष्यदेहधारी देवता नहीं रहे। परन्तु इस अवधि में आर्षों पर वीर पूजा का प्रभार पड़ा और वे इन्द्रादि देवताओं और वीरों को ईश्वर मानने लगे तथा इन्हीं देवताओं को स्त्रियाँ प्रथम अर्पण करने लगे। आर्ष लोगों की यह प्रथा अभी भी प्रतीक रूप में महाराष्ट्र के लोगों में तथा अन्य भारतीयों में प्रचलित है। विवाह में लाजा होम नामक एक होम होता है। इस होम की सारी प्रक्रिया, वधू को देवताओं के अधिकार से मुक्त करने से संबंधित है। आश्वलायन गृह्यसूत्र में से यह पूरी प्रक्रिया क्रमशः यहाँ दी जा रही है और समाजशास्त्र की दृष्टि से उसका अर्थ दिया जा रहा है। अर्यमन्, वरुण तथा पूषन्, इन तीनों देवताओं का अधिकार, यानी पाश वधू पर था। वर ने उसे पाश से मुक्त कराने की ठानी। पहले

देवताओं के साक्षात बंधन से वधू को मुक्त कराने के बाद वर उसे एक मजबूत शिला के निकट लाया और उसने कहा—**इमं अश्मानं आरोह, अश्मेव त्वं स्थिरा भव, सहस्व पृतनायतः, अभितिष्ठ पृतन्यतः** (**आश्वलायन गृह्यसूत्र,** अं. 1, खण्ड 7, सूत्र 7)। इस शिला पर चढ़ो, शिला के समान स्थिर रहो और शत्रुओं को हतप्रभ करो और उनका सामना करो। यह देखकर कि वर उनके अधिकार से वधू को छुड़ा ले गया, देवता क्रोधित हो उठे और उन्होंने वधू-वर पर आक्रमण कर दिया। तब वधू का भाई सहायता के लिए उसके पास आया। उसने मध्यस्थता कर बात मारपीट तक न जाने दी। उसने मिन्नतें कीं और वर द्वारा भगायी गयी वधू के बदले में भूंजी हुई लाई दण्ड के रूप में देना कबूल किया तथा देवों के चंगुल से बहन को मुक्त कराया। इस दण्ड का पारिभाषिक नाम 'अवदान' है। यह जोड़-तोड़ करने के लिए वधू का भाई था, इसलिए वह भागकर इस मामले में आ गया। जिस वधू का भाई न होगा, उसकी हालत कुत्ते से भी खराब हुई होगी। अतएव अभ्रातृक (जिसका भाई न हो) कन्या का मूल्य विवाहविधि में अति निम्न या शून्य के बराबर माना गया है और उस तरह का समर्थन या सहारा जिसे न हो, ऐसी वधू न की जाय—ऐसा निषेध किया गया है। शिला पर वधू दृढ़ता से खड़ी हो गयी, फिर भाई देवताओं को देने के लिए अनाज ले आया और वह उसने वधू के हाथों से देवताओं को अर्पण करवाया। **वध्यंजलौ उपस्तीर्य भ्राता भ्रातृस्थानो वा द्विर्लाजान् आवपति** (1-7-8)। वधू की अंजली को घी लगाकर उसके भाई या बंधुसदृश व्यक्ति ने उस अंजली में दो बार लाई डाली। (यदि पंचप्रवरी वाला हो तो तीन बार लाई डाली जाय-1-7-9) फिर लाई के अवदान पर घी डाला (1-7-10/11)। वह अवदान या आहुति अग्नि के द्वारा अर्यमन्, वरुण तथा पूषन् देवताओं के पल्ले में डाली, और अवदान देते समय देवताओं को निम्नानुसार चेतावनी दी—**अर्थमणं नु देवं कन्या अग्निं अयक्षत, स इमा देवो अर्यमा प्र इतः, मंचातु न अमुतः स्वाहा** (1-7-13)। अग्नि के द्वारा कन्या अर्यमन् देवता को आहुति दे रही है, अतएव यहाँ उसके पति से छुड़ाकर, अर्यमन् देवता उसे न ले जाय, वह उसे अपने बंधन से मुक्त करे; यही उसके भाई ने, पूषन् तथा वरुण देवताओं को जताया है। भाई भोलाभाला नहीं था। ठोक बजाकर साफ-साफ व्यवहार करने वाला था। उसने एक बार में ही सारी लाई अथवा समस्त अवदान तीनों देवताओं के सामने नहीं उड़ेला। उसने प्रत्येक देवता को अलग-अलग बुलाकर उसकी आहुति, उसके पल्ले में, अग्नि को साक्षी रखकर डाली। **ओप्य ओप्य ह एके लाजान्, परिणयंति** तथा **उत्तमे आहुती न सन्निपततः** (1-7-15)। एक साथ सब आहुति देने में गड़बड़ी तथा झमेला होता है। किसकी आहुति कौन-सी है, यह समझ में नहीं आता, अतः प्रत्येक आहुति प्रदान करने के बाद, अग्नि की प्रदक्षिणा करके, भाई ने प्रत्येक देवता के मत्थे उसकी आहुति बिना गलती किये, थोप दी। भाई की सहायता से यद्यपि देवताओं के ऋण से वधू की मुक्ति हुई, फिर भी अभी

तक वधू के बालों पर वरुण के द्वारा लपेटा गया ऊन का डोरा अथवा पाश वधू को पीड़ा पहुँचा रहा था। उस पाश से वर ने बेचारी वधू के केश धीरे-धीरे छुड़ाये और निम्नलिखित धन्योद्गार मुँह से निकाले :

प्र त्वा मुंचामि वरुणस्य पाशात् (1-7-17/18)

प्रिये, तुम्हें वरुण के पास से सदा के लिए मुक्त कर दिया है—यह आश्वासन देने के बाद वर बड़ी शान से विजयपूर्वक अपराजित दिशा की ओर सात कदम चलता है। देवताओं के चंगुल से वधू को छुड़वाकर हमने बड़ी विजय पायी है, यह जाहिर करने के उद्देश्य से, वर वधू को ईशान्य दिशा की ओर ले गया। कारण यह कि ईशान्य दिशा आर्ष लोगों को विजय देने वाली दिशा थी और इसलिए उन्होंने इस दिशा को अपराजित नाम दिया था। अग्रोपभोग के लिए देवताओं को स्त्रियाँ अर्पित करने की यह पुरातन आर्ष प्रथा अब अवशेष के तौर पर हमारे बीच प्रचलित है और वह भी प्रतीक रूप में। पुरातन आर्ष लोगों में यह प्रथा साक्षात रूप में प्रचलित थी। इस तरह अपने से श्रेष्ठ, समर्थ और बलवान लोगों को स्त्रियाँ अर्पण करने वाले वन्य तस्मानियाई लोगों की पंक्ति में, पुरातन आर्ष लोगों को रखने का यह तीसरा कारण है।

(7) पशु अवस्था से प्रगति करते-करते मनुष्य, समूह बनाकर रहने लगा। इस समूह अवस्था में विविध प्रकार के मिश्रित या संकीर्ण स्त्री-पुरुष सम्बन्ध चलते थे। बड़े-छोटे रिश्ते अस्तित्व में न होने के कारण विवाह योग्य किसी भी स्त्री से पुरुष मिलजुलकर लैंगिक संबंध रखा करते थे। इससे भी बढ़कर समूहावस्था के समाज में अपरिपक्व बालिकाओं से भी लैंगिक संबंध किये जाने के उदाहरण **महाभारत** और **हरिवंश** में पाये जाते हैं। 'आदिपर्व' के 112वें अध्याय में कुंती और पांडु का संभाषण दिया गया है। उसमें प्राचीन काल में, अर्थात् उनके काल से भी बहुत प्राचीन काल में, स्त्रीधर्म का निरूपण करते हुए पांडु कहता है—'अति प्राचीन काल में कन्याएँ कौमार्यावस्था से ही पति की मर्यादाओं का उल्लंघन किया करती थीं और इस प्रकार का उल्लंघन धर्मबाह्य नहीं माना जाता था, अर्थात् वह तत्कालीन समाज को मान्य था।' कुंती के मन में किसी भी प्रकार की आशंका न रहे, इस उद्देश्य से पांडु आगे बल देकर यह कहते हैं कि यह धार्मिक सिद्धान्त सनातन है और स्त्रियों के लिए सुखप्रद है। इसीलिए उत्तर कुरु देश में यह व्यवहार अभी भी चल रहा है। पांडवों की जन्मभूमि होने के कारण, उत्तर कुरु के लिए उनके मन में विशेष प्रेम था, और वहाँ के आचार सभ्य माने जाते थे—यह बात ध्यान में रखनी चाहिए। यही प्राचीन, सनातन धर्म किशोरी कुंती से सूर्यनारायण ने कहा था। 'वनपर्व' के 307वें अध्याय में सूर्य कहता है—'हे कुंती, कन्या शब्द की उत्पत्ति, कम् धातु से हुई और इसका अर्थ है—चाहे जिस पुरुष की इच्छा कर सकने वाली। कन्या स्वतंत्र है; स्त्रियों और पुरुषों में किसी प्रकार का परदा या मर्यादा न होना—यही लोगों की स्वाभाविक स्थिति है, विवाहादि संस्कार सब कृत्रिम हैं, अतः तुम मेरे साथ समागम करो, समागम करने

के बाद भी तुम पुनरपि कुमारी ही, अर्थात् अक्षतयोनि ही, रहोगी।' कुंती को उस समय तक रजोदर्शन नहीं हुआ था, यानी वह मात्र बालिका थी। ऐसी स्त्री से, जिसे अभी रजोदर्शन भी न हुआ हो, समागम करने का दोष सूर्यनारायण को लगेगा इस भय से, कवि ने, यानी व्यास महर्षि ने, चतुराई यह की है कि ऐसा प्रारम्भ में ही दर्शा दिया है कि कुंती को उसी समय प्रथम रजोदर्शन हुआ। कवि के इस करुणामय भाव को दूर रखकर देखने पर यह दिखायी देता है कि उस समय कुंती अक्षतयोनि थी तथा ऐसी कन्या थी जिसे अभी रजोदर्शन नहीं हुआ था। शायद उसका रजोदर्शन होने का समय पास आया होगा। कुंती के समान ही पाराशर मुनि द्वारा समागम की गयी थी मत्स्यगंधा कुमारी और कवि का कहना है कि उपभोग के बाद वह कुमारी ही रही। गंगा नामक कुमारी से शांतनु राजा द्वारा समागम की कथा सर्वश्रुत है। तात्पर्य यह कि जिसे हम लोग कन्या का दूषण मानते हैं, उसे प्राचीन आर्य लोगों में धर्मबाह्य नहीं माना जाता था, और यह रिवाज कौरवों-पांडवों के समय में भी था। यह रिवाज पाणिनि के समय में भी कुछ हद तक था। **कुमारः श्रमणादिभिः** (2-1-70) इस सूत्र में पाणिनी कुमारकुलटा, कुमारगर्भिणी, कुमारबंधकी ये तीन तत्पुरुष समास देते हैं। श्रमणादि गणों में कुलटा तीसरा शब्द है। कुमारकुलटा, यानी **कुमारी चासौ कुलटा च**। कुमारी होते हुए भी जो कुलटा हो, यानी छिनाल हो, वह कुमारकुलटा है। कौमार्य अवस्था में जो गर्भिणी हुई हो वह कुमारगर्भिणी और कौमार्य अवस्था में जो शरारती निकली हो वह कुमारबंधकी। इसका अर्थ यह हुआ कि पाणिनी के काल में, चाहे यदा-कदा ही क्यों न हो, कुमारियाँ व्यभिचारिणी, बदचलन और गर्भिणी होती थीं। **कौमारापूर्ववचने** (4-2-13) सूत्र में **कौमारः पति** और **कौमारी भार्या,** ये दो प्रयोग पाणिनी ने किये हैं। **पुंसा सह यस्याः असंप्रयोगः सा कुमारी** (6-2-95)। यह कुमारी शब्द का परम्परागत अर्थ है। जिसे पहले पुरुष ज्ञात ही नहीं हो ऐसी लड़की के पति को पाणिनी के काल में **कौमारः पतिः** कहा जाता था और उस लड़की को विवाह के उपरान्त **कौमारी भार्या** कहा जाता था। इससे यह ध्वनित होता है कि पाणिनी के काल में जिस तरह ऐसी लड़कियाँ होती थीं जिनका विवाह से पहले पुरुषों से संसर्ग नहीं हुआ होता था, उसी तरह पुरुषों के संसर्ग में आयी लड़कियाँ भी देखने में आती थीं। नहीं तो **कौमारः पति** और **कौमारी भार्या** की सराहना पाणिनी के काल में नहीं होती। इस सब विवेचन का सारांश यह है कि अति प्राचीन आर्ष काल से पाणिनी के काल तक अविवाहित लड़की से समागम करने की रूढ़ि, भारतीय समाज में पहले तो अनिंद्य और धर्ममान्य रिवाज के रूप में, तथा बाद में निंद्य प्रथा के रूप में प्रचलित थी। इसके पूर्व चौथे परिच्छेद में कहा गया है कि अतिप्राचीन आर्ष काल में लड़कियों पर छः वर्ष तक देवताओं का अधिकार रहता था। उसके बाद उन पर मनुष्यों का अधिकार उत्पन्न होता था। आठवें वर्ष इसी कारण कन्या का विवाह करने की रूढ़ि भारतीय समाज में दृष्टिगत

होती है। आठवें वर्ष से लड़कियाँ पुरुषों के लिए उपभोग्य होती हैं, ऐसा सामाजिक अभिप्राय था। चौबीस वर्ष का पुरुष, आठ वर्ष की लड़की से विवाह करे, इस अर्थ की स्मृति प्रसिद्ध है। विवाह की रात्रि में समागम किया जाय, इस प्रकार के भी स्मृतिवचन हैं। अतः आठ वर्ष की लड़कियाँ समागमेय हैं, यह मानने की रूढ़ि देश में थी, इसमें शक नहीं। चाहे पुरुष समागम विवाह से पहले हुआ हो और उस समागम से अपत्य भी हो गया हो, तो भी बाद में धर्ममान्य विवाह होने से लड़कियों को कुछ भी कठिनाई नहीं आती थी। इस तरह यह कन्यादूषण की प्रथा आर्ष समाज में थी। पृथ्वी पर उसी स्तर के समाजों में यही प्रथा दृष्टिगोचर होती है। At Noukatriva, the young girls of the island are the wives of all those who can buy their favours. When they are older, they form more lasting connections. In the same archipelago the French sailors were frequently offered girls of eight years and they were not virgins (Letourneau).

(नुकाट्रिवा में, जवान लड़कियाँ, जो भी उन्हें आकर्षित कर सकें, उनकी पत्नियाँ होती थीं। कुछ बड़ी होने पर वे स्थिर संबंध स्थापित करती थीं। इस द्वीप समूह में कई बार फ्रांसीसी नाविकों को, आठ वर्ष की लड़कियाँ दी जाती थीं और वे कुमारियाँ नहीं होती थीं। (लेटुर्नो))

इस तुलना से ऐसा प्रतीत होता है कि अति प्राचीन आर्ष समाज एक समय में अति वन्य यूथावस्था में था। कन्यादूषण के संबंध में 'युवन' और 'युवती', इन दो पुराने शब्दों की ओर ध्यान देना उचित होगा। 'यू' का अर्थ है, जुड़ना और 'युवन' का अर्थ है, जोड़ने वाला, समागम करने वाला। युवती माने, समागम करने वाली। आर्ष लोग समूह के लड़के-लड़कियों को समागम करने की उचित अवस्था में पहुँचने पर संभोग करने देते थे। आस्ट्रेलिया में यह प्रथा देखने में आती है। यह स्थिति प्राचीन आर्ष समाज में भी थी। In Australia, the girls co-habit from the age of ten with young boys of fourteen or fifteen without rebuke from anyone. (Letourneau) आस्ट्रेलिया में दस वर्ष की लड़कियाँ चौदह या पद्रंह वर्ष के लड़कों के साथ संभोग किया करती थीं, और उसके लिए उन्हें कोई दोष नहीं दिया जाता था। यही स्थिति प्राचीन आर्ष समाज में थी।

(8) आर्ष समाज जब समूह-अवस्था में था तब स्त्री-पुरुष समागम अत्यंत अनियमित रूप के थे, अर्थात् रिश्ता-नाता कुछ भी नहीं देखा जाता था। कारण यह कि तब रिश्ते-नाते निर्मित ही नहीं हुए थे। कुँआरी लड़की से संभोग किया जाना, खुले में पशुओं के समान संभोग किया जाना, आदि स्वैर आचार यद्यपि मौजूद थे, तथापि इस प्रकार की परिस्थिति में भी, पुरुष स्त्रियों को अपनी संपत्ति समझा करते थे, यह बात हमेशा ध्यान में रखनी चाहिए। पाणिनीय समाहारद्वंद्व के जो उदाहरण दिये गये हैं, उनमें 'दारगवम्' का एक उदाहरण सर्वज्ञात है। **दाराः च गावः च**

दारगवम्। 'दाराः' माने स्त्रियाँ। उनकी कीमत गाय के बराबर आँकी गयी है। यह अवस्था पाणिनी के समय की है। प्राचीन आर्ष लोगों के काल में तो यह अवस्था इससे भी प्रखर थी। स्मृतिकार और सूत्रकार जो आठ प्रकार के विवाह बताते हैं, उनमें आर्ष विवाह का वर्णन आता है। इस विवाह में वर या वर का पिता वधू के पिता को गो मिथुन, अर्थात् एक गाय और एक बैल देकर, कन्या लेता है—यानी खरीदता है। इस विवाह को आर्ष विवाह कहा जाता है। इससे यह स्पष्ट होता है कि आर्ष लोगों में लड़की की कीमत एक गाय और एक बैल के बराबर मानी जाती थी। अतएव, दैनंदिन वार्तालाप में, आर्ष लोगों को अपनी संपत्ति का वर्णन करना होता, तो वे 'दारगवम्' सामाजिक शब्द के प्रयोग से किया करते थे। असुर लोग प्रत्यक्ष धन लेकर ही कन्या विक्रय करते थे आर्ष लोगों में गो-मिथुन लेकर कन्या विक्रय किया जाता था। इसका कारण यह था कि अत्यंत प्राचीन काल में सुवर्णादि धन आर्ष लोगों को मूलतः ज्ञात ही नहीं था। आर्ष लोग जिस तरह अपनी कन्या का विक्रय करते थे, वैसे ही वे अपनी अन्य स्त्रियों का भी विक्रय करते थे। **हरिवंश** के 79वें अध्याय में पुण्यकव्रत की कहानी कही गयी है। उसमें यह वर्णन आया है कि पुण्यकव्रत करने वाली पतिव्रता स्त्री ब्राह्मणों से उनकी स्त्रियाँ खरीदे और आचार्य को उनका भरपूर दान करे। In Polynesia, the husbands trafficked in their wives without scruple. (पालिनेशिया में पति स्वस्त्रियों की बिक्री किया करते थे और इसमें उन्हें कुछ भी संकोच नहीं होता था)। यही प्रथा प्राचीन आर्ष लोगों के बीच भी प्रचलित थी। जहाँ स्वस्त्रियों और कन्याओं की बिक्री हुआ करती थी, वहीं उन्हें किराये पर भी दिया जाता हो, तो इसमें आश्चर्य की कोई बात नहीं। 'उद्योगपर्व' के 106वें अध्याय से 123वें अध्याय तक माधवी के आख्यान का वर्णन है। गालव नामक ऋषि को ययाति राजा अपनी कन्या माधवी इसलिए देता है जिससे गालव गुरु दक्षिणा दे सके। गालव ऋषि ने उसे अपनी कन्या समझकर तीन राजाओं को एक-एक पुत्र होने तक क्रमशः किराये पर दिया और बाद में अपने गुरु विश्वामित्र को भार्या के रूप में अर्पण किया। उससे विश्वामित्र को एक पुत्र प्राप्त होने के बाद, गालव ने उसे वापस उसके पिता, ययाति के सुपुर्द किया। इस कथा में तीन आर्ष प्रथाओं का उल्लेख हुआ है। (1) पिता अपनी कन्या को, वित्त के रूप में जिसे चाहे उसे, कुछ कालावधि के लिए, किराये पर दे सकता था, (2) नियत काल तक शरीरसंबंध करने की शर्त पर लड़कियों को गिरवी रखा जा सकता था, (3) और पुत्ररूप शिष्य की लड़की, यानी अपनी पोती को, पितृरूप गुरु, अपनी पत्नी बना सकता था। इस विवेचन का मुद्दा यही है कि आर्ष लोग लड़कियों को अथवा अपनी स्त्रियों को बेच सकते थे या किराये पर दे सकते थे; और यही बताना मुख्य उद्देश्य है कि इस संबंध में पुरातन आर्ष लोगों का आचरण अन्य जंगली लोगों के समान था। इस प्रथा के अवशेष आज भी मिल जाते हैं। जैसे मराठी में "भाड्या" शब्द।

इस शब्द का संस्कृत रूप है भाटिकः। स्वस्त्री को किराये पर देकर उस पर निर्वाह करने वाले को पूर्वकाल में भाटिक कहा जाता था। अभी भी महाराष्ट्र में ऐसे व्यक्ति का "भाड्या" कहकर उल्लेख किया जाता है।

(9) पाशवावस्था से समूहावस्था में आने की प्रक्रिया में पाशवी प्रवृत्ति के अवशेष अनेक वन्य समाजों में देखे जाते हैं. In the Sandwich islands adultery, incest and formication were common things. (सैंडविच द्वीप में व्यभिचार, निकट रिश्ते में लैंगिक संबंध और निषिद्ध संभोग साधारण बातें थीं)। प्रगतिशील समाज जिसे अपने रिश्ते-नाते की दृष्टि से Adultery, incest एवं formication कहता है, उसके प्राचीन आर्ष समाज में प्रचलित होने के कितने ही उदाहरण, उपर्युक्त परिच्छेदों में दिये गये हैं। अब मैं एक बिल्कुल भिन्न प्रकार की नीति-भ्रष्टता का उदाहरण महाभारत से दे रहा हूँ। 'वनपर्व' के 110वें अध्याय में लिखा है कि ऋष्यशृंग के पिता विभांडक ऋषि को मृगी से ऋष्यशृंग पुत्र हुआ। यहाँ 'मृग' शब्द का एक अर्थ होगा अनृषि मनुष्यों की एक जाति। जिस तरह सर्प, नाग, गरुड़, वानर, अनृषि मनुष्यों की जातियाँ थीं, वैसे ही उस काल में मृग भी मनुष्यों की एक जाति हो सकती है। 'मृग' शब्द का दूसरा अर्थ हिरण है। पशु से ऋष्यशृंग जैसी मानवीय संतान उत्पन्न होना असंभव है। अतः इस उदाहरण में यह दूसरा अर्थ छोड़ देना होगा। 'आदिपर्व' के प्रथम अध्याय और 118वें अध्याय में पांडुशापवृत्त दिया है। उसमें लिखा है कि जब दम ऋषि मृगी से समागम कर रहे थे तब पांडु राजा के बाण से बिद्ध होकर उनका प्राणांत हुआ। पांडु राजा मृगया के लिए गये थे, और हिरन का आखेट कर रहे थे। उसी समय दम ऋषि एक मृगी के साथ रमण में मग्न थे। इस पर ध्यान न जाने से पांडु ने बाण मारा और वह दम ऋषि को लगा। तब दम ऋषि ने पांडु पर यह पापकृत्य करने का दोष तो लगाया ही और साथ ही इसलिए भी राजा को दोष दिया कि उसने मैथुन कर्म में निमग्न उन्हें प्राणांतक घाव किया। पशु से मैथुन करने में कुछ विपरीतता है, यह राजा या ऋषि के मन में भी नहीं आया। कवि व्यास महर्षि ने, इस क्रिया पर इस तरह से आच्छादन डाला है कि दम ऋषि ने मृगी के साथ समागम करते समय मृग का रूप धारण किया था और वह मृगी भी दम ऋषि की पत्नी थी। परन्तु, लीपापोती दूर करने पर, वास्तविक घटना स्पष्ट हो जाती है। 'आदिपर्व' के 66वें अध्याय में अश्वरूप धारण की हुई सूर्य की भार्या त्वाष्ट्री का वर्णन है। पुरुष घोड़ी के साथ समागम किया करते थे, यह कल्पना तो कम से कम व्यासकालीन सर्वत्र पढ़े जाने वाले ग्रंथों में लिखी मिल जाती है। पशु संसर्ग का इससे भी संशयातीत उदाहरण यह है कि आर्ष लोगों में अश्वमेध यज्ञ करते समय यजमान की पत्नी को घोड़े के पास शयन करना पड़ता था। अश्वमेध यज्ञ में किया जाने वाला यह प्रतीक रूप कर्म आर्ष लोगों में चलने वाली पाशवी प्रथाओं का एक अवशेष है, यह विज्ञ जनों को बताने की आवश्यकता नहीं। अतिप्राचीन आर्ष लोगों में स्त्रियाँ

और पुरुष पशुओं से समागम करते थे और ऐसा वे दिनदहाड़े किया करते थे और इसमें उन्हें कुछ भी अस्वाभाविक नहीं लगता था। इस बात की पुष्टि करने के लिए इससे अधिक प्रमाणों की आवश्यकता नहीं है। वर्तमान काल में कुत्तियों, गर्दभियों, बकरियों या गायों से संभोग करने के वृत्त कभी-कभी महाराष्ट्र में सुनने में आते हैं। परंतु समाज में तथा कानून द्वारा इसे एक अक्षम्य अपराध ही माना जाता है। प्राचीन और अर्वाचीन समाज में इतना ही अंतर है कि प्राचीन आर्ष काल में इसे अक्षम्य अपराध नहीं माना जाता था।

(10) इस प्रकार का मिलाजुला गृहस्थ जीवन व्यतीत करने वाले अतिप्राचीन आर्ष समाज में माँ, भाई, पिता, चाचा, मामा, बुआ आदि के उन बहुविध रिश्तों के होने की संभावना ही नहीं थी जो रिश्ते आज हमारे वर्तमान समाज में हैं। पर बहुविध रिश्ते तथा भेद यद्यपि नहीं थे, तो भी कुछ थोड़े भेद व रिश्ते इस वन्य समाज में भी उत्पन्न हो गये थे। समूह या यूथ की सब स्त्रियाँ सभी बच्चों की माताएँ होती थीं। यही कारण है कि उस काल में सामान्यतः स्त्री को 'जनि' कहा जाता था। 'जनि' यानी जन्म देने वाली—जन + इ। 'इ' का अर्थ है वह और 'जन' यानी जन्म देना। जनि का अर्थ हुआ, जो जन्म देती है वह। समूह की सब स्त्रियों का इस तरह 'जनि' शब्द से उल्लेख किया जाता था। इसी प्रकार 'जनि' से उत्पन्न सभी व्यक्तियों को 'जन' कहा जाता था। 'जन' शब्द के अंतर्गत स्त्री-पुरुष, छोटे-बड़े सभी आ जाते थे, और विशेष रूप से 'जनि' से उत्पन्न पुल्लिंग प्रजा इसके अंतर्गत आती थी। सब पुरुष सब स्त्रियों के साथ मिलाजुला गृहस्थ जीवन व्यतीत करते थे, इस कारण सब पुरुष सब 'जनि' या स्त्रियों के पति और सब स्त्रियाँ सब पुरुषों की पत्नियाँ होती थीं। इस तरह यूथावस्था वाले अतिप्राचीन आर्ष समाज में स्त्री और पुरुष ये दो ही भेद हुआ करते थे। उस काल में 'स्त्री' तथा 'पुरुष' शब्द भी बहुधा नहीं जन्मे थे। इतना ही नहीं, 'ऋषि' शब्द भी शायद न बना होगा। तात्पर्य यह कि उस अतिप्राचीन मिलेजुले गृहस्थ जीवन व्यतीत करने वाले यूथावस्था वाले समाज को आर्ष समाज कहना भी ऐतिहासिक या अनुक्रम की दृष्टि से अनुचित है। फिर भी, क्योंकि वे ऋषियों के पूर्वज थे, अतः यूथ को आर्ष कहा गया है। उस काल में सिर्फ 'जन' और 'जनि', जन्म दिये हुए और जन्म देने वाले, ये ही शब्द निर्मित हुए थे। स्त्री, पुरुष, बंधु, भगिनी, पिता, पुत्र, माता, दुहिता, स्वसृ, यातृ आदि शब्द, भेद और रिश्ते कैसे और कब निर्मित तथा विकसित हुए, इन बोधप्रद विषय की चर्चा आगे यथासमय की जायेगी।

अध्याय : 2

स्त्रियों की वंश प्रवर्तक शक्ति और प्रजापति संस्था

(1) अति प्राचीन आर्ष समाज में, अर्थात् युथावस्था वाले आर्ष समाज में, या कहिये कि पशु अवस्था से अभी-अभी बाहर निकले आर्ष समाज में, स्त्री-पुरुष समागम का रूप अत्यन्त अनियमित था, यानी उस पर किसी भी प्रकार का बंधन नहीं था; तात्पर्य यह कि माता, पिता, भाई, बहन के रिश्तों के नाम कुछ समय के बाद निर्मित हुए, परन्तु उसके पूर्व इन सब रिश्तों से संबंधित व्यक्तियों में खुल्लमखुल्ला समागम हुआ करता था, यह बात हम **महाभारत** की कई पौराणिक और ऐतिहासिक कथाओं से जान चुके हैं। यद्यपि यह नहीं कहा जा सकता कि इन प्राचीन इतिहास कथाओं के मूल और एकमेव उद्गम-स्थल वेद हैं, तो भी कितने ही प्रमाणों के आधार पर यह कथन सिद्ध किया जा सकता है कि **महाभारत** में जो पुराण कथाएँ वर्णित हैं, उनमें आये कई व्यक्तियों का उल्लेख वेदों में पाया जाता है। हे इन्द्र, तूने फलां-फलां प्राचीन या अभी-अभी विगत ऋषि का या राजा का जिस अमुक-अमुक तरह से उद्धार किया और रक्षा की, वैसी ही मेरी और मेरे कुल की भी रक्षा कर—इस प्रकार की प्रार्थना जहाँ आती है, वहाँ-वहाँ सरसरी तौर पर या अस्पष्ट रूप में, या फिर बहुत ही हुआ तो संक्षेप में, बहुधा ऐसा उल्लेख मिलता है कि इस या उस ऋषि अथवा राजा को इन्द्र ने, अग्नि ने या ऋभुओं ने किस तरह संकट से तारा। जिस प्रकार इस बात में कुछ भी शक नहीं हो सकता कि जिन घटनाओं के संबंध में ये उल्लेख किये गये, उन घटनाओं की जानकारी इन ऋचाओं और सूक्तों की रचना करने वाले ऋषियों को पूर्ण रूप से रही होगी, उसी तरह इस बात में भी कोई शक नहीं कि उन ऋचाओं और सूक्तों का श्रवण करने वाले समाज को भी पूर्णतया उनकी जानकारी रही होगी। उसके अभाव में, कवि और श्रोताओं की एकात्मकता होना संभव नहीं है। तात्पर्य यह है कि जिस काल में ऋषियों द्वारा ऋचाओं की रचना की गयी, उस काल में आर्य

समाज की इन पुरातन कथाओं को, बहुधा मौखिक दंतकथाओं के रूप में, **महाभारत** में उन्हीं स्थानों पर महर्षि व्यास ने भी भीष्मादि लोगों के मुँह से कहलवाया है। व्यास जी ने मूल वैदिक दंतकथाएँ, जैसी वे मूलतः घटी हैं, वैसी ही दी हैं। प्रायः उनमें उन्होंने कुछ अपनी ओर से जोड़ा है, वह इसलिए कि उनके काल की धारणाओं और नीति कल्पनाओं की दृष्टि से वे गर्हणीय न लगें। इस उद्देश्य से, बहुधा प्रत्येक दंतकथाओं की पुष्टि दैवी और अद्भुत कारणों से की गयी है। उदाहरण के लिए, दम ऋषि ने मृगी से संभोग किया, यह मूलतः आर्षकालीन घटना है। इस भय से यह कथा स्वकालीन समाज को निंद्य, गर्ह्य, लज्जास्पद तथा अधर्म्य लगेगी और पूर्वजों की निन्दा करने का पातक माथे पर पड़ेगा, व्यास जी ने इतनी ही लीपापोती की कि दम ऋषि और उनकी स्त्री को तपोबल से यह शक्ति प्राप्त थी कि वे चाहें तो जिस किसी भी प्राणी का रूप धारण कर सकते हैं। अतएव वे दोनों मृग रूप धारण कर रतिक्रीड़ा कर रहे थे। इस कारण यह समागम, नीति एवं धर्म के विरुद्ध नहीं था। दूसरा उदाहरण, जो अत्यन्त प्रसिद्ध है, कुन्ती का लिया जा सकता है। कुन्ती ने तीन पर-पुरुषों से, अर्थात् अपने पति के अतिरिक्त अन्य तीन पुरुषों से संतति प्राप्त की, यह मूल घटना है। स्वेच्छाचारिता की यह व्यासकालीन या शकपूर्व चार-पाँच सौ वर्षों से पूर्व की महाभारतकालीन घटना नीति और धर्म के लिए गौणता लाने वाली और मानहानि कारक प्रतीत हुई, अतः व्यास जी ने यह दैवी और अद्भुत लीपापोती की कि कुन्ती ने जिन तीन पर-पुरुषों से समागम किया वे कोई कंगाल और पापी मनुष्य नहीं थे, बल्कि वे इन्द्र, वरुण, यम आदि जैसे बड़े-बड़े देवता थे। यह भी नहीं कहा जा सकता कि यह लीपापोती प्रथमतः महाभारतकार व्यास जी ने ही की होगी। यह भी पूर्णतया संभव है की पीढ़ी-दर-पीढ़ी दंतकथा कथन करने वालों ने भी इस नग्न अश्लीलता पर पर्दा डालने की सद्भावना से यह चतुराई की हो। कारण कि पितरों और उनके साथ अपनी भी निन्दा करने में सभी प्रगतिशील नीतिमान लोगों को दुख प्रतीत होता है। यह बात सर्वत्र दृष्टिगत होती है। इसका अत्यन्त श्रेष्ठ सेमेटिक उदाहरण देखना हो तो ईसाई धर्म प्रवर्तक क्राइस्ट का है। यह दंतकथा प्रचलित है कि उनकी माता मेरी को साक्षात् 'होली घोस्ट' द्वारा गर्भप्रदान हुआ। मर्त्य पुरुष के साथ बिना समागम किये, मर्त्य स्त्री को प्रजा होना असंभव है—इस दृष्टि से देखने पर यही प्रत्यक्ष स्थिति होनी चाहिए कि मेरी को किसी पुरुष के समागम से ही पुत्र हुआ होगा। परन्तु इस प्रकार का विवाहबाह्य प्रजोत्पादन उस काल के यहूदी समाज में नीतिबाह्य माना जाता था, अतः दैवी गर्भधारण की लीपापोती करके एक नई कथा निर्मित करना आवश्यक पाया गया, यह बात साफ-साफ दिखायी देती है। बिना पुरुष के गर्भधारण (Immaculate Conception) पर ईसाई विद्वानों द्वारा जितना भी विद्वत्तापूर्ण विवेचन किया हुआ पाया जाता है, उसका मुख्य उद्देश्य किसी तरह श्रोताओं को यह समझाना भर ही है कि संत येशु का जन्म धर्मबाह्य अथवा नीतिबाह्य

नहीं है। पुरुष के अभाव में गर्भधारण का समर्थन करने वाले यूरोपीय विद्वानों की जो दुर्दशा है, वही महाभारतकार व्यास महर्षि की भी है। तात्पर्य यह है कि **महाभारत** की विस्तृत प्राचीन इतिहास कथाओं का आधार वैदिक छंदों में उल्लिखित बातें हैं। अस्तु। अब तक हम यह विवेचन करते आये हैं कि प्राचीन आर्य समाज में एक समय में मिलाजुला स्त्री-पुरुष समागम प्रचलित था, और यह विवेचन हमने मुख्य रूप से **महाभारत** के आधार पर किया है। वैदिक साहित्य में और विशेष रूप से ऋग्वेद में मिलेजुले स्त्री-पुरुष समागम के सम्बन्ध में, स्थान-स्थान पर बहुत-से उल्लेख मिलते हैं। उनमें से दो-तीन उदाहरण के तौर पर, मैं यहाँ दे रहा हूँ। **यम** और यमी इन दो भाई-बहनों के संबंध में विशेष उल्लेख की आवश्यकता नहीं है, क्योंकि ऐसा देखा जाता है कि यह वैदिक कथा आबालवृद्ध सभी को ज्ञात है। **ऋग्वेद** के दसवें मण्डल और **अथर्ववेद** के अठारहवें कांड में यम-यमी का संभाषण दिया गया है। यमी अपने सगे भाई यम से संभोग की याचना करने लगी। यम ने उसे अस्वीकार कर दिया। उसने कहा कि वरुण के दूत उनका कृत्य देखेंगे और दोष लगायेंगे।

महस्पुत्रासो असुरस्य वीरा। दिवो धर्तार उर्विया परिख्यन।

तब यमी ने कहा, देव क्रोधित नहीं होंगे—इसके विपरीत, उन्हें हमारा यह कृत्य पसन्द आयेगा।

उशंति द्या से अमृतास एतद्।

यम और यमी के इस संभाषण से यह स्पष्ट होता है कि बहुत पुरातन काल में वन्य आर्य लोगों के बीच, बहन-भाइयों का समागम प्रचलित था और ऋग्वेदकाल में जाकर उसे गर्हणीय समझा जाने लगा था। बहन-भाई के समागम का उत्तम उदाहरण **महाभारत** के प्रारम्भ में ही दिया मिल जाता है। दसवें अष्टक में बहत्तरवें अध्याय के चौथे विभाग में कहा गया है—अदिति दक्ष की कन्या है और यही अदिति दक्ष की माता है। मिलेजुले समागम का यह उल्लेखनीय उदाहरण है। **य इं चकार न सो अस्य वेद, स मातर्योनौ परिवीतः** यह कथन प्रथम मंडल के 22वें अनुवाक् के 164वें सूक्त में 32 वीं ऋचा में आया है। पिता को यह ज्ञात नहीं कि कौन उसका पुत्र है, इतना सच है कि वह माता के उदर से उत्पन्न हुआ है—यह है इस ऋचा का गर्भित अर्थ। यह भी मिलेजुले समागम का ही उदाहरण है। **यस्त्वा भ्राता पतिर्भूत्वा जारो भूत्वा विपत्यते, प्रचां यस्ते जिघांसति तमितो नाशयामसि** (10-162-5)। इस वाक्य में यह धमकी दी गयी है कि गर्भवती स्त्री से भाई, मालिक या अन्य कोई जार संभोग करेगा तो उसका दमन किया जायेगा। यह भी मिलेजुले समागम का ही उदाहरण है। इस धमकी से ध्वनि यह निकलती है कि अगर स्त्री के गर्भवती न होने की स्थिति में भाई, मालिक या जार के द्वारा उससे समागम किया जाता है तो यह चल सकता है। इस प्रकार के और कितने ही वाक्य **ऋग्वेद** में से निकालकर दिखाये जा सकते हैं। अभी इतने ही उदाहरण देकर मूल विषय के

संबंध में लिखना उचित होगा। सारांश यह कि **महाभारत** और **ऋग्वेद** में मिलेजुले समागम के उदाहरण पाये जाते हैं, और उनसे निःसंदिग्ध रूप से यह निष्कर्ष निकाला जा सकता है कि अतिप्राचीन आर्य समाज में, एक समय, स्त्री-पुरुष समागम अत्यंत अनियंत्रित रूप से हुआ करता था।

(2) यूथावस्था वाले आर्य समाज में एक समय में जो अनियंत्रित स्त्री-पुरुष समागम प्रचलित था, उसमें कालांतर में, किस तरह परिवर्तन होता गया आगे इसका पता लगाने का प्रयास किया जा रहा है। उस पशुतुल्य अवस्था में जब स्त्री-पुरुष समागम पर बिल्कुल ही नियंत्रण नहीं था, अति प्राचीन आर्य समाज ने, स्त्री-पुरुष संबंधों पर कौन-कौन से नियंत्रण लगाये, कौन से नियम बनाये, वे किस क्रम से बने, वे सोच समझकर बनाये गये थे या अज्ञानवश परिस्थिति के दबाव में बने थे, इन विविध बातों की खोज सिर्फ कल्पना द्वारा ही करने की आवश्यकता नहीं। **महाभारत** और **हरिवंश** में कथित संभव पर्वस्थ वंश कथाओं से, इस बात की खोज कि अति प्राचीन आर्यसमाज में स्त्री-पुरुषों के मुक्त लैंगिक संबंधों का नियंत्रण तथा नियमन किस तरह से और किस क्रम से हुआ, काफी निश्चित रूप से करने के साधन उपलब्ध हैं। 'आदिपर्व' के चौसठवें अध्याय में तथा **हरिवंश** के पहले, दूसरे और तीसरे अध्यायों में श्री व्यास महर्षि द्वारा देव, दानव, गंधर्व, अप्सरा, मानव तथा यक्ष राक्षस की उत्पत्ति के संबंध में काफी जानकारी दी गई है। यह सारी जानकारी दी गई है। यह सारी जानकारी कथा पुराणों से, परंपरा से सुनी हुई दी गयी है। उसका अवलोकन करने पर यह प्रतीत होता है कि प्राचीन इतिहासकार व्यास महर्षि को प्राचीन आर्य समाज के संबंध में जो कुछ ज्ञान, पूर्व पुराणों से प्राप्त हुआ था, वह बहुत ही सीमित और कम था। प्राचीन आर्य समाज में जब से प्रजापति संस्था उत्पन्न हुई तब से यह दंतकथाकार अथवा इतिहासकार जानकारी देता है। यह नहीं कहा जा सकता कि उन्हें इससे पूर्व की जानकारी थी। यहाँ यह बता देना आवश्यक है कि प्रजापति संस्था कहते किसे हैं। जब स्त्री-पुरुष समागम अनियंत्रित रूप से चलता था उस काल में, प्रजा, राज्य पिता, पुत्र, माता, भगिनी आदि रिश्तों का अस्तित्व ही नहीं था। अमुक अपत्य अमुक पुरुष का है ऐसा निश्चित रूप से कहने की क़ोई सुविधा उपलब्ध नहीं थी। सिर्फ इतना ही कहा जा सकता था कि अमुक बालक अमुक स्त्री का है। यह संभावना भी तत्कालीन अनियंत्रित समाज द्वारा, उस काल में सीमित कर रखी गयी थी। जितनी भी स्त्रियाँ किसी समूह या यूथ में रहती थीं, उन सभी को, उस समूह में उत्पन्न समस्त बालकों की माताएँ मानने की रुढ़ि थी। ऐसा वर्णन मिलता है कि कार्तिकेय छः या सात माताओं का पुत्र है और यह भी कहा गया है कि प्रत्येक माता ने उसे एक-एक अवयव प्रदान किया था। इससे यह प्रतीत होता है यूथावस्था वाले आर्ष समाज में यह धारणा प्रचलित थी कि यद्यपि झुंड की किसी एक स्त्री की कोख से ही कोई बालक पैदा होता है, तो भी वह बालक तभी पूर्ण बनता है जब उसे झुंड की सब स्त्रियों से एक-एक अवयव प्राप्त होता

है। द्वैमातुर, षाण्मातुर, साप्तमातुर आदि शब्द और अर्थ, इस प्राचीन धारणा को इंगित करते हैं। इस यूथावस्था के काल में समूह की स्त्रियों को 'जनि' यानी बच्चे जनने वाली, पुरुषों को 'जन', यानी बच्चे उत्पन्न करने वाले तथा बच्चों को 'जात' यानी स्त्रियों तथा पुरुषों से उत्पन्न हुए, कहा जाता था। ये तीनों शब्द इसी अर्थ में **ऋग्वेद** में बार-बार आते हैं। अर्वाचीन संस्कृत में मूलतः इसी अर्थ में "जात" शब्द का प्रयोग किया गया है, इस बात से सभी परिचित हैं। यूथावस्था के काल में बच्चों के नाम प्रत्येक झुंड के नाम पर रूढ़ हो जाते थे। झुंड के नाम पर रूढ़ हुए इन नामों को यूथनाम कहा जाता था। यूथनामों को ही, आगे किंचित् परिवर्तन के साथ, गोत्र नाम की संज्ञा प्राप्त हुई। यह प्रश्न पूछे जाने पर कि बच्चा कहाँ का है? वह अमुक यूथ या झुण्ड का है, ऐसा कहने का रिवाज था। मान लीजिए कि किसी यूथ या झुंड का नाम कदंब है, तो उस झुण्ड के सभी बच्चों को 'कादंब' यूथनाम मिलता था। कादंब, यानी कदंब का। मराठी में हम 'चा' प्रत्यय शब्द के अंत में लगाकर बोलते हैं। प्राचीन काल में मूल शब्द के आद्य स्वर की वृद्धि करके, अर्थात् आद्य स्वर के पूर्व "आ" आगम लगाकर, वही अर्थ दर्शाया जाता था। झुंड के सब बच्चों का यूथनाम एक ही रहता था। इससे यह ज्ञात होता था कि बालक अमुक झुंड का है। एक बालक की दूसरे बालक से अलग पहचान करने के लिए यूथनाम उपयुक्त नहीं था। अतः प्रत्येक बालक को दूसरे बालक से अलग पहचानने के लिए एक दूसरा नाम दिया जाता था। यह नाम पिता के अर्थात् पुरुष के नाम पर नहीं रखा जाता था। कारण यह कि उस समय स्त्री-पुरुष संबंध मिलेजुले रहते थे, अतः अमुक बालक का पिता अमुक है, यह निश्चित रूप से कहना संभव नहीं था, परन्तु फलां बालक फलां स्त्री की गोद से पैदा हुआ है, यह निश्चित रूप से ज्ञात होने के कारण माता के नाम पर बच्चे को भिन्नतादर्शक नाम दिया जाता था—जैसे ममता नामक स्त्री के बालक को 'माममतेय' विनता नाम स्त्री के बालक को 'वैनतेय' आदि। 'संभवपर्व' और **हरिवंश** के प्रथम तीन अध्यायों में व्यास महर्षि प्रजापति की संतति का वर्णन करते तो हैं, परन्तु प्रजापति की संततियों के नाम, जो व्यास महर्षि द्वारा परम्परागत पुराणों से दिये गये हैं, माताओं के नाम पर रूढ़ हुए नाम हैं। माताओं के, अर्थात् प्रजापतियों की स्त्रियों के, नामों से प्रचलित हुए इन नामों की सूची नीचे दी जा रही है :

मातृनाम	**अपत्यनाम**
अदिति	आदित्येयाः, आदित्याः
दिति	दैत्याः, दैतेयाः
कृत्तिका	कार्तिकेयः
दनु	दानवः
कद्रू	काद्रवेयाः

विनता	वैनतेयः
काला	कालेयाः
निर्ऋति	नैर्ऋत्येयाः
सिंहिका	सैंहिकेयाः
पुलोमन्	पौलोमाः
कालका	कालकेयाः
वसु	वासवः, वसवः
साध्या	साध्य
विश्वा	विश्व
मरुत्मती	मरुत्मन्तः
भानुः	भानवः
मुहूर्ता	मुहूर्ताः

इनमें से एक भी नाम प्रजापतियों के नामों से नहीं बना है, सबके सब नाम माताओं के नामों से रूढ़ हुए हैं। इससे यह अर्थ निकलता है कि आर्य समाज में, प्रजापति संस्था होने के पूर्व, अपत्य स्त्रियों के नाम से पहचाने जाते थे। इससे यह स्पष्ट होता है कि प्रजापति संस्था के निर्माण से पूर्व वंशावतरण स्त्रियों के अधीन था, पुरुषों के नहीं, अर्थात् स्त्रियाँ वंशप्रवर्तक हुआ करती थीं, पुरुष नहीं। यह वंशप्रवर्तकत्व स्त्रियों को किस तरह से प्राप्त होता गया, यह देखना बहुत मनोरंजक है।

जिस काल में माताओं के नाम पर बच्चों के भिन्नतादर्शक नाम रखने की आवश्यकता प्रतीत होने लगी, उस काल में मूलभूत मिश्रित समाज में एक प्रकार की क्रांति-सी हो गयी। यह मानने की प्रथा कुछ कम हो गयी है कि सब बच्चे समूह की सब स्त्रियों के हैं, और इस तरह का विशेषीकरण शुरू हुआ कि अमुक बालक अमुक स्त्री का है। संयुक्त मातृत्व का लोप हुआ और वैयक्तिक मातृत्व का उदय हुआ। मातृप्रधान यूथ या झुंड में जो स्त्रियाँ अपत्यों की माताएँ थीं, उनके द्वारा प्रथमतः अस्पष्ट रूप से विभाजन प्रचलित हुआ। माता और उसके अपत्य मिलकर एक अस्पष्ट कुटुंब बने। यूथ की सब प्रजननक्षम स्त्रियों के इस तरह के अस्पष्ट कुटुंब बने। तो भी, इन सारे कुटुंबों ने अलग-अलग होकर एक दूसरे से दूर रहना आरम्भ नहीं किया। सब कुटुंब यूथ में ही रहते थे। यूथ का कोई भी पुरुष स्त्रियों के साथ समागम करता था। आगे स्त्रियों में अपने-अपने बच्चों के पालन-पोषण को लेकर और अपने बच्चों के लिए विशेष स्नेह या अन्य कई कारणों से परस्पर मनमुटाव बढ़ा। स्त्रियाँ अपने-अपने बच्चों सहित अलग-अलग झोपड़ियाँ बनाकर अपनी स्वतंत्र गृहस्थी जमाने लगीं। फिर भी, यूथ के चाहे जिन पुरुषों के साथ स्त्रियों का संबंध रहता था। पुरुष मृगया करते थे, जंगलों से शिकार मारकर लाते और कुटुंब-स्थापक स्त्रियों को सौंप देते। कुटुंब की स्त्रियाँ जो कुछ बनाती उसे खाकर

आनन्द से रहते। इस तरह का जमाना शुरू हुआ। ये स्वतंत्र कुटुंब-स्थापना करने वाली स्त्रियाँ, शुरू-शुरू में एक ही माता की कोख से पैदा हुई सहोदर बहनें होती थीं। संयुक्त यूथ संस्था के भंग होने पर विभक्त कुटुंब संस्था का जो प्रथम उदय हुआ, वह इन सहोदर बहनों के द्वारा किया गया। इसकी पुष्टी करने वाला प्रमाण **महाभारत** और **हरिवंश** के 'संभवपर्व' में मिलता है। दक्ष की साठ कन्याएँ हुईं (**हरिवंश,** अध्याय 2), जिनमें से दस कन्याएँ उसने धर्म ऋषि को दीं, तेरह कश्यप को, सत्ताईस सोम को, चार अरिष्टनेमि को और दो-दो भृगु, अंगीरस और कृशाश्व को। यहाँ यह प्रश्न उत्पन्न होता है कि दक्ष ने जिन सात पुरुषों को कन्याएँ दीं, उनके बीच कन्याओं का समान विभाजन क्यों नहीं किया? किसी को दो, किसी को चार, किसी को तेरह, किसी को सत्ताईस, ऐसा विषम विभाजन क्यों किया? इस प्रश्न का समुचित तथा सर्वोत्तम संतोषजनक उत्तर एक ही हो सकता है। वह उत्तर यह है कि जो सहोदर बहनें थीं, वे रिश्ते की निकटता के कारण आपस में स्नेहबद्ध थीं। उनका कौटुंबिक जीवन एक ही घर तथा गृहस्थी में रहकर अधिक सुखकर होगा, यह सोचकर दक्ष ने यह विषम विभाजन किया। संक्षेप में, तात्पर्य यह कि यूथ से अलग होकर प्रथमतः स्वतंत्र कुटुम्ब स्थापना सहोदर बहनों के द्वारा की गयी। समूह के सब बालक, समूह की सब स्त्रियों के हैं, यह मानने की पुरानी तथा सहोदर बहनों के कुटुम्ब में कुछ समय तक चलती रही। इसकी पुष्टि करने वाला प्रमाण कृत्तिकाओं का है। ऐसा वर्णन मिलता है कि षडानन कहा जाने वाला कार्तिकेय सात कृत्तिका बहनों का संयुक्त पुत्र था। यह संयुक्त रूप आगे कालांतर में नष्ट हुआ, और अपत्यों का स्वामित्व उन बहनों का व्यक्तिगत स्वामित्व बन गया। यूथावस्था वाले समाज में बहुपतित्व और बहुपत्नीत्व, दोनों प्रकार के स्त्री-पुरुष सम्बन्ध प्रचलित थे। यूथ में से सहोदर बहनों ने अलग होकर जो कुटुम्ब स्थापित किया, उसमें सहोदर बहनों का बहुपत्नीत्व था, यह कहने की आवश्यकता नहीं। बहनों का बहुपत्नीक कुटुम्ब अंशतः बहुपतिक भी था, कारण यह कि जिस तरह यूथ में बहुपत्नीत्व और बहुपतित्व विद्यमान था, उसी तरह यूथ से अलग होने वाली सहोदर बहनों के स्वतंत्र कुटुम्ब में भी बहुपत्नीत्व और बहुपतित्व रहता था। यूथ में जो प्रथाएँ थीं, वे ही सहोदर बहनों के स्वतंत्र कुटुम्ब में दृष्टिगत होती हैं, इसमें आश्चर्य की कोई बात नहीं। पुरातन प्रथाएँ एकदम नष्ट नहीं होतीं, धीरे-धीरे लुप्त होती हैं। और कभी-कभी तो वर्तमानकाल तक उनके अवशेष अंशतः बने रहते हैं। परन्तु ये अंशतः प्रचलित प्रथाएँ, अन्य प्रथाओं के दबाव से दबी रहती है।

(3) सहोदर बहनों और सहोदर भ्राताओं के समागम से स्वतंत्र कुटुम्ब संस्था स्थापित होने के बाद, उस संस्था में भी फेरबदल हुए। सभी बहनों को सभी भाई या सभी भाइयों को सभी बहनें, समान रूप से पसंद आयेंगी, ऐसा नहीं था। रुचि-अरुचि कभी स्वभाव के कारण, कभी रूप सौन्दर्य के कारण, तो कभी उद्योगशीलता के कारण, प्रदर्शित होने लगी। कभी अन्य सब भाइयों से सभी तरह

से श्रेष्ठ किसी एक भाई की ओर काफी बहनों का मन आकृष्ट हुआ और उन्होंने उसी के सहवास में कुटुंब चलाने का इरादा व्यक्त किया। इस कारण एक पुरुष के साथ अनेक बहनें पत्नी के रूप में रहने लगीं। और इस तरह, बहुपत्नीक और एकपतिक कुटुम्ब संस्था निर्मित हुई। इसका महत्वपूर्ण उदाहरण है, दक्ष की साठ कन्याओं का। इन साठ कन्याओं में से कुछ कन्याओं ने धर्म के पास, कुछ ने सोम के पास, तो कुछ ने कश्यप के पास पत्नी के रूप में रहना मंजूर किया। इस तरह से बहुपत्नीक और एकपतिक कुटुंब निर्मित हुआ। इसके विपरीत, अन्य बहनों से गुणों में सभी तरह से श्रेष्ठ किसी एक ही बहन की ओर अन्य कई भाइयों का मन आकर्षित हुआ और उन भाइयों ने उस एक ही अतुलनीय बहन के साथ रहकर, कुटुम्ब चलाने का विचार ठाना। इस प्रकार एकपत्नीक और बहुपतिक कुटुम्ब निर्मित हुआ। इसका स्पष्ट उदाहरण उन प्रचेतस् बंधुओं का है जिनका वर्णन **हरिवंश** के दूसरे अध्याय में किया गया है। इन दस प्रचेतस् बंधुओं ने, मारिषा नामक वृक्षकन्या के साथ समागम किया और उस समागम से दक्ष प्रजापति का जन्म हुआ। इन दो प्रकार की कुटुम्ब संस्थाओं का निर्माण होने के कुछ अन्य कारण भी रहे होंगे। अन्य समूहों के लड़ाई करते हुए मर जाने पर, बचे हुए पुरुषों में से किसी एक के साथ पत्नी के रूप में रहने की आवश्यकता पैदा होने से भी, एकपतिक और बहुपत्नीक कुटुंब बनने की संभावना है। इसी तरह युद्धों में अन्य यूथों के द्वारा पराभूत होने वाले यूथ की स्त्रियों को विजयी यूथ के लोग ले जात थे। इस स्थिति में बची हुई एक स्त्री के साथ रहने का दुर्भाग्य प्राप्त होने पर बहुपतिक और एकपत्नीक कुटुंबं बनने की संभावना है। अस्तु इस रीति से प्राचीन आर्ष लोगों में दो प्रकार के कुटुंब निर्मित हुए। एक में अनेक बहनें एक भाई को पति मानकर रहने लगीं, और दूसरे में अनेक भाई एक बहन को पत्नी मानकर रहने लगे। पहले प्रकार के कुटुम्ब को सुविधा के लिए हम बहुपत्नीक नाम देंगे और दूसरे को बहुपतिक। इनमें से दूसरे प्रकार के कुटुम्ब में लड़के का पिता अमुक है, यह निश्चित रूप से ज्ञात न होने के कारण, लड़के को माता से नाम मिलता था, और पहले प्रकार के कुटुंब में, पति के एक ही होने के कारण बच्चों का पिता निश्चित रूप से ज्ञात रहता था। फिर भी, प्रथा पुरानी थी, इसलिए काफी काल तक माताओं के नाम पर बच्चों का नामकरण हुआ करता था। इस दूसरे प्रकार में, इसके पूर्व दिये गये आदितेय, वैनतेय, दैतेय, इत्यादि नाम आते हैं। अदिति, दिति, कद्रू आदि यद्यपि कश्यप प्रजापति की स्त्रियाँ थीं, और बच्चों के पिता के सम्बन्ध में भी कोई अनिश्चितता नहीं थी, तो भी पुरातन रुढ़ि के अनुसार, कश्यप बीज द्वारा अदिति की कोख से उत्पन्न प्रजा को आदितेय अथवा आदित्य कहा गया। ये नाम माता के नाम पर प्राप्त हुए, इस प्रकार यह वंश बच्चों की माता अदिति के नाम से प्रख्यात हुआ, उनके पिता कश्यप के नाम से नहीं। इसका अर्थ यह है कि माता, अदिति, कुटुंब में प्रमुख मानी गयी और पिता, कश्यप, को पूर्णतया गौण स्थान दिया गया।

पिता को गौणत्व क्यों मिला, इसके सबल कारण मौजूद हैं। आर्यों के बीच रूढ़ हुई प्रजापति संस्था, अर्थात् एकपतित्व की संस्था यहाँ से वहाँ तक के सारे आर्य लोगों में एक साथ शुरू नहीं हुई। सर्वप्रथम यह प्रथा आर्य लोगों की कुछ थोड़ी टोलियों के बीच शुरू हुई। अन्य काफी समूहों में बहुपतित्व की प्रथा पूर्ण रूप से प्रचलित थी, अतः पुरानी भी। इसीलिए पुराणपंथी आर्य लोगों ने बहुत काल तक उसे नहीं छोड़ा। आर्य लोगों में जो बहुजनसम्मत बहुपतित्व की प्रथा थी, उसको चलाने हेतु इसके अतिरिक्त और कोई चारा न था कि अपत्यों के नाम माता के नाम पर रखे जायें। इस वजह से बहुजन समाज में मातृनामोत्पन्न अपत्यनामों की संख्या इतनी वेशुमार थी कि उनकी बहुसंख्या के आगे पितृनामोत्पन्न अपत्यनामों को स्थापित करने के लिए बहुत प्रयास करने पड़े होंगे। इसके लिए कितने प्रयास करने पड़े होंगे, यह अनुमान लगाने के लिए कुछ प्रमाण प्रस्तुत किये जा रहे हैं। अति प्राचीन आर्यकाल और कौरव-पांडवों के काल के बीच, समय का काफी अंतर है। तथापि, आर्य लोगों के कई समाजों या समूहों में मातृनामोत्पन्न अपत्यनामों की भरमार है, यह भारतीय इतिहास में दृष्टिगत होता है। कौंतेय, पार्थ, राधेय, गांगेय, सौभद्र, माद्रेय, द्रौपदेय, आदि पांडवों के कुल के व्यक्तियों के नाम मातृनामोत्पन्न हैं। कृष्ण को देवकीनंदन नाम, वासुदेव नाम के दूसरे विकल्प के रूप में दिया हुआ नाम, पुनः-पुनः दृष्टिगोचर होता है। प्रजापति संस्था के निर्माण के हजारों वर्ष बाद जन्मे पांडवों के समय की यह थी स्थिति। फिर प्रत्यक्ष प्रजापति संस्था, अर्थात् एकपतित्व की संस्था जिस पुरातन काल में निर्मित हुई, उस काल में माताओं के नाम पर दिये गये अपत्यों के नाम की प्रथा सर्वत्र प्रचलित थी और उनके सामने पितृनामों से दिये गये अपत्यों के नाम न टिक सके, इसमें आश्चर्य ही क्या? पांडवों के काल के उपरान्त उपनिषदादि ग्रंथों में गुरु परम्परा वाले ब्राह्मणों के वंश दिये हुए हैं। उसमें मातृनामजन्य कई नाम लिखे हुए हैं। उनसे सभी परिचित हैं, अतः उसका यहाँ पुनः उल्लेख कर स्थानापव्यय करने की आवश्यकता नहीं है। उन्हें देखने पर इतना स्पष्ट हो जाता है कि पांडवों के बाद के काल में स्त्रियाँ गोत्रप्रवर्तक, अर्थात् अपत्यनामप्रवर्तक होती थीं और वे ब्राह्मणों में थीं। उपनिषदकाल के उपरांत पाणिनि का काल आया। अपत्य की पहचान करने के लिए लगने वाले प्रत्यय की चर्चा करते समय **पीलाया वा** (4-1-118) सूत्र से **पीलाया अपत्यं पैलः, पैलेयः** मातृनाम से उत्पन्न अपत्यों के नामों का, विशिष्ट सूत्र देकर, पाणिनि उल्लेख करते हैं। **द्व्यच** (4-1-121) सूत्र के अनुसार **दत्ताया अपत्यं दात्तेयः** अपत्यनाम सिद्ध होते हैं। इस दात्तेय नामक लौकिक गोत्रनाम, यानी अपत्यनाम, से कोंकणस्थ लोगों में प्रचलित 'दाते' कुलनाम उद्भूत हुआ है। पैल, पैलेय, दात्तेय अपत्य नामों से यह स्पष्ट होता है कि पाणिनि के काल में मातृनाम से बने हुए अपत्यनाम कुछ मात्रा में प्रचलित थे। पाणिनि के काल में अपत्यों पर अधिकार रखने वाले अधिकतर गोत्र प्रवर्तकों के नाम पुरुषों के हैं। परन्तु उनमें पीला, दत्ता, आदि स्त्रीनाम, वे अपवाद के रूप में ही क्यों न हों, देखने

में आते हैं। इस तरह, यह कहा जा सकता है कि पाणिनि के काल में, कुछ कुटुम्ब संभवतः बहुपतिक रहे होंगे और उनमें मातृनामों पर अपत्यों के नाम बनाने की प्रथा, अपरिहार्यतः प्रचलित रही होगी।

पाणिनि के बाद शातवाहनों का काल आता है। वासिष्ठीपुत्र, गोतमीपुत्र आदि मातृनामजन्य अपत्यनाम, शातवाहन राजकुल में प्रचलित थे, इससे सभी परिचित हैं। ये मातृनामजन्य अपत्यनाम केवल मजे के लिए रखे गये होंगे यह संभव नहीं है। शातवाहनकुल आंध्रजातीय था और आंध्र भृत्य थे, और आन्ध्र लोगों में बहुपतिकत्व की प्रथा एक समय में थी, इस संबंध में कोई विवाद नहीं है। शातवाहनों के बाद मातृनामों से अपत्यनाम बनने का जो स्पष्ट उल्लेख देखने में आता है, वह है भवभूति द्वारा किया गया जातुकर्णीपुत्र का। जातुकर्णीपुत्र का अर्थ है, जातुकर्णी नामक स्त्री का पुत्र। जातुकर्णी की कोख से जन्मे पुत्र का नाम जातुकर्णी के पति के नहीं, स्वयं जातुकर्णी के नाम पर पड़ा--यह बात ध्यान देने योग्य है। अस्तु। भवभूति तक स्त्रियाँ कहीं-कहीं अपत्यनाम प्रवर्तक रहती थीं, इतना इस उदाहरण से निश्चित रूप से कहा जा सकता है। तात्पर्य यह कि अतिप्राचीन आर्य काल की अपत्यों के मातृनामोत्पन्न नाम रखने की प्रथा हजारों सालों तक इस देश में प्रचलित थी और वह इस आधुनिक काल में आकर पूर्णतः नष्ट हुई। इस तरह यह अनुमान लगाया जा सकता है कि प्राचीन काल में कुटुम्ब में मातृप्रधानता के नष्ट होकर पितृप्रधानता आने के लिए कितने प्रयास हुए होंगे और यह भी अनुमान लगाया जा सकता है कि प्रजापति संस्था, अर्थात् एकपतित्व की संस्था प्रचलित होने में कितनी कठिनाइयाँ आयी होंगी।

(4) कुटुम्ब में मातृप्रधानता के स्थान पर पितृप्रधानता की स्थापना के लिए यद्यपि अनथक प्रयास करने पड़े होंगे, तथापि आर्य लोगों में प्रजापति संस्था प्रचलित होने के उपरांत पितृप्रधानता की जब एक बार कुछ समूहों में स्थापना हो गयी, तो समाज के ध्यान में उसकी उपयुक्तता अधिकाधिक आने लगी। यह संस्था कालांतर से आर्य लोगों में प्रथम शिष्टमान्य, फिर बहुजनमान्य और अंत में धर्ममान्य होकर स्थिर हुई। इस प्रकार के काल में—यानी उस काल में पितृप्रधानता पूर्णतः स्थापित हुई थी—**महाभारत** नामक इतिहास का रचयिता व्यास नामक पुरुष शायद शकपूर्व चौथी-पाँचवीं शताब्दी के आसपास हुआ होगा। उसे जब भारतीय इतिहास लिखने की आवश्यकता प्रतीत हुई, तब उसके सम्मुख सबसे पहले यह प्रश्न आया कि भारतीय इतिहास का प्रारम्भ कहाँ से किया जाये? अतिप्राचीन मिले-जुले समागम के काल से इतिहास का प्रारम्भ किया जाये। पर ऐसा करने से तत्कालीन समाज में रिश्ते पहचानने में कठिनाई होने लगी। अतएव इस काल से इतिहास-लेखन का प्रारम्भ करना अव्यवहार्य प्रतीत हुआ। दूसरा प्रकार था, मातृप्रधान कुटुम्ब संस्था के काल से किया जाय या मातृप्रधान कुटुंब संस्था के काल से अथवा पितृ प्रधान प्रजापति संस्था के काल से? एक प्रकार यह हो सकता था कि मिले जुले अनिवार्य समागम के काल से इतिहासकथन का प्रारम्भ करना। ऐसा नहीं था कि यह संभव

न हो। परन्तु मातृप्रधान कुटुम्ब में यद्यपि भाई, बहन, माता, मामा—ये चार रिश्ते स्पष्ट रूप से दिखायी देते थे, तथापि पिता का अभी तक पता नहीं था। इस कारण वंशक्रम बताने में कठिनाई होने लगी। अतएव दूसरा प्रकार भी इस इतिहासकार ने छोड़ दिया। अब शेष बचा तीसरा, पितृप्रधान कुटुम्ब संस्था का प्रकार। इस संस्था के काल से समाज में वंश परम्परा स्पष्ट रूप से उभर कर आ गयी थी। परदादा, दादा, पिता, पुत्र, नाती, पोता—इस तरह वंश परम्परा को स्पष्ट रूप से पहचानना संभव होने के कारण, इतिहास रचना का कार्य सरल हो गया और इसलिए व्यास महर्षि ने प्रजापति संस्था से भारतीय इतिहास का प्रारम्भ किया। मरीचि, अंगिरस, अत्रि, पुलस्त्य, पुलह, ऋतु, वसिष्ठ ये छः या सात प्रजापति व्यास महर्षि की इतिहास दृष्टि से, समस्त सृष्टि के उत्पादक हैं। व्यास जी का मत था कि इन्हीं से देव, दानव, राक्षस, किन्नर, यक्ष, गंधर्व, अप्सरा, मानव, पशु, पक्षी, वृक्ष, नदियाँ और पर्वत उत्पन्न हुए। इसके पूर्व क्या था, उसे व्यास जी नहीं जानते। इसके पूर्व केवल ब्रह्मदेव था और उसने मरीचि आदि छः या सात प्रजापति केवल मानसिक संकल्प से निर्मित किये। इन मरीचि आदि को व्यास जी ब्रह्मदेव के मानसपुत्र कहते हैं। आधुनिक दृष्टिकोण से कहा जाये तो, जिनके संबंध में यह कहने के कुछ साधन उपलब्ध नहीं कि उनकी उत्पत्ति किनसे, यानी किन विवाहित स्त्री-पुरुषों से हुई, उन्हें व्यास जी मानसपुत्र कहते हैं। तात्पर्य यह कि व्यास जी को प्रजापति के पूर्व की जानकारी विशेष रूप से नहीं थी, और ऐसा होने की कुछ संभावना भी न थी। पूर्व पुराणों से, वेदों और दंतकथाओं से, व्यास जी को जो जानकारी मिली, उससे उन्होंने ऐसा अंदाज लगाया कि प्रजापति मनुष्य सृष्टि के आदि हैं। सम्पूर्ण **महाभारत** ग्रंथ देखकर मुझे यह विश्वास हो गया कि प्रजापतियों से कौरव-पांडवों के समय तक की जो वंश परंपरा उन्हें अधिकांश रूप में पुराणों, वेदों और दन्तकथाओं से उपलब्ध हुई है, वह उन्होंने विश्वसनीय रीति से, हू-ब-हू, विशेष कुछ फेर बदल किये बिना दे दी है। व्यास जी की सत्यनिष्ठा का एकमात्र महत्तम प्रमाण यह है कि स्वकालीन नैतिकता की दृष्टि से गर्ह्य या निंदनीय लगने वाली कई प्राचीन प्रथाओं को किसी व्यक्ति या परिणाम की परवाह न करते हुए, पुरातन इतिहास के रूप में सच्चाई से लिखने में वह पीछे नहीं हटे। मिलाजुला समागम, स्वस्त्री का अतिथि को अर्पण, पशु-समागम, गुरुपत्नीगमन, बहुपतिकत्व, अल्पकालीन विवाह, शर्तों पर होने वाले विवाह आदि नीति-बाह्य प्रथाओं का केवल उल्लेख ही नहीं, वरन विस्तार के साथ उन्होंने जो स्थान-स्थान पर विवेचन किया है, उससे यह स्पष्ट हो जाता है कि सत्यनिष्ठ इतिहासकार का कठिन काम उन्होंने कितने उत्कृष्ट रूप से पूरा किया है। यह सोचकर कि ये प्रथाएँ गर्ह्य और निन्दनीय हैं, उनका विवरण व्यास जी अगर दबा देते, तो विश्व इतिहास की कितनी बड़ी हानि होती इसका अनुमान समाजशास्त्र का परिशीलन करने वाले विद्वान ही उचित रीति से लगा सकते हैं। प्रजापति संस्था निर्मित होने के बाद, इस संस्था के पूर्व जो विचित्र प्रथाएँ समाज में रुढ़ हो गयी

थीं, वे समाज से एकदम नष्ट न हो पायीं। उनमें से अधिकतर प्रथाएँ, विविध देशों में और विविध उपसमूहों में, प्रजापति संस्था निर्मित होने के बाद भी प्रचलित थीं, और पुरातन धर्म के रूप में उन्हें लोकमान्यता भी प्राप्त थी। उनका विवरण न देने का विचार अगर व्यास जी मन में लाते, तो भी इससे पीढ़ियों से चलती आयी परम्परागत मानसिकता ही निःसंदेह उनके आड़े आती। जो भाषा, जो संस्थाएँ और जो पर्यावरण मनुष्य के मन की रचना करते हैं, उस भाषा, उन संस्थाओं और उस पर्यावरण को त्यागकर मनुष्य, एक वाक्य भी इतिहास के रूप में नहीं कह सकता। मनुष्य मात्र की मानसिकता की ऐसी स्थिति होने के कारण उसे गर्ह्य कहकर, अगर व्यास जी अनेक प्राचीन प्रथाओं का वृत्तांत दबाने का प्रयास करते, तो उसका एक ही परिणाम होता; वह यह कि **महाभारत** नामक जो एक उत्कृष्ट इतिहास आज हम देखते हैं, उसका लिखा जाना ही असंभव होता!

(5) 1. पशु अवस्था का वानरों वाला एकपतिक और सर्वभार्याक समाज, 2. मनुष्य अवस्था का बहुपतिक, बहुभार्याक मिलाजुला समागम करने वाला समाज, 3. ऐसा समाज जिसमें अनेक बहनें अनेक भाइयों की भार्याएँ होती थीं, 4. इसके बाद का ऐसा समाज जिसमें अनेक सगी बहनों का एक ही भाई-पति तथा एक भार्या के अनेक भाई-पति होते थे, 5. और अन्त में बहुपत्निक एकपतिक समाज, अर्थात् प्रजापति संस्था। इस परम्परा से प्राचीन आर्य समाज जिस काल में अस्तित्व में आया उस काल से व्यास महर्षि ने अपने भारतीय इतिहास का प्रारम्भ किया। मरीचि प्रजापति, अत्रि प्रजापति, अंगिरस प्रजापति, पुलस्त्य प्रजापति, ऋतु प्रजापति, वसिष्ठ प्रजापति, कर्दम प्रजापति, धर्म प्रजापति, वीर प्रजापति, अरण्य प्रजापति, प्राचीन बहिप्रजापति, दक्ष प्रजापति, अंग प्रजापति, क्रचि प्रजापति, सूर्य प्रजापति, मनु प्रजापति, आदि अनेक प्रजापतियों के नाम **महाभारत** और **हरिवंश** में दिये हुए हैं। आर्य लोगों में पितृप्रधान कुटुम्ब संस्था, अर्थात् पिता के नाम पर पुत्र का नाम जिस कुटुम्ब संस्था में रूढ़ होता है वह संस्था जब प्रथमतः शुरू हुई, ये नाम तब के प्रसिद्ध कुटुम्ब-संस्थापक या कुल-संस्थापक कुलपतियों के अर्थात् प्रजापतियों के हैं। इन प्रजापतिक कुटुम्ब संस्थाओं में सब स्त्रियों के एक प्रजापति की भार्या होने के कारण, समाज में अन्य युवा पुरुषों के सम्मुख तीन मार्ग खुले रहते थे। एक मार्ग था मूल कुटुम्ब में से किन्हीं प्रिय स्त्रियों को लेकर अलग स्वतंत्र कुटुम्ब स्थापित कर, स्वयं प्रजापति बनना; दूसरा मार्ग था—आजन्म अविवाहित रहना, और प्रजापति के कुटुम्ब में होकर बेकार निठल्ला न बैठकर अरण्यवास स्वीकार करना। तीसरा मार्ग था—प्रजापति के कुटुम्ब को छोड़कर दूर देश में जाना, और तत्प्रदेशीय मिलाजुला समागम करने वाले वन्य समाज की स्त्रियों को लेकर उनके साथ प्रजापति के रिश्ते से रहकर पृथ्वी के अन्य भागों में बस्तियाँ बसाना। इन तीन मार्गों के वर्णन भारतीय इतिहास में आये हैं। किस प्रकार मूल प्रजापतिक कुटुम्बों के पड़ोस में अपने-अपने देश में अलग-अलग बँटे हुए प्रजापतिक कुटुम्ब स्थापित हुए और इस तरह आर्य

समाज की संख्या बढ़ने पर किस प्रकार आर्यों की प्रजावृद्धि हुई, इसका विवरण यहाँ देने का कोई कारण नहीं है। इस प्रकार का व्यवहार न होता तो ऋषियों के कुटुम्ब और आगे उनकी प्रजा जो इतनी बहुसंख्या में हुई, वह उतनी अधिक न हो पाती। प्रजापति संस्था के बहुसंख्य होने का एक ही शाब्दिक उदाहरण यहाँ देता हूँ। कुटुंब के मुख्य स्वामी को प्रजापति नाम जिस तरह से प्राप्त हुआ, उसी तरह से प्रजापति से उत्पन्न प्रजा को प्रजा तथा प्रज नाम मिला। यह 'प्रज' या 'प्रजा' शब्द इतना प्रसिद्ध है कि दो-चार सौ वर्ष पूर्व के मराठी कागजपत्रों में किसान अर्थ में प्रज शब्द का प्रयोग किया हुआ मिलता है। इस बात से आधुनिक इतिहास संशोधक अच्छी तरह से परिचित हैं। **ऋग्वेद** में 'ज़' एवं 'प्रज' शब्द आते हैं—यह कहने की आवश्यकता नहीं है। अपने ही देश में रहकर प्रजापतिक कुटुंब संस्थापकों वाला यह पहला मार्ग हुआ। तीसरा मार्ग स्वदेश का त्यागकर दूर देश में जाकर बसने वालों का है। इन दूर देशों में बसने वालों का उल्लेख **हरिवंश** के तीसरे अध्याय में आया है। दक्ष प्रजापति को वरिण प्रजापति की कन्या असिवकी की कोख से पाँच हजार पुत्र हुए। उन्हें अनगिनत प्रजावृद्धि करने की प्राकृतिक चाह की पूर्ति करने की तैयारी में देखकर, नारद ने उन्हें अर्थशास्त्र के नियम समझाकर और उपदेश देकर दूर देश में भेज दिया। नारद ने कहा, यह ठीक है कि आप लोगों की प्रजावृद्धि करने की इच्छा है, परन्तु बढ़ती हुई प्रजा को अन्नपूर्ति करने की सामर्थ्य पृथ्वी में कहाँ तक है, यह पहले देख लीजिए और तभी प्रजावृद्धि का उद्योग कीजिये। नारद का यह उपदेश उन पाँच हजार पुत्रों को जँचा, और वे अन्न की खोज में जो दूर देश गये वो पुनः लौट कर नहीं आये। बहुधा वे जहाँ गये वहीं बस्ती बनाकर हमेशा के लिए रह गये। इस तरकीब से पाँच हजार पुत्रों का निबटारा होने पर, दक्ष ने असिवकी द्वारा पुनः एक हजार पुत्र उत्पन्न किये। उनका भी निबटारा नारद मुनि ने पुरानी पद्धति से ही किया। मूल आर्य लोग अलग-अलग होकर पूर्व की ओर, पश्चिम की ओर, दक्षिण की ओर और उत्तर की ओर रूस, जर्मनी, इटली, यूनान, भारत, तिब्बत आदि पृथ्वी के विभिन्न भागों में अतिप्राचीन काल में जो फैल गये थे, उसका यही इतिहास है। यह विदेश गमन के तीसरे मार्ग का पौराणिक विवरण है। पहले और तीसरे मार्ग के विवेचन के बाद, अब हम अविवाहित रहकर अरण्यवास में जाने वाले लोगों के दूसरे मार्ग के संबंध में विचार करेंगे। जिनमें अपने कौशल से प्रजापति के कुटुंब की चार स्त्रियों को खुश कर, अपने देश के अंदर ही स्वतंत्र और विभक्त कुटुंब स्थापित करने का कौशल और करामात थी वे अपने ही देश में रहे और जिनमें अधिक धैर्य और साहस था, उन्होंने परदेश जाना पसंद किया। परन्तु अपनी स्वाभाविक सुजनता के कारण शर्मीली और पाप से डरने वाली स्त्रियों से ज्यादती करना जो पसंद नहीं करते थे, जिनका मूल स्वभाव प्रजापति से झगड़ा-फसाद करने का नहीं था, ऐसे जो थोड़े सत्वशील पुरुष थे उन्होंने प्रजापति के कुटुंब के किसी भी व्यक्ति को दुख नहीं दिया और देश के निर्जन अरण्य एवं

गिरिकंदराओं या नदी के किनारे ढूँढकर, वहाँ कुटिया और आश्रम बनाकर रहने के मार्ग को निश्चिन्त होकर स्वीकार किया। **हरिवंश** के पहले अध्याय में ब्रह्मदेव के सनकसनंदनादि जो सात पुत्र बताये गये हैं, वे इसी सत्वशील वर्ग के अत्यन्त पुरातन तथा ऐसे पुरुष थे जिनका इतिहास में उल्लेख किया गया है। इन सत्वशील लोगों के निरुपद्रवी मार्ग को, ब्रह्मचर्य के मार्ग का जगद्विख्यात और सर्वश्रुत नाम कालांतर से प्राप्त हुआ। एकपतिक, बहुभार्याक प्रजापतिक समाज में पंगु, दुर्बल, सत्वशील व्यक्तियों और तरुण लोगों पर बलिष्ठ प्रजापतियों के अधिकार में अपत्नीक कहने का सर्वत्र थोपा जाने वाला प्रसंग विश्व के अनेक वन्य समाजों में दृष्टिगोचर होता है।

The plurality of wives becomes the privilege of small number of the strongest and the most feared, the chiefs, the sorcerers, or the priests, where there are any. In Australia, for example, the adult men take possession of the women of all ages, and in consequence, the greater number of young men cannot become proprietors of a woman before the age of about thirty years. Among the Ancas or Arancanos of South America the poor of the people are frequently reduced to remain celibate (Latourneau, page 130). Polygamy is the luxury of the rich or chiefs (p. 133). बहुपत्नीत्व मुट्ठीभर शक्तिशाली लोगों का; ऐसे सामंतों का, मांत्रिकों का जिनका दबदबा था–और जहाँ धर्मगुरु हों, वहाँ उनका–विशेष अधिकार रहता है। उदाहरण के लिए, आस्ट्रेलिया में प्रौढ़ पुरुष सब आयु की स्त्रियों पर अधिकार स्थापित करते हैं। इसके फलस्वरूप, युवकों को तब तक स्त्री प्राप्त नहीं होती, जब तक वे करीब तीस वर्ष के नहीं हो जाते। दक्षिण अमरीका में अनकास या अरनकानोस समूहों के गरीबों को तो ब्रह्मचारी ही रहना पड़ता है (लेटुर्नो, पृ. 130) बहुपत्नीत्व धनवानों की तथा सामंतों की ऐयाशी थी (पृ. 133)।

बलिष्ठ प्रजापतियों के अन्यायपूर्ण और स्वार्थपूर्ण अत्याचारों की वजह से अपत्नीक रहने की विपदा जिन पर आ पड़ती है ऐसे लोगों में हट्टे-कट्टे, किन्तु प्रभावहीन तरुणों के अलावा अपंग और दुर्बल आते हैं। इनमें से अपंग और दुर्बल लोगों के दैववशात् अनन्यगतिक होने के कारण उनके लिए वनों में, जंगलों में, या गिरी गव्हरों में जाकर रहने के कठिन मार्ग का अवलंब करना संभव भी नहीं हो सकता। अतः उत्साहपूर्ण, किन्तु चरित्रवान एवं पराक्रमी, किन्तु इन्द्रियनिग्रही जो थोड़े तरुण लोग ऋषि लोगों के प्रजापतिक समाज में थे, उन्होंने ही ब्रह्मचर्य का यह मार्ग स्वीकार किया। भारतीय इतिहास के लेखक व्यास महर्षि ने यद्यपि सनकसनंदनादि सात व्यक्तियों का ही ग्रंथ के प्रारंभ में उल्लेख किया है और वह भी प्रजापति संस्था के संदर्भ में किया है, तथापि इन सनकसनंदन से भी बहुत पूर्व के प्राचीन काल से अपत्नीक ब्रह्मचारियों की परम्परा चलती आयी है। अंतर इतना ही है कि अत्याचारी प्रजापतियों के समय में, यह संस्था विशेष स्पष्टता से लोगों के ध्यान में आयी। इसके

अलावा, प्रजापतियों के काल में जो सनकसनंदनादि योगसम्पन्न पुरुष उत्पन्न हुए, वे यकायक आकाश से ज्ञान लेकर पृथ्वी पर उतरे, यह गलत धारणा बना लेने में समझदारी नहीं है। ज्ञान और योग की कई पीढ़ियों की कुछ भी पूर्व परम्परा न रही होती तो सनकसनंदन जैसे योगी और ज्ञानी लोग पैदा ही नहीं होते। तात्पर्य यह कि ब्रह्मचर्य संस्था, प्रजापति संस्था की समकालीन नहीं, उससे बहुत पुरानी है। 'ब्रह्मचारी' शब्द का मूलार्थ है, ब्रह्म में चलने वाला, अर्थात् घर-द्वार छोड़कर विशाल और विस्तीर्ण जगत में अकेला भ्रमण करने वाला। 'ब्रह्मन', यानी महान्; 'ब्रह्मन' अर्थात् समाज जिस स्थान पर रहता है उससे विशाल जो अपार पृथ्वी रूपी फलक है, वह। यानी विस्तीर्ण और असीम जगत। और उसमें जो संचार करे, वह है ब्रह्मचारी। जालिम प्रजापतियों के अत्याचारों से परेशान होकर, असीम विश्व का जिसने रास्ता पकड़ लिया, वह ब्रह्मचारी बना। घर छोड़कर जो अनिकेतन बन गया और इस तरह प्रजापतिक कुटुंब से बाहर निकल आया वही ब्रह्मचारी बना। ब्रह्मचारी अरण्यों और गिरिगव्हरों में एकान्तवास में रहने लगे, इस कारण से वे अन्य समूहों से मारपीट, घरेलू झगड़ा-फसाद, स्त्री के संबंध में ईर्ष्या इत्यादि दोष, अन्न प्राप्त करने के लिए वन्य और ग्राम्य पशुओं की हिंसा, बाल-बच्चों के खाने-पीने की व्यवस्था करने की जिम्मेदारी, आदि सब चिन्ताओं से मुक्त हुए। उन्हें समाज, लोगों तथा विश्व के संबंध में चिन्तन करने के लिए भरपूर समय और शान्ति प्राप्त हुई और इस शान्तिदायक जीवन का उन्होंने समय और परिस्थिति के अनुरूप आत्मानंदार्थ और लोकोपकारार्थ सुदपयोग किया। ऋषि समाज में जो भी सुधार हुए, जो भी शास्त्र और जो भी धर्म उदित और विकसित हुए, उन सबके आद्यप्रवर्तक ये ब्रह्मचारी तपस्वी ही थे। उस प्राचीन काल में ब्रह्मचर्य के अतिरिक्त अन्य किसी प्रकार के जीवन-आश्रम से इतनी परिपूर्ण शांति मिलना संभव नहीं था। वह शांति, प्रजापतियों के अत्याचारों के कारण, समाज के कुछ सत्वशील पुरुषों को प्राप्त हुई और इस तरह ब्रह्मचर्य संस्था का उदय हुआ। इस प्रकार की महान् संस्था अन्य तत्कालीन व अर्वाचीन वन्य समाजों में कहीं विकसित हुई हो, ऐसा कोई उल्लेख अन्य कहीं के भी इतिहास में लिखा हुआ नहीं मिलता। वन्य आर्य लोगों और अन्य वन्य लोगों में जो बड़ा फर्क प्रथम अध्ययन ही में दिखायी देता है, वह यही है। अन्य जंगली लोगों में अत्याचारी प्रजापतियों के अत्याचारों से तंग आकर घर के बाहर और प्रजापति के कुटुम्ब के बाहर जो तरुण लोग निकलते हैं, वे अधिक से अधिक पड़ोस में अथवा दूर देश में जाकर स्वतंत्र और अलग प्रजापति संस्था की स्थापना करते हैं, परन्तु आजीवन अपत्नीक तथा ब्रह्मचारी रह कर आत्मानंद अथवा लोकोपकार में आयु बिताते हुए नहीं पाये जाते, कम से कम यात्रियों या अध्येताओं द्वारा इस प्रकार का उदाहरण लिखा हुआ नहीं पाया जाता। आर्य लोगों के बीच हुए इन ब्रह्मचारियों के पास जाने में न केवल आर्य लोग, वरन देव नामक श्रेष्ठ लोग भी डरते थे--ऐसे सैंकड़ों वर्णन **महाभारत** में हैं। ब्रह्मचारियों के पास ऐसा कौन-सा जादू था, जिससे

केवल मनुष्य ही नहीं देवगण भी भयभीत हो जाते थे? यह जादू और कुछ नहीं केवल यही था कि वे सब के प्रति समान दृष्टि रखते थे। सब के साथ समान व्यवहार करने के उनके स्वभाव के कारण, सभी लोग—वन्य, अनार्य, और म्लेच्छ—उन्हें मानते थे, और उनकी आज्ञा शिरोधार्य समझते थे। इस प्रकार का यह शस्त्र पास होने के कारण, प्रजापति, अधिराज, और इंद्रादि देव देवेश्वर भी ब्रह्मचारियों से दबते थे। और इस तरह धाक जमाने में जो दबदबा है, वैसा इस दुनिया में अन्य किसी भी चीज में नहीं। ब्रह्मचारियों की धाक के प्रति आदर की भावना प्रजापति काल के बाद इतनी बढ़ी कि सम्पूर्ण आर्य समाज की शिक्षा-दीक्षा का कार्य ब्रह्मचारियों के पास आ गया और ऐसा विधान निर्मित हुआ कि ब्रह्मचारियों का अनुकरण समाज के तरुण-तरुणियों के लिए नियमित व अनिवार्य होना चाहिए। प्रत्येक आर्य प्रथम ब्रह्मचर्याश्रम में तपकर, कसौटी पर कसकर पुनः जन्म लिया करता था और स्वयं को द्विज की सम्माननीय उपाधि के योग्य बनाता था।

(6) इस तरह प्रजापति संस्था से प्राचीन आर्य समाज में विकास के तीन महत्वपूर्ण परिणाम निकले। पहला परिणाम यह था कि प्रजापतिक कुल की विभक्त रूप में स्थापना की प्रक्रिया शुरू हुई। दूसरा परिणाम यह हुआ कि दूर देशों में जाकर बस्तियाँ बनाने की प्रथा चल पड़ी। बहुभार्याक और एकपतिक प्रजापति संस्था में आगे क्या-क्या परिवर्तन होते गये, और वे किस-किस रूप में हुए—यह विवरण भारतीय इतिहास के महर्षि तथा ब्रह्मचारी व्यास के अनुसंधान के अनुसार, बहुत-सी टिप्पणियों में यथास्थल प्रकट होगा।

अध्याय : 3

आतिथ्य की एक आर्ष प्रथा

(1) प्लूटार्क ने लिखा है कि एथेंस नगर के दार्शनिक सुकरात ने अपनी स्त्री, झांटिप अपने मित्र अल्कि बियाडिस को संभोगार्थ दी थी; उसी तरह रोम के विख्यात राजनीतिज्ञ केटो ने भी अपनी स्त्री मार्शिया को इसी काम के लिए अपने मित्र हार्टेन्शियस को दिया (प्लूटार्ककृत **केटो**)। इन उदाहरणों से यही स्पष्ट होता है कि मित्र को स्वस्त्री उपभोगार्थ देने में तत्कालीन यूनानी और रोमन समाजों को किसी तरह का नीतिभंग होता नहीं लगता था। हमारे यहाँ, भारतवर्ष में प्राचीन काल में एतद्सम्बन्धी धारणाएँ क्या थीं, यह हम **महाभारत** आदि ग्रंथों से निश्चित कर सकते हैं। 'उद्योग पर्व' के पैंतालीसवें अध्याय में सनत्सुजात बताते हैं कि सच्ची मित्रता क्या है और सच्ची मित्रता के छः गुणों के अन्तर्गत वह निम्नलिखित गुण की चर्चा करते हैं : "संकटकाल में अपनी स्त्री भी अपने मित्र को निर्मल अंतःकरण से अर्पित की जाये" **(ईष्टान् पुत्रान् विभवान् स्वाञ्श्च दारान्)**।

सनत्सुजात कोई ऐरे-गैरे वाचाल व्यक्ति न थे। महान् तपस्वी और दार्शनिक के रूप में भारत में उनकी ख्याति थी। वह मित्र से व्यवहार करने का यही तरीका बताते हैं। अतः यह बात सप्रमाण कही जा सकती है कि किसी समय में भारतीय यह नहीं मानते थे कि अपने मित्र को स्वस्त्री संभोगार्थ देने में कोई नीतिभंग होता है। इस कथन का समर्थन पाणिनि के एक सूत्र के आधार पर किया जा सकता है। **द्विगोर्लुगनपत्ये** (4-1-88) सूत्र में पाणिनि ने "द्वैमित्रि" तद्धित रूप स्पष्ट किया है। **द्वयोर्मित्रयोरपत्यं द्वैमित्रिः**। दो मित्रों के अपत्यों को द्वैमित्रि कहते हैं। एक मित्र ने ग्रामीण प्रथा के अनुसार अपनी स्त्री कुछ समय के लिए अपने मित्र को दी और मित्र के पास रहकर उसे अपत्य प्राप्त हुआ। जब स्त्री शास्त्र के अनुसार एक की हो, परन्तु अपत्य हुआ हो दूसरे मित्र के समागम से तो ऐसी स्थिति में पितृत्व, सामान्य जनप्रवाद के अनुसार, दोनों ही मित्रों को मिलता है। शास्त्र के अनुसार पति के पास; समागम के लिए दूसरे मित्र के पास—इस प्रकार हुए, अपत्य को द्वैमित्रि

कहा जाता है। यह स्पष्ट हो जाता है कि पाणिनि के काल में मित्र को ग्रामीण रिवाजों के अनुसार स्वस्त्री देने की प्रथा थी। यूनान और रोम में जो प्रथा थी वही प्रथा पाणिनि के काल में भारतवर्ष में भी थी।

(2) दो अत्यंत निकट मित्रों में स्त्रियों का लेनदेन होना जिस तरह नीतिबाह्य नहीं माना जाता था, उसी तरह किसी समय अपरिचित अतिथि को स्वस्त्री या स्वदासी देना धर्म माना जाता था।

'शांति पर्व' के 168वें अध्याय में लिखा है कि गौतम नामक ब्राह्मण को अतिथि सत्कार के रूप में, अन्य वस्तुओं के साथ, किसी एक शबर ने एक गतभर्तृका दासी दी थी। किसी सामान्य अतिथि के आगमन पर उसे दासी देने की प्रथा भारतवर्ष में पुरातन काल में सर्व-सामान्य थी और अभी-अभी तक, पेशवाओं के काल तक, यह प्रथा प्रचलित थी। पेशवाओं के कई सरंजामदारों में अतिथि-सत्कार की यह प्रथा थी। अतः यह कहा जाता है कि अतिथि का पान का बटुआ, तांबूल आदि वस्तुओं से सदैव भरा हुआ रखा जाता था, और सेवा करने के लिए रात को कोई ठिगनी-ठुसकी दासी अतिथि के पास भेजी जाती थी। कृष्ण, अर्जुन, आदि अतिथियों को दासी देने के अनेक उल्लेख मिलते हैं। सिर्फ दासी अतिथि के पास भेजने में विशेष बड़प्पन नहीं दिखायी देता, इसलिए कि दासी तो स्पष्टतः एक गुलाम है। परन्तु गृहस्वामी द्वारा अपनी धर्मपत्नी को, ग्रामीण प्रथा के अनुसार, अतिथि की सेवा करने को कहे जाने का प्रमाण भी **महाभारत** ग्रंथ में देखने को मिलता है। 'अनुशासन पर्व' के दूसरे अध्याय में सुदर्शन की कथा है। सुदर्शन अपनी भार्या ओघवती से कहता है, 'गृहस्थाश्रम धर्म के अनुसार व्यवहार करने के लिए मैं प्रतिज्ञाबद्ध हूँ। अतः तुम अतिथि के विरोध में किसी भी प्रकार का बर्ताव न करो। यही नहीं, समय आने पर तुम अपना शरीर भी अतिथि को अर्पण करने में न हिचकिचाओ।' पति की यह आज्ञा पत्नी ने सिर आँखों पर ली। शीघ्र ही परीक्षा की घड़ी आ गयी। सुदर्शन की अनुपस्थिति में एक ब्राह्मण अतिथि आश्रम में आया। अर्घ्यपाद्यादि पूजा को विधिपूर्वक स्वीकार करने के उपरांत अतिथि ने सुदर्शन की पत्नी के सम्मुख अपनी संभोगेच्छा प्रकट की। तब इस धर्मवचन के अनुसार कि अतिथि की अवमानना नहीं करनी चाहिए, ओघवती ने ब्राह्मण की इच्छा की पूर्ति की। इतने में सुदर्शन ऋषि घर वापस आये, और जब यह आतिथ्य प्रकार ज्ञात हुआ तो उन्होंने कहा, 'आज हम धन्य हुए', तथा पातिव्रत्य धर्म का उचित रीति से पालन करने के लिए अपनी पत्नी की पीठ थपथपायी। पितामह भीष्म धर्मराज से कहते हैं कि इस सत्कृत्य के कारण सुदर्शन की कीर्ति त्रिभुवन में अक्षय्य फैल गयी और उसे इन्द्रलोक प्राप्त हुआ। यह प्रमाणित करने के लिए अन्य आधार ढूँढने की आवश्यकता नहीं है कि किसी समय भारतीय आर्यों के बीच स्वस्त्री अतिथि को समर्पित करने की प्रथा थी। आस्ट्रेलिया, अफ्रीका, पालिनेशिया, मंगोलिया, और अन्य बहुत-से देशों

में, प्राचीन व अर्वाचीन, वन्य व सभ्य समाजों में पायी जाने वाली अतिथिपूजन की यह प्रथा, प्राचीन भारतीय आर्यों और अनार्यों में भी पायी जाती थी। यह विशिष्ट संस्कृति के मनुष्य-स्वभाव के अनुसार ही है।

(3) सुदर्शनकालीन अतिथि को स्वस्त्री अर्पण करने की इस प्रथा को नियंत्रित किये जाने के प्रमाण भी **महाभारत** में मिलते हैं। 'शांति पर्व' के 233वें अध्याय में, चिरकारी की जो कथा भीष्म ने युधिष्ठिर से कही है, आइए उसे देखें। चिरकारी का पिता गौतम अन्यत्र कहीं कार्यमग्न था, उसी समय इंद्र गौतम के आश्रम में अतिथि के रूप में आया और चिरकारी की माता से संभोग करके चला गया। वापस आने पर गौतम को जब यह बात पता चली तो उन्होंने सबसे पहले चिरकारी को अपनी माता का वध करने की आज्ञा दी और स्वयं क्रोधपूर्वक अरण्य का रास्ता पकड़ा। यहाँ माता का वध न कर चिरकारी वैसे ही रह गया। अरण्य में क्रोध शांत होने के बाद गौतम को यह सोचकर बहुत दुःख हुआ कि पुत्र ने उनकी स्त्री का वध कर दिया होगा। उन्होंने कहा, अतिथि समागम जैसे अस्पष्ट अपराध के लिए स्त्री का वध करना अधर्म्य है। फिर पश्चाताप करके घर वापिस लौटने पर जब उन्होंने यह देखा कि पुत्र ने स्त्री का वध नहीं किया तो ऋषि ने चिरकारी की प्रशंसा की। गौतम की इस कथा और सुदर्शन की पिछली कथा में अंतर है। सुदर्शन तथा गौतम, दोनों ही, स्वस्त्री अतिथि को अर्पित करना अपना धर्म मानते हैं, परन्तु इस धर्म के पालन से सुदर्शन की कृतकृत्य होने की भावना प्रतीत होती है, तो गौतम पर प्रथम क्रोध का आघात होता है। विचार करने के बाद गौतम को यह प्रतीत हुआ कि उनकी पत्नी ने अतिथि-धर्म का पालन करने में जो किया वह धर्ममान्य ही था। इसका अर्थ यह है कि अतिथि-पूजन की प्रथा का यह भाग निंदनीय माना जाने लगा था, परन्तु इस प्रथा का प्रभाव अभी भी जितना शिथिल होना चाहिए था उतना नहीं हुआ था।

(4) इसके आगे की सीढ़ी है, अतिथि को स्वस्त्री-समर्पण न करना। इस स्थिति का उत्कृष्ट उदाहरण सर्वप्रसद्धि जमदग्नि का है। जमदग्नि की पत्नी रेणुका ने चित्ररथ गंधर्व की ओर कामुक दृष्टि से केवल देखा भर था कि क्रोधित होकर जमदग्नि ने अपने पुत्र परशुराम से उसकी हत्या करवा दी। जो मानसिक व्यभिचार भी सहन न कर सका वह जमदग्नि अतिथि को स्वस्त्री-समर्पण करने की प्रथा को कहाँ तक सहन कर पाता, यह कहने की आवश्यकता नहीं है। सुदर्शन की कथा में, अतिथि के साथ समागम करने की प्रथा पति और पत्नी, दोनों को स्वीकार्य थी। गौतम की कथा में पति को पसन्द नहीं थी, परन्तु पत्नी और पुत्र को पसन्द थी। परशुराम की कथा में पिता तथा पुत्र, दोनों को स्वस्त्री-समर्पण नापसन्द था, स्वयं स्त्री को पसन्द था या नहीं, यह नहीं कहा जा सकता।

(5) इसके आगे की सीढ़ी राम और सीता के उदाहरण की है। रावण अतिथि के वेश में सीता के सामने आया और उसे उसकी इच्छा के विरुद्ध बलपूर्वक उठा

ले गया। अतिथि को स्वशरीर अर्पित करने की प्रथा स्वीकार्य रही होती, तो **रामायण** का आगे का कथाभाग होता ही नहीं। राम, लक्ष्मण और तत्कालीन तमाम भारतीय समाज को स्त्री-समर्पण की यह प्रथा निंदनीय प्रतीत होने लगी थी। तो भी पाणिनि के काल में यह प्रथा कदाचित कहीं अवशिष्ट रूप में दिखायी देती थी–यह बात हम "द्वैमित्रि" तद्धित रूप से जान सकते हैं।

(6) मित्र अथवा अतिथि को, दासी या स्वस्त्री आदरपूर्वक समर्पित करने की प्रथा, सुदर्शन के काल से पाणिनि के काल तक, एक प्राचीनतम प्रथा के अवशेष के रूप में विद्यमान है। प्राचीनतम वन्य समूहों में, स्त्री को गाय, बैल, घर आदि अन्य सम्पदा के समान मालिक के, अर्थात् पुरुष के स्वामित्व के अन्तर्गत, एक वस्तु माना जाता था। स्त्री वस्तु का समावेश लेन-देन की चीजों में किया जाता था। कालिदास तक, जो पाणिनि के बहुत बाद के हैं, **कन्या हि अर्थो परकीय एव** कहकर स्त्रियों को अप्रत्यक्ष रूप से जायदाद में ही समाविष्ट करते हैं। अपने स्वामित्व की वस्तुओं का वह चाहे जैसा विनियोग या आदान-प्रदान कर सकता है–इस पद्धति के अनुसार वन्य मानव अपनी स्त्री का इच्छानुसार विनियोग कर सकता था, अर्थात् कोई भी पुरुष बेचना, मारपीट करना, जान लेना, दान में देना, निकाल देना आदि किसी भी तरह से, जैसे चाहे वैसे, स्त्री रूपी सम्पत्ति का उपयोग कर सकता था। इस तरह स्त्री नाम की वस्तु पर पुरुष के स्वामित्व को स्वीकार कर लेने के बाद, उसे अपने मित्र को या अन्य आदरणीय मेहमानों को संभोगार्थ अर्पण करने का अधिकार, स्वाभाविक रूप से ही, पुरुष को प्राप्त था।

(7) स्त्रियों पर पुरुष स्वामित्व कब स्थापित हुआ? मनुष्य पशुकोटि का प्राणी है और उसके बिल्कुल निकट के सगे-संबंधी बंदर हैं। वानरों के झुण्ड का सबसे बड़ा नर-वानर अन्य छोटे-बड़े नर-वानरों को मारकर या भगाकर झुण्ड की सब मादाओं पर अपने प्रजापतित्व का हक जमा लेता है। इस तरह बड़ा बन्दर, या झुण्ड का सबसे शक्तिशाली नर-वानर बहुपत्नीक होता है। पशु सदृश अवस्था में मनुष्य भी बहुपत्नीक रहा होगा, यह अनुमान लगाया जा सकता है। कालांतर में लड़ाइयों, मारपीट या मित्रता आदि विविध कारणों से पशु अवस्था में रहने वाले बहुपत्नीक पुरुषों की स्वयं-रक्षणार्थ टोलियाँ बनीं। इन टोलियों में सब नर सब मादाओं के अर्थात् सब पुरुष सब स्त्रियों के स्वामी बने। टोली की सब स्त्रियाँ सब पुरुषों के लिए समान रूप से उपभोग का साधन बनीं। मान लीजिये कि टोली का कोई एक पुरुष या कुछ पुरुष किसी कारण सुदूर प्रदेश में चले गये और काफी काल के बाद अपनी टोली से उनकी भेंट हुई, तो इन मेहमानों को टोली की स्त्रियों से लैंगिक संबंध करने में किसी भी प्रकार की कठिनाई नहीं होती थी। उस टोली की स्त्रियों या पुरुषों द्वारा किसी भी प्रकार का आक्षेप इसलिए नहीं उठाया जाता होगा, क्योंकि उनकी यह भावना रहती होगी कि मेहमान अपनी ही टोली के हैं। मूलतः पशुओं की अवस्था

में रहने वाला पुरुष बहुपत्नीक था। जब वह टोली बनाकर रहने लगा, तो विभिन्न टोलियों में बहुपत्नीत्व या बहुपतित्व का निर्माण हुआ। बाद में रुचि-अरुचि विकसित होने से ऐसे समाज में मुक्त समागम की प्रथा पीछे छूट गयी होगी, परन्तु प्राकृतिक पुराणप्रियता के कारण पुरानी बहुपत्नीत्व की प्रथा को अचानक तोड़ना अच्छा न लगा होगा। अतः पुराना मित्र या दूर देश में भटका हुआ मित्र मेहमान के रूप में वापस आया हो तो पुरुष अपनी स्वयं की पत्नी को, जो एकपतित्व की नयी प्रथा के अनुसार खुद उसके पास रहती थी, आगत मेहमान को आदरपूर्वक अर्पण करना भूषण मानने लगा और यूथावस्था वाले पूर्वजों की प्रथा का अवशेष समझकर उस प्रथा का पालन करने लगा। यह प्रथा पाणिनि तक तथा बाद में पेशवाओं के काल तक में (दासी के रूप में ही क्यों न हो) न्यूनाधिक रूप से चलती रही। समाजशास्त्र का यह एक नियम है कि रूढ़ियाँ शीघ्र नष्ट नहीं होतीं, वे परले दरजे की चीमड़ होती हैं।

(8) सिर्फ पशु अवस्था में ही एक पुरुष और अनेक स्त्रियों वाला समाज होता था। फिर समूह अवस्था में अनेक पुरुष और अनेक स्त्रियों में मिलाजुला लैंगिक व्यवहार होता था। आगे रुचि-अरुचि के अनुसार, स्त्री-पुरुषों की जोड़ियाँ रहने लगीं और अंत में बहुत प्रयत्नों के उपरान्त, एक पुरुष और एक स्त्री वाली व्यवस्था प्रचलित हुई। यह अभी भी भारतीय समाज में प्रचलित नहीं हो पायी है।* यही अर्थ 'शांति पर्व' के 207वें अध्याय में पुराण-इतिहासकार भीष्म द्वारा निम्न श्लोक में कथित है :

कृतयुगे . . . . ।।
न चेषां मैथुनो धर्मो बभूव भरतर्षभ।।
संकल्पादेवैतेषां अपत्यमुपपद्यते।। 37।।
ततस्त्रेतायुगे काले संस्पर्शाज्जायते प्रजा।।
न ह्यभून्मैथुनो धर्मस्तेषामपि जनाधिप।। 38।।
द्वापरे मैथुनो धर्मः प्रजानामभवन्नृप।।
तथा कलियुगे राजन् द्वंद्व मापेदिरे जनाः।। 39।।

1. कृतयुग के स्त्री-पुरुषों के बीच, जब मन हुआ तब, समागम हो जाता था। माँ, पिता, भाई, बहन का भेद नहीं था। यह यूथावस्था थी। (2) त्रेता युग में स्त्री-पुरुषों द्वारा एक दूसरे को स्पर्श करने पर समाज उन्हें उस समय के लिए संभोग करने की अनुमति देता था। यह पसन्द-नापसन्द या प्रिय-अप्रिय का चुनाव करने की व्यवस्था थी। (3) द्वापर युग में मैथुन धर्म शुरू हुआ। इस पद्धति के अनुसार, स्त्री-पुरुष अपनी टोली में जोड़ियों में रहने लगे, किन्तु अभी भी इन जोड़ियों को स्थिर

---

* जिस समय राजवाडे जी ने यह पुस्तक लिखी उस समय तक एकपतिक और एकपत्नीक प्रणाली कानून द्वारा स्वीकृत नहीं थी—अनु.

अवस्था प्राप्त नहीं हुई थी। (4) और कलियुग में द्वंद्वावस्था की परिणति हुई, अर्थात् जिसे हम विवाह संस्था कहते हैं उसका उदय हुआ। आज भी, इतने प्राचीन समय में समाजशास्त्रीय परम्परा का इतने सुन्दर रूप से कथन करने वाले भीष्म के बारे में आदर ही उत्पन्न होता है!

(9) 1. भीष्म द्वारा वर्णित कृतयुग की संकल्पावस्था–इच्छानुसार किसी भी स्त्री-पुरुष का किसी भी स्त्री-पुरुष से संभोग होना–केवल काल्पनिक या भीष्म के अपने मस्तिष्क की उपज नहीं है। ऐसी स्थिति अभी भी कई अन्य मनुष्यों के बीच पायी जाती है :

The indigenous Indians of California, who are among the lowest of human races, couple after the manner of inferior mammals, without the least formality and according to the caprice of the moment. कैलिफोर्निया के मूल इंडियन निवासी, जो कि प्रगति की सबसे नीचे की सीढ़ी पर हैं, अत्यंत कनिष्ठ स्तनधारियों के सदृश संभोग करते हैं। उन्हें सभ्यता की कोई जानकारी नहीं होती और वे जब चाहे तब संभोग करते हैं (EVOLUTION OF MARRIAGE by Letourneau, 43, 3rd ed.).

2. त्रेतायुग में अन्योन्यस्पर्श या हाथ अथवा उंगली से परस्पर स्पर्श करके संभोगेच्छा दर्शाने की प्रथा टोलियों में रहने वाले समाज में रूढ़ हुई। हाथ आदि के स्पर्श से कालांतर में भारतवर्ष में जिस विवाह संस्था का जन्म हुआ, उसमें विवाह का पाणिपीडन या हस्तग्रहन आदि नाम पड़ा। **आश्वलायन गृह्यसूत्र** के प्रथम अध्याय के सातवें खंड में विवाह-विधि की प्रक्रिया कही गयी है। उसमें स्पर्श अथवा पाणिपीडन के ये तीन प्रकार दिये गये हैं :

1. गृभ्णामि ते सौभगत्वाय हस्तं इति
अंगुष्ठमेव गृह्णीयाद् यदि कामयति
पुमांस एव में पुत्रा जायेरन्निति,
2. अंगुलीरेव स्त्रीकामः, और
3. रोमान्ते हस्तं सांगुष्ठ मुभयकामः

अर्थ यह है कि यदि लड़का अभीष्ट हो, तो वर वधू का अंगूठा पकड़े, लड़की की इच्छा हो तो केवल उंगलियाँ पकड़े, और यदि दोनों की कामना हो तो अंगूठे समेत पूरा हाथ बालों तक ग्रहण करे। **आश्वलायन गृह्यसूत्र** के ये तीनों प्रकार त्रेतायुग की स्पर्श अवस्था के हैं। त्रेतायुग में कोई एक वन्य टोली पुरुषप्रधान थी और उसमें पकड़ कर लायी हुई स्त्री का अंगूठा पकड़ने की प्रथा थी। कोई दूसरी टोली स्त्रीप्रधान थी और उसमें पकड़कर लायी हुई वधू प्राप्त करने वाला वर वधु की उंगलियों को ही स्पर्श करता था। तीसरी किसी टोली में स्त्री-पुरुष की समानता मानी जाती थी। उसमें वर वधू की निर्विघ्न रूप से कलाई पकड़ता था। इन तीनों समाजों

के संघटन से वैदिक समाज बना, और इसलिए गृह्यसूत्रकार शौनक ने इन तीनों प्रथाओं का वैदिक समाज की मान्य प्रथाओं के रूप में उल्लेख किया है। पुरुष-प्रधान समाज में अंगूठा पकड़ने की प्रथा थी, इससे अंगूठा पकड़ने से लड़कों का जन्म होता है यह धारणा दृढ़ हुई। स्त्री-प्रधान टोलियों में उंगलियाँ पकड़ने की प्रथा थी इसलिए उंगलियाँ पकड़ने से लड़कियाँ होती हैं, यह विचार फैला तथा तीसरी टोली में उंगलियाँ और कलाई पकड़ने की प्रथा होने के कारण यह समझ रूढ़ हुई कि इससे लड़के-लड़कियाँ दोनों पैदा होते हैं।

3. द्वापर युग में मिथुनावस्था का समाज आया। इसी काल में स्थिर रहकर जोड़ी में प्रजोत्पादन की पद्धति का उदय हुआ। त्रेतायुग में सब लड़के पूरे समाज या टोली के समझे जाते थे। त्रेतायुग में ये संबंध मान्य थे कि सभी पुरुष सभी बच्चों के पिता और सभी स्त्रियाँ सभी बच्चों की माताएँ हैं। द्वापर युग में जोड़ी की प्रथा प्रारंभ होने पर धीरे-धीरे यह व्यवस्था आरम्भ हुई कि फलां बच्चे का पिता फलां है और फलां बच्चे की माँ फलां।

4. कलियुग में द्वन्द्वावस्था, यानी विवाह संस्था के प्रचलित होने पर पिता, पुत्र, भाई, बहन, मामा, काका, माँ, दादा आदि वर्तमान रिश्ते समाज में धीरे-धीरे प्रचलित हो गये। संक्षेप में यह कह सकते हैं कि भीष्म द्वारा वर्णित भिन्न-भिन्न युगों की स्थिति ऐतिहासिक है और इसीलिए इतने प्राचीन समय में स्थिति का अत्यंत उचित रीति से वर्णन करने के लिए हम भीष्म जैसे आदरणीय विद्वान के ऋणी हैं। यह बताया जा चुका है कि द्वापर युग में मैथुन धर्म प्रचलित हुआ। अगले निबंध में हम इसका विस्तार से विवेचन करेंगे।

अध्याय : 4

अग्नि और यज्ञ

(1) भारतीय विवाह संस्था के इतिहास और परम्परा का विस्तार से स्पष्टीकरण करने के लिए 'अग्नि' नामक वस्तु का सामाजिक इतिहास बताना आवश्यक है। आज के भारतवर्ष के सवर्ण हिन्दू अग्नि को साक्षी बनाकर विवाह सम्पन्न करते हैं। यदि अग्नि की साक्षी न हो तो विवाह धर्मसम्मत नहीं माना जाता। प्रश्न उठता है कि विवाह और अग्नि का क्या संबंध है? विवाहाग्नि, गृहयाग्नि, आवसथ्याग्नि, औपासनाग्नि आदि शब्दों में विवाह और अग्नि, गृह और अग्नि, उपासना और अग्नि के द्वन्द्व का जो नित्य संबंध दृष्टिगोचर होता है, वह क्यों? वन्य अवस्था में अग्नि ने लोगों की ऐसी कौन-सी भलाई की थी कि आर्य जब तब अग्नि का आह्वान करते थे? इन प्रश्नों के उत्तर के लिए हमें यह देखना होगा कि प्राचीन वन्य आर्यों की सामाजिक व भौगोलिक स्थिति क्या थी?

(2) ऋषियों के अतिप्राचीन पूर्वज वानरीय पशु-अवस्था में थे। वानरों की तरह वे भी वृक्षों, गिरि-कंदरों, गुफाओं आदि में आश्रय पाकर हिंस्र पशुओं, झंझावत और शीत लहरों से किसी तरह अपना बचाव करते थे। ऐसी विकट परिस्थिति में पशुतुल्य ऋषि-पूर्वजों की स्थिति पशु-पक्षियों से भी कष्टकर थी। जो बुरी हालत बाघ, शेर आदि जंगली पशुओं के सामने गाय, हिरन या बकरी की होती है, उससे भी बुरी हालत पशु अवस्था के मानवों की थी। हिरन आदि के पास सुरक्षा हेतु सींग, दाँत, खुर आदि प्राकृतिक शस्त्र तो होते हैं, परन्तु मनुष्य के पास वे भी नहीं थे। केवल बुद्धि का अस्त्र ही उसके पास अतिरिक्त था और वह भी बाह्य साधनों के अभाव में किसी अवसर पर असहाय हो जाता था। ऐसी दुर्बल और साधनहीन स्थिति में ऋषि पूर्वजों के बीच मृत्यु संख्या कितनी भयंकर रही होगी इसकी कल्पना ही की जा सकती है। जंगलों में बंदरों की संख्या जितने अल्प परिमाण में बढ़ती दिखायी गयी है, पशु अवस्था वाले मानवों की संख्या में वृद्धि उसी या उससे भी कम परिमाण में थी। यूथ के लोगों की जो संख्या थी वही टिक पाती तो अहोभाग्य। मानवों की

संख्या में यह धीमी वृद्धि कितने हजार वर्षों तक रही होगी, यह नहीं कहा जा सकता। कालांतर में हजारों ठोकरें खाने के उपरांत, लाखों बार देखने-समझने के पश्चात और करोड़ों बार धोखा खाने के बाद प्राचीन मानव के द्वारा—यानी सभी मनुष्यों द्वारा नहीं, बल्कि केवल वैदिक ऋषियों के जन्मदाता पाशवावस्था वाले ऋषिपूर्वजों द्वारा—यह देखे जाने पर कि गरमी के दिनों में अरण्यों में अकारण सुलगने वाली दावाग्नि में जलने वाले पेड़-पौधों की गरमी सहन न कर पाने के कारण कृमि, कीट, शेर, हाथी सभी जान बचाकर भाग जाते हैं, बात समझ में आ गयी और सौभाग्यवश कितने ही ऋषि-पूर्वजों में यह बुद्धि जागी कि इसका अनुभव लेकर देखा जाये। उन्होंने अनुभव से यह भी देखा होगा कि जंगल की अधजली लकड़ियों के टुकड़े हाथी, शेर, हिरन तथा अन्य जानवरों पर फेंकने से वे डर से मनुष्य के पास नहीं फटकते।

अपनी सुरक्षा तथा शत्रु के नाश हेतु जली लकड़ी की खोज जिस दिन हुई उसी दिन से शैनः शनैः पशुतुल्य ऋषि-पूर्वजों की संस्कृति में प्रगति होती गयी। ऋग्वेद में दावाग्नि से जल जाने वाले अरण्यों का उल्लेख मिलता है। जलाकर राख बना देने वाली और बाद में पूरे जंगल को काला बनाकर छोड़ देने वाली अग्नि को ऋग्वेद में कृष्ण वर्मा के नाम से संबोधित किया गया है। यह सही है कि जलती लकड़ी अथवा कुलिश का उपयोग करके ही जंगली जानवरों को डराने का उपाय वनचर मनुष्य को प्राप्त हो गया, किन्तु इस उपाय का उपयोग केवल ग्रीष्मकाल में जंगल में दावाग्नि लगने के समय ही हो सकता था। इस प्रकार बिना प्रयास के जलती लकड़ी मिलना बहुत हुआ तो साल में दो-ढाई महीने ही संभव होता था। इस कारण बचे हुए दस महीनों में ऋषि-पूर्वज भी पशुओं के समान असहाय और असमर्थ रहते थे। असहायता की यह अवस्था सैकड़ों वर्षों तक रही होगी। बाद में दावाग्नि से जले हुए बड़े-बड़े ठूंठ गिरिकंदराओं में जलती स्थिति में रखने की युक्ति उन्हें सूझी होगी। इसी युक्ति को ध्यान में रखते हुए ऋग्वेद में "गुहाहितः" "गुहायां निहितः" के विशेषणों का अग्नि के लिए उपयोग किया गया है। "गुहाहितः" यानी गुहा में रखी अग्नि। इसका उपयोग गिरिकंदरा से निकालकर मैदान में या नदी किनारे या अन्यत्र कहीं भी, कभी भी, किसी भी ऋतु में किया जा सकता था। वन्य ऋषि-पूर्वजों ने अपनी बुद्धि के द्वारा अग्नि के उपयोग की कठिनाई दूर करने में सफलता पायी।

ऋषि-पूर्वजों का प्रारंभ में कोई अंगिरस नामक पूर्वज था। ऋग्वेद में अनेक बार यह उल्लेख आया है कि अंगिरस ने यत्न के साथ गुफाओं में रखी अग्नि को मैदान में रहने वाले लोगों के लिए उपयोग किया। ऋग्वेद पढ़ने वालों को इस बात की जानकारी होगी, अतः अलग से संदर्भ देकर समय व्यतीत करने की आवश्यकता नहीं है। जब ऋषि-पूर्वज गुफाओं या गिरिकंदराओं में रहते थे, उस समय उन्हें मैदान में झोंपड़ी बनाकर रहने की कला ज्ञात न थी। इसी कारण, अग्नि हमेशा उपयोग में आ सके, इस उद्देश्य से उसकी सुरक्षा गुफाओं में ही होती थी। आगे चलकर, खुले मैदान

में झोंपड़ी बनाकर रहने लगने के बाद, अग्नि को झोंपड़ियों में रखने की प्रथा प्रारंभ हुई। झोंपड़ी में अग्नि सुरक्षित रखने का तरीका, पहलेपहल अंगिरस ने खोजा। जब तक गुफाओं में आग रखी जाती थी, तब तक शत्रु पर फेंकने के लिए जली लकड़ी लाने हेतु बार-बार गुफा तक जाना पड़ता था। इस दौरान, कभी-कभी अग्नि तक पहुँचने के पूर्व ही जंगली जानवर या उनसे भी अधिक क्रूर जंगली राक्षस इत्यादि मनुष्यों को घायल कर भाग जाते थे। झोंपड़ियों में अग्नि रखने की प्रथा प्रारम्भ होने से मनुष्य अधिक बलवान बना और उसे शत्रुओं का जब चाहे तब सामना करने की शक्ति प्राप्त हुई।

इसके पूर्व अन्य श्रेष्ठ लोगों द्वारा शत्रुओं के विरुद्ध अग्नि का उपयोग ऋषि-पूर्वजों ने देखा था। वन्य ऋषि-पूर्वजों से अधिक प्रगतिशील कोई देव नाम के लोग थे। **यथा वै मनुष्या एवं देवा अग्र आसन्** (तै. सं., का 7, प्र.-4, अनुवाक 2) वे अग्नि फेंक कर राक्षसों को पराजित कर देते थे। **अयं अग्निः प्रतनाषाट् सुवीरो येन देवासो असहन्त दस्यून** (**ऋग्वेद,** सूक्त 263, नवीं ऋचा)। यह अग्नि दस्युओं की सेना को पराजित करती है; इसकी सहायता से पुरातन काल में देवों ने दस्युओं को मार भगाया—इस प्रकार का वर्णन वैदिक ऋषियों द्वारा किया गया है। वन्य ऋषि-पूर्वज सैकड़ों वर्षों से यह देखते आये थे कि देव लोग आग बौछार से शत्रुओं को भगा देते थे। किन्तु ऋषि-पूर्वज यह न जानते थे कि देव लोग अग्नि कहाँ से प्राप्त करते थे या उसे किस प्रकार तैयार करते थे। देवों ने अग्नि-उत्पन्न करने का रहस्य जानते हुए भी ऋषि-पूर्वजों को नहीं बताया। यदि परोपकार बुद्धि से प्रेरित होकर यह बताया गया होता तो कदाचित देवों की श्रेष्ठता कायम न रहती। देवताओं द्वारा मानव को अग्नि निर्मित करने का गुर बताने का प्रयत्न किया जाता तो इसमें भी शक है कि मनुष्य उसको ग्रहण कर पाता। उदाहरण के लिए, आजकल के गन काटन को ही लें। आधुनिक यूरोपीय लोगों ने गन काटन का आविष्कार किया और उसके आधार पर अपने से पिछड़े लोगों पर विजय प्राप्त कर सके। अरब निवासी, हिन्दू, चीनी, अफगान—ये सभी यूरोपीय लोगों की शक्ति का यह प्रभाव देख रहे हैं। किन्तु किसी को भी गन काटन बनाने की विधि ज्ञात नहीं है, और यदि परोपकार बुद्धि से, यूरोपीय लोग अप्रगतिशील हिन्दुओं, मुसलमानों या चीनियों को गन काटन बनाने की विधि से अवगत कराने का प्रयत्न करते भी तो अज्ञानी लोगों द्वारा यह ज्ञानपूर्ण रीति से प्राप्त कर लिया जाता, इसमें संदेह है। कारण यह कि गन काटन नामक अग्नि तैयार करने हेतु जो वैज्ञानिक ज्ञान और जिन वैज्ञानिक तथा अत्याधुनिक औजारों की आवश्यकता होती है, उनकी स्वप्न में भी इन हिन्दू, अरब, अफगान आदि लोगों ने कल्पना नहीं की होगी। उसके अलावा, यदि गन काटन बनाने की गुप्त रीति व्याख्यानों, ग्रंथों द्वारा और प्रत्यक्ष कारखानों में बताकर सिखाने का प्रयत्न किया भी जाये तो स्वतंत्र रीति से उसे बनाने की आर्थिक

अनुकूलता उनके पास नहीं है। यही बात वन्य ऋषि-पूर्वजों के साथ होगी। देव शत्रु पर आग की बौछार कर रहे हैं और उन्हें पराजित कर रहे हैं, यह उन्होंने देखा होगा। परन्तु उसे तैयार कैसे करें, यह भी कि आवश्यकता के अनुसार वह कैसे तैयार हो, कौन से ईंधन का उपयोग करें, इसके बारे में वनस्पति ज्ञान, भविष्य के उपयोग हेतु आज ही पूर्व-तैयारी की दृष्टि से ज्वालाग्राही अग्नि के आवश्यक संचय हेतु उपयुक्त और सुरक्षित मकान, आदि का ऋषि-पूर्वजों को ज्ञान न होने के कारण, देवों की शक्ति मनुष्यों के परे की बात थी। कालांतर में जब ऋषि-पूर्वज गुफा-निवास छोड़कर खुले मैदान में झोंपड़ियाँ बनाकर रहने लगे उस समय जलाने योग्य ईंधन कौन-सा था यह अनुभवजन्य ज्ञान उन्हें स्वयं प्राप्त हुआ। और आगामी संकट का सामना करने के लिए पूर्व-तैयारी आवश्यक होती है, यह भी ज्ञान उन्हें हुआ। तब अग्नि का महत्व उनकी समझ में आया और उसके सुधार में उत्तरोत्तर प्रगति होती गयी।

सर्वप्रथम ऋषि-पूर्वज अग्नि किस प्रकार निर्मित करते थे, इसका पता **ऋग्वेद** से चलता है। ऐसी काव्योक्ति है कि अग्नि दस बहिनों का पुत्र है—**दस स्वसारो अग्रुवः समीची, पूमांसं जातमभि संरभंते** (**ऋग्वेद,** सूक्त 263, ऋचा 13)। हाथों की दस उंगलियाँ मानो दस बहनें हैं। उन्हें जब अपनी मेहनत से पुत्र प्राप्ति हुई, तो वे बहुत आनंदित हुईं। ज्वालाग्राही लकड़ी के दो टुकड़े लेकर, उन्हें दोनों हाथों की उंगलियों से एक-दूसरे पर घिसकर ऋषि-पूर्वज अन्य वन्य लोगों के समान अग्नि किस तरह पैदा करते थे—यही वर्णन उपर्युक्त ऋचा में किया गया है। इन ज्वालाग्राही लकड़ी के टुकड़ों को वन्य ऋषि-पूर्वज समिध, औषधि आदि नाम देते थे। समिध, यानी अच्छी तरह जलने वाली लकड़ी के छोटे टुकड़े, और औषधि यानी उष्णता धारण करने वाली लकड़ी के टुकड़े। यद्यपि, कड़ी लकड़ियाँ एक-दूसरे पर घिसकर जब चाहे तब आग पैदा की जा सकती थी, तथापि जंगली जानवरों अथवा दस्युओं का हमला होने पर, अग्नि प्रज्ज्वलित करने हेतु आवश्यक समय न मिलने से जो नुकसान होता था वह हो ही जाता था। इससे बचने के लिए कई ऋषि-पूर्वजों ने एक मार्ग खोज निकाला। वह था झोंपड़ी के अंदर अथवा समीप, एक गड्ढा खोदना तथा उसमें लकड़ी के ठूंठ या पेड़ों के जलते तने तैयार रखना।

इन गड्ढों को वे कुंड कहते थे। कुंडों में जलते अंगार छहों ऋतुओं में तैयार रहते थे। इस अग्नि की मदद से आर्य-पूर्वज किसी भी दस्यु का नाश कर सकते थे। इस प्रकार कुंड की अग्नि ऋषि-पूर्वजों का एक अप्रतिहत हथियार बन गयी। इस हथियार को ऋषि-पूर्वज कभी भी और कहीं भी भूलते न थे। इसी हथियार पर उनकी जान और जायदाद की सुरक्षा अवलम्बित रहती थी। किसी महाभयंकर निविड़ जंगल में से गुजरना हो अथवा किसी विशाल नदी को नाव से पार करना हो, तो ऋषि-पूर्वज अग्नि को साथ लिये बिना झोंपड़ी के बाहर एक कदम भी न रखते थे। यदि कभी जंगल में अकेले रहना पड़े तो वे अपने पास की आग से किसी सूखे पेड़ का तना

या अन्य किसी लकड़ी को सुलगाकर उसी के पास अशन (खाना), प्राशन (पीना), शयन (सोना) व आसन (बैठना) निडर होकर करते थे और शेर, हाथी, सिंह या भेड़िया यदि हमला करने आते तो उन पर जलती लकड़ी या अंगार फेंककर उसे भगा देते या मार डालते थे। अभी भी हिन्दुस्तान में यह प्रथा कई जगह दिखायी देती है। बैरागी नाम से जाने जानेवाले जो बहुत से तपस्वी हिन्दुस्तान में निर्जन प्रदेशों या जंगलों में जगह-जगह अस्थायी आश्रय बनाकर रहते हैं, वे निवास की जगह चुनने के बाद सर्वप्रथम अमुन्यावाहन करते हैं। धूनी सुलगाकर उसमें उलटा त्रिशूल गाड़कर रहते हैं और फिर उन्हें किसी भी पशु का डर नहीं रहता। उन्हें यह विश्वास रहता है कि त्रिशूल की लाल-लाल तपी नोक से वे किसी भी पास आने वाले ढीठ पशु को भून कर रख सकते हैं। आधुनिक बैरागियों के पास जैसे त्रिशूल रहते हैं, संभवतः वैसे वन्य आर्यों के पास न रहे होंगे क्योंकि खदान में से लोहा निकालने की कला उन्हें ज्ञात न थी। लोहे तथा फौलाद का ज्ञान न रहने के कारण, चकमक के पत्थर का ज्ञान भी अतिप्राचीन आर्यों को न था। आर्यों की समूची यज्ञ प्रक्रिया में, या कहिए कि **यजुर्संहिता** में, चकमक से अग्नि तैयार करने का कोई उल्लेख नहीं है। लकड़ी का, वन का, समिधों का तथा कुंडों का उल्लेख बार-बार आया है, किन्तु लोहे और उसके द्वारा बने चकमक से अग्नि प्रज्ज्वलित करने का उल्लेख कहीं नहीं है। इसका अर्थ इतना ही है कि वन्य आर्यों के लौह युग में आने में अभी देर थी। उन्होंने केवल ज्वालाग्राही लकड़ियाँ सुलगाकर ही अग्नि तैयार करने की कला प्राप्त की थी। इस युग को दारुयुग कहना अनुचित न होगा। मशाल जलाकर रात को उजाला करने का ज्ञान भी उन्हें प्राप्त हो गया था। ऋग्वेद में मशाल के उजाले से, शत्रु द्वारा गुफा में छिपाकर रखी गयी गायें खोज निकालने का उल्लेख मिलता है।

(1) **तपूंष्यग्ने जुह्वा पतंगानसंदितो विसृज विष्वगुल्काः (ऋग्वेद 300-2)**

(2) **अस्माकमत्र पितरो मनुष्या अभि प्रसेदुर्ऋतमाशुषाणाः।**
अश्मव्रजाः सुदुघा वव्रे अंत रदुंस्रा आजन्नुषसो हुआनाः।। 13।।

(3) **ते मर्मृजत ददृवांसो अद्रिं तदेषामंन्ये अमिसो विवोचन्,**
पश्वयंत्रासो अभि कारमर्चन् विदंत ज्योति श्चकृपंत धीभिः।। 14।।

(ऋग्वेद, सूत्र 297)

इन तीन ऋचाओं में (1) उल्का, (2) अश्मव्रजाः और (3) विदंत ज्योति : ये तीन शब्द वर्तमान में उल्लिखित अर्थ में उचित हैं। पणि नामक शत्रुओं ने अंगिरस की अश्मव्रज गायें चुराकर गिरि गह्वरों में छिपा दीं। दूसरी व तीसरी ऋचा में यह बताया गया है कि इन गायों को अंगिरस ने अग्नि के प्रकाश से खोज निकाला। **अग्नि अर्चयन्तः ज्योतिः अविदन्**, अर्थात् अग्नि सिद्ध करके अंगिरस ने ज्योति तैयार की और अंधेरे में से इस ज्योति के प्रकाश में गायों को खोज निकाला। यहाँ ज्योति का अर्थ है मशाल। मशाल का उजाला, यही अर्थ उपयुक्त लगता है। पहली

ऋचा में 'उल्का'—याने मशाल या जलती लकड़ी शब्द का प्रयोग है। सारांश यह कि मशाल जलाकर उजाला करने की कला ऋषि-पूर्वजों को ज्ञात थी। उसी प्रकार बड़े-बड़े पत्थरों के घेरे बनाकर उनमें गायें तथा अन्य चीजें रखने की प्रथा भी ऋषि-पूर्वजों के बीच मौजूद थी। उपर्युक्त ऋचा में 'अश्वव्रजा' शब्द उस्त्रों का, अर्थात् गायों का, विशेषण है। व्रज याने गौशाला, अश्मव्रज यानी की पत्थरों की गौशाला। बड़े-बड़े हाथी जैसे पत्थर चारों ओर लगाकर ऋषिपूर्वज गायों के आश्रय के लिए स्थान तैयार करते थे। इन स्थानों या गौशालाओं को अश्मव्रज कहते थे। अश्मव्रज यानी अन्य दूसरे देशों में जिसे "स्टोन हेज" कहते हैं, वह। इस प्रकार झोपड़ियाँ, अश्मव्रज, अग्नि और गायें, ये चार वस्तुएँ ऋषि-पूर्वजों की संस्कृति के चिन्ह थे। कुंडों में अग्नि सदैव प्रज्ज्वलित रहती थी, ताकि उसे जब चाहे तब प्राप्त किया जा सके। अग्निकुंड के आसपास, चारों ओर की जगह गोबर से लीपकर उठने-बैठने योग्य बनायी जाती थी। दिनभर उपजीविका के कामधाम के बाद रात्रि में ऋषि-पूर्वज अग्निकुंडों के आसपास बैठकर विश्राम करते, मनोरंजन करते, मद्य-मांस का सेवन करते थे। सोमवल्ली की शराब और गाय-बैलों का या अन्य पशुओं का मांस अग्निकुंड के पास और उसकी मदद से खाने योग्य बनाते थे। इसके बाद, मद्य और मांस का यथेष्ट सेवन करके, विभिन्न छंदों के गीत गाकर वे एक-दूसरे को रिझाते थे या अपने प्रिय देवता का गुणगान करते थे। इस काल में ऋषि-पूर्वज का सबसे बड़ा और प्रिय देवता अग्नि ही थी, क्योंकि अग्नि अत्यंत उपयोगी थी। अग्नि की मदद से ही खुले मैदान में झोंपड़ी बनाकर रहना सम्भव हुआ। अग्नि की मदद से अन्न पकाने में सहायता मिली। अग्नि की मदद लेकर ही जंगली पशुओं तथा दुष्ट शत्रुओं का प्रतिकार करने की शक्ति प्राप्त हुई। अग्नि का उपयोग करके घने जंगल साफ कर चरागाहें बनायी जा सकीं। स्पष्ट है कि इसी कारण, इस अजीब और तर्कातीत वस्तु से आर्यों के पूर्वजों को अत्यंत प्रेम था तथा वह उनकी भक्ति का भाजन बनी। अग्नि सुख देने वाली, दुःखहरण करने वाली तथा संकटों का निवारण करने वाली साबित हुई। इस अत्यंत उपयुक्त वस्तु पर वे लोग इस तरह मुग्ध हो गये कि खाना-पीना, बैठना, उठना, सोना तथा प्रजोत्पादन सभी अग्नि को साक्षी रखकर होने लगा। इसमें अंतिम तथा महत्व का कार्य, प्रजोत्पादन, भी अग्निकुंड के आसपास के आश्रय स्थल पर संपन्न होने लगा। यह अत्यंत महत्व की बात है, क्योंकि आगे चलकर यज्ञ नामक जिस संस्था का उदय हुआ, उसके प्रारंभ का संबंध अग्निकुंड के इर्द-गिर्द जो प्रजोत्पादन का कार्य चलता था, उससे है। अग्नि से ऋषि-पूर्वज बार-बार आग्रहपूर्वक क्या माँगते थे, यह **ऋग्वेद** के पाँचवें तथा छठे मंडल के पन्ने उलटते-पलटते प्राप्त कुछ अवतरणों से देखा जा सकता है—

(1) स्यान्नः सूनु स्तनयो विजावा

(2) शग्धि वाजस्य सुभग प्रजावतः

(3) **अयं अग्निः सुवीर्य स्येशे**

(4) **अग्ने तोकं तनयं वाजि नो दाः**

(5) **गो मां अग्नेऽ विमां अश्वी यज्ञो**
नृवत्सखा सदमिदप्रमृष्यः इलावां इषो असुर प्रजावान्।
दीर्घो रयिः पृथुबुघ्नः। सभावान्।।

(6) **त्वदेति द्रविणं वीरपेशाः**

इन छः वाक्यों में प्रार्थना की गयी है कि अग्नि द्वारा उपासकों को प्रजा प्राप्त हो, पुत्र मिले, वीरसंतति मिले। पाँचवें वाक्य में यह उत्कंठा दर्शायी गयी है कि हमारा यह यज्ञ प्रजावान् हो। प्रजा अथवा पुत्र दो प्रकार के रहते थे—(1) पुंस्पुत्र तथा (2) स्त्रीपुत्र। 'पुत्र' पुल्लिग शब्द द्वारा ऋषि-पूर्वजों की भाषा में लड़का व लड़की, दोनों का बोध होता था। अग्नि से प्रजा किस प्रकार होती थी? यज्ञ पुत्रवान् तथा प्रजावान् कैसे होता था? इन प्रश्नों के उत्तर हेतु ऋषि-पूर्वजों के समाज में प्राचीन समय में जो एक प्रथा प्रचलित थी, उसका वर्णन आवश्यक है। ऋषि-पूर्वज ठण्डे प्रदेश में रहते थे। दिन में श्रम-साहस और शिकार आदि के बाद वे विश्राम हेतु जलती धूनी के पास आकर बैठते थे और वहीं ये वन्य स्त्री-पुरुष ऋषि-पूर्वज गमन क्रिया करते थे। अग्निकुंड के इर्द-गिर्द अतिप्राचीन स्त्री-पुरुष गमन क्रिया करते थे—इस विधान की सत्यता के लिए मैं **कृष्णयजुर्वेद** तथा **शुक्लयजुर्वेद** से साक्षात् कुछ मंत्र और उनके अर्थ दे रहा हूँ। **यजुर्वेद** के ही मंत्रों का उल्लेख करने का कारण यह है कि इस वेद का मुख्य विषय उसके नाम के अनुसार यजुस्, यानी यज्ञ है। **यजुर्वेद** में अग्नि प्रज्ज्वलित करके यज्ञ कैसे करना है, क्यों करना है, यज्ञों की फलनिष्पत्ति क्या है, इन तीन बातों का बखान किया गया है तथा मुख्यतः अग्नि की ही स्तुति गायी गयी है।

(3) यह पहले बताया जा चुका है कि ऋषियों के अंगिरस नामक पूर्वज द्वारा अग्नि गुफाओं में से मैदान की झोंपड़ियों में लायी गयी। झोंपड़ियों में अग्नि के आने के समय से जीवनयात्रा के साधन अधिक मात्रा में उपलब्ध हुए। इस कारण प्रजावृद्धि पहले से अपेक्षाकृत अधिक होने लगी। इतनी वृद्धि होना इससे पहले कठिन था। इसी कारण अंगिरस को प्रजापति का यथार्थ नामाभिधान प्राप्त हुआ। अग्निसिद्धि की खोज और प्रजापति संस्था की स्थापना समकालीन घटनाएँ थीं। झोंपड़ियों में अग्निसिद्धि के कुछ ही समय बाद प्रजापति संस्था का उद्भव हुआ। तत्कालीन समाज में अनेक स्त्रियों तथा एक प्रजापति की व्यवस्था थी। स्त्रियों की समस्त संतति या प्रजा का मालिक उस यूथ का वृषभ यानी रेत-सिंचन करने वाला प्रजापति होता था। ऋषि-पूर्वज के समाज में इस प्रकार अनेक प्रजापति हुए। प्रजापति यूथ की स्त्रियों से अग्निकुंड के समीप समागम किया करते थे। उस समय ओढ़ने-बिछाने के आज जैसे सुविधाजनक गद्दे इत्यादि नहीं थे। आर्यों के वन्य पूर्वज बर्हि नामक घास अग्निकुंड के इर्द-गिर्द बिछाते थे तथा वहीं शयन व समागम करते थे। **तैत्तिरीय**

संहिता के प्रथम कांड के सातवें प्रपाठक के चौथे अनुच्छेद में निम्न वाक्य आया है **बर्हिषा वै प्रजापतिः प्रजा असृजत।** इस वाक्य का शब्दशः अर्थ है कि बर्हिस नामक घास बिछाकर उस पर प्रजापति ने प्रजा उत्पन्न की। वन्य ऋषि-पूर्वज बर्हि का बिछौना बनाते थे। इस कारण यह एक प्राचीन रूढ़ि के रूप में पूज्य बन गयी और इसका वर्णन यजुर्वेदकालीन याज्ञिक ऋषि पूज्य भाव से करने लगे। बर्हि के देवयज्ञ से प्रजापति प्रजावान् बना—इस कथन का अर्थ यजुर्वेदकालीन ऋषियों की समझ में ठीक ढंग से नहीं आया। यजुर्वेदकालीन ऋषि समझते थे कि कुछ अद्भुत रीति से बर्हि लेकर प्रजापति द्वारा प्रजा उत्पन्न की जाती थी। किन्तु वास्तविक अर्थ वही है जो हमने ऊपर दिया है। बर्हि को बिछाकर वन्य ऋषि-पूर्वज उसका बिछौने के समान उपयोग करते थे, यही सीधा अर्थ है। इसके लिए इसी अनुवाक् में एक प्रमाण है। इस अनुवाक् में आगे इस प्रकार का एक वाक्य आया है :

सोमस्याहं देवयज्यया सुरेता रेतो धिषीय इत्याह सोमो वै रेवोधाः तेनैव रेत् आत्मन्धत्ते।

यजमान कहता है कि सोम की देवयज्या से प्रभूतरेतस होकर धारण रेत करूँगा, क्योंकि सोम रेत उत्पन्न करता है। उस सोम रस के कारण यजमान के शरीर में रेत संचित होता है। यहाँ स्पष्ट अर्थ यह है कि सोम नामक मादक रस प्राशन करने पर मदमस्त होने से रतिक्रिया मुक्त रूप से की जा सकती है। अतएव प्राचीन ऋषि-पूर्वज सोमरस का भरपूर पान करते थे और उसके नशे में मुक्त रूप से और निर्भय होकर स्त्री समागम करते थे। सोमरस पीने से मनुष्य मदमत्त बनता है तथा उसमें संभोग की प्रबल इच्छा उत्पन्न होती है। सोम रसपान से इच्छापूर्ति होने तक चाहे जितना संभोग करने की क्षमता उत्पन्न होती है। यजुर्वेदकालीन ऋषियों की यह धारणा थी कि सोमरस का यह गुण सोम नामक देवता का है। ऐसी ही समझ थी बर्हि के संबंध में उन ऋषियों की। ऋषियों के वन्य पूर्वज अलाव या धूनी जलाते समय, उसे जलाने के बाद घास के तिनके, समिधा (विशिष्ट प्रकार की घास के टुकड़े), छोटे चम्मच, घास, मद्य आदि जिन साधनों का उपयोग किया करते थे, वे सब साधन, उन वन्य ऋषियों के वंशजों को देवताओं के समान प्रतीत होते थे। ये वंशज ऋग्कालीन और यजुर्कालीन ऋषि थे। जंगली साधनों की सहायता से वन्य पूर्वजों ने घरद्वार, संपत्ति, गायें, मवेशी और विशेष रूप से प्रजाओं का संपादन किया। उन जंगली साधनों का वन्य पूर्वज अत्यंत स्वाभाविक रूप से उपयोग किया करते थे। यज्ञ करने वाले यजुर्कालीन ऋषि उस उपयोग का हू-ब-हू अनुकरण करते थे, और यह आशा भी रखते थे कि अगर वह अनुकरण दोषरहित रूप से किया जाय तो फल प्राप्ति निश्चित रूप से होगी। वन्य पूर्वज लकड़ी पर लकड़ी घिसकर अग्नि उत्पन्न करते थे, इसलिए उन जंगली पूर्वजों के प्रगतिशील वंशज भी यज्ञ के लिए लकड़ी से लकड़ी घिसकर अग्नि पैदा करने की नकल करते थे। प्रगतिशील

वेदरचनाकाल के ऋषियों को कंडा (उपला), चकमक पत्थर, आदि आग जलाने के साधन उपलब्ध थे। परन्तु उन नये साधनों से अग्नि शीघ्रता से प्राप्त न कर, वे भोली श्रद्धा से, पूर्वजों ने जिस तरह लकड़ियाँ घिसकर अग्नि सिद्ध की, उसी तरह अग्नि सिद्ध करते थे। ऐसा करने में धारणा यह थी कि पूर्वजों को जो फलप्राप्ति इस प्रक्रिया द्वारा हुई वह फल प्राप्ति उस प्रक्रिया के अभाव में नहीं होगी। आदि से अंत तक पूरी **यजुर्संहिता** इस एक ही विषय की चर्चा से भरी है कि वन्य पूर्वजों की क्रियाओं की नकल किस तरह से की जाये। अमुक कार्य करते हुए या अमुक सामग्री प्राप्त करते समय, पूर्वजों ने जागती या शक्करी छंद कहा, अतः वह कार्य या सामग्री प्राप्त करने की इच्छा हो तो जागती अथवा शक्करी छंद ही कहना चाहिए, नहीं तो कार्य बिगड़ जायेगा—इस प्रकार की सूचनाएँ **यजुर्संहिता** में जगह-जगह पर दी हुई हैं। तात्पर्य यह है कि यजुर्कालीन याज्ञिक धारणा यह थी कि अगर जरा-सी गलती किये बगैर वन्य पूर्वजों की नकल की जाये, तो ही इष्ट कामना की पूर्ति होगी। प्रस्तुत अनुच्छेद में किया हुआ विवेचन वन्य पूर्वजों की प्रजोत्पादन क्रिया से संबंधित है, अतः वन्य पूर्वजों की प्रजोत्पादन क्रिया की नकल यजुर्कालीन ऋषि कितनी हू-ब-हू किया करते थे, उसका एक नमूना यहाँ प्रस्तुत कर रहा हूँ।

आरम्भ में यह बता देना आवश्यक है कि वन्य पूर्वज पशुओं के समान नंग-धड़ंग अवस्था में रहते थे। जिस तरह पशु-पक्षी खुले में या झाड़पेड़ों पर रतिक्रिया करते हैं, उसी तरह ये पशु अवस्था में रहने वाले ऋषि-पूर्वज भी खुले स्थानों में या झाड़पेड़ों पर रतिक्रिया करते थे। शिश्न या योनि को हाथ लगाना, अभद्र शब्दों का उच्चारण करना, आदि अर्वाचीन दृष्टि से घिनौने प्रतीत होने वाले व्यवहार इन पशुतुल्य लोगों में रूढ़ थे। बाद में प्रगति हासिल करके जब लोगों को अग्नि तैयार करने की प्रक्रिया का ज्ञान हुआ तब ये वन्य लोग अग्नि के आसपास रतिक्रिया करते थे। किसी भी स्त्री को किसी भी पुरुष द्वारा रतिक्रिया के लिए पकड़कर ले जाना, उस काल में धर्म माना जाता था। यदि किसी स्त्री को, कोई पुरुष पकड़कर न ले जाये, तो वह स्त्री बहुत उदास होकर रोया करती थी कि उसे कोई पकड़कर नहीं ले जाता और रतिसुख नहीं देता। इस प्रकार की स्त्री को पशु, आदि प्राणियों से अभिगमन करने की स्वतंत्रता थी। वन्य ऋषि-पूर्वजों में स्त्री-पुरुष में समागम की ऐसी ही पद्धति रूढ़ थी।

इस पद्धति का अनुकरण वन्य ऋषियों के आगे बढ़े हुए यजुर्कालीन वंशज इस प्रकार करते थे : अश्वमेध नामक यज्ञ हुआ करता था। इस यज्ञ की प्रक्रिया, फल-श्रुति और दंतकथा **यजुर्संहिता** में दी हुई है। उनके सातवें अध्याय के चौथे प्रपाठक के उन्नीसवें अनुवाक् में राजपत्नियों का विलाप दिया हुआ है। **शुक्ल यजुर्संहिता** में यही विलाप तेईसवें अध्याय में दिया है। इस अनुवाक् को भाष्यकार विलाप कहता है, परन्तु इसके लिए विलास नाम अधिक उचित लगेगा। इस

विलासात्मक अध्याय के **कृष्ण** और **शुक्ल यजुर्संहिताओं** में कई पाठ इतने भिन्न हैं कि उससे यह निश्चित अनुमान लगाया जा सकता है कि दोनों संहिताओं की जब रचना की गयी तब सही मौलिक पाठ कौन से हैं, यह बात संहिताकारों को भी निश्चित रूप से ज्ञात नहीं थी। उदाहरणार्थ कृष्ण यजुर्संहिताकार "गृह" और शुक्ल यजुर्संहिताकार "गुद" पाठ देता है। प्राचीन वन्य ऋषि-पूर्वजों का वास्तविक मूल पाठ क्या था, यह दोनों संहिताकारों को ज्ञात नहीं था। निजल्गुलिति एवं निगल्गलीति, प्रसुलामि एवं प्रतिलामि आदि पाठांतरों के संबंध में भी यही नियम लागू होता है। तात्पर्य यह कि इस संबंध में जो वाक्य दिये गये हैं वे बिल्कुल अपभ्रष्ट हो गये हैं। इससे यह अनुमान लगाया जा सकता है कि जब **यजुर्संहिता** के कृष्ण तथा शुक्ल पाठों की रचना की गयी, तब ये पूर्व परम्परागत वाक्य इतने पुराने और भ्रष्ट हो चुके थे कि संहिताकारों के लिए यह निश्चित करना असंभव हो गया कि सही पाठ कौन से हैं अतएव लोगों के मुँह से उन्होंने जैसे पाठ सुने, वैसे के वैसे भ्रष्ट और अर्थहीन पाठ लिखने के लिए वे बाध्य थे। उवट और सायण को तो इस विषय के विवेचन में आये हुए बहुत सारे शब्द तथा वाक्य समझ में ही नहीं आये। इतना ही नहीं, प्राचीन समाज के रीति-रिवाजों का ज्ञान न होने के कारण, वाक्यों के गलत अर्थ उन्होंने लिख रखे हैं। उदाहरण के लिए **माता च ते पिता च ते अग्रं वृक्षस्य रोहतः** वाक्य में वृक्ष शब्द का अर्थ उवट मंचक लगाते हैं और सायण तल्प (बिछौना)। उवट के समय में तथा सायण के समय में स्त्री-पुरुष समागम मंचक पर या तल्प पर (बिछौने पर) हुआ करता था, अतः वृक्ष का अर्थ मंचक अथवा तल्प किया जाना स्वाभाविक ही है। पशु अवस्था में वनचर मनुष्य वानरादि अन्य पशु-पक्षियों के समान विस्तृत वृक्षों की शाखाओं पर समागम करते थे—यह कल्पना यदि उन्हें ज्ञात होती, तो इसमें संदेह नहीं कि उनके द्वारा वृक्ष शब्द का वाच्यार्थ ही लिया गया होता। अस्तु, यह स्थल शब्द या वाक्य संबंधी विवेचन का नहीं है। शब्द या वाक्य के संबंध में जो कुछ चर्चा यहाँ पर की गयी है वह इस बात की उत्कट प्रतीति कराने के लिए ही कि **शुक्ल** या **यजुर्संहिता** में इस विषय से संबंधित रीति-रिवाजों का जो वर्णन आया है, वह अति प्राचीन है। इन प्राचीनतम रीति-रिवाजों की नकल अश्वमेध यज्ञ में **यजुर्संहिता** के रचनाकाल में और बाद में याजक या यजमान दोनों गौरवपूर्वक करते थे तथा उस असभ्य, अश्लील नकल की कोई आलोचना नहीं करता था। लोगों की ऐसी धारणा थी कि नकल यथावत् होनी चाहिए, नहीं तो ईष्टफल की प्राप्ति नहीं होगी। अब नकल का ब्यौरा दोनों संहिताओं में जैसा दिया गया है, वैसा ही यहाँ आगे-पीछे का संबंध दर्शाने वाले वाक्य देकर उद्धृत कर रहा हूँ। पहले **कृष्ण यजुर्संहिता** में दिया गया पाठ लेना उचित होगा।

(4) साम्राज्य, राष्ट्र, संपत्ति वीर्यवान् प्रजा की प्राप्ति हेतु अश्वमेध यज्ञ करने की प्रथा थी। यज्ञ में स्त्री-पुरुष मिश्रित सब प्रकार के समूह रहते थे। वहाँ अध्वर्यु,

उद्गातृ, होता जैसे ऋत्विज पुरुष हुआ करते थे और महिषी, यजमान-पत्नी आदि स्त्रियाँ रहती थीं। वहाँ वीर्यवान प्रजा उत्पन्न हो इस कामना की पूर्ति के लिए निम्न प्रकार का नाटक खेला जाता था। अश्वमेध के घोड़े के मृत होकर गिर जाने के बाद वहाँ राजपत्नियों को बुलाकर लाया जाता था। राजपत्नियों में से पटरानी अपनी माता या सपत्नियों को सम्बोधित करके कहती थी—माँ और सपत्नियों, यह मुआ घोड़ा ही मेरे साथ सोयेगा, क्योंकि मुझे अभिगमन के लिए दूसरा कोई भी नहीं ले जा रहा है। पटरानी की यह शिकायत सुनकर घोड़ा हड़बड़ाकर जाग उठता है और पटरानी से कहता है—आओ, हम यहाँ क्षौमवस्त्र (धुला हुआ वस्त्र) शरीर पर ओढ़कर सोएँ। इस सुझाव को सम्मति देकर पटरानी कहती है—मैं तुम्हारे पास गर्भधारणार्थ आयी हूँ, तुम भी मेरे पास बीज डालने के लिए आओ; आओ हम पैर फैलाकर सोयें। घोड़ा तथा पटरानी के एक-दूसरे के पास लेटने के बाद प्रतिप्रस्थाता कहता है—यह घोड़ा वीर्यसिंचन करे और तुम्हारी योनि उस रेत को धारण करे। इस प्रकार का मंत्र कह कर, ऋत्विज घोड़े का लिंग, रानी की योनि के पास लाता है और कहता है—जांघ पर जांघ रख, और लिंग योनि में डाल। स्त्रियों को लिंग जान से भी प्यारा होता है क्योंकि वह योनि को कुचलता है, और योनि के काले छेद में रहने वाले बीज को मारता है। यह नाटक होने के बाद रानी कहती है—महिलाओं, मुझसे कोई भी संभोग नहीं करता। अतएव यह घोड़ा मेरे पास सोता है। इस पर अन्य स्त्रियाँ कहती हैं—जंगल में घास का गट्ठर उठाते समय जिस तरह कूल्हे आगे करते हैं, उसी तरह तुम अपनी योनि आगे उठाओ और उसका मध्य भाग बढ़ाओ। पटरानी यह सब करती है, तब घोड़ा सो जाता है। फिर रानी अन्य स्त्रियों से पुनः कहती है—नारियों, मुझसे कोई भी संभोग नहीं करता, इसलिए मैं घोड़े के पास सोती हूँ। इस पर एक स्त्री यह टिप्पणी करती है—हिरनी रोज ही जंगल की घास छोड़कर खेत की घास चुराकर खाती है, परन्तु उससे उसका पेट भरता नहीं लगता। शूद्र स्त्री वैश्य के साथ रममाण होती है परन्तु उस प्रेम के खेल में उसको संतोष नहीं होता। इस टिप्पणी पर रानी उत्तर देती है कि—घोड़ा मुझसे संभोग करता है, इसका कारण इतना ही है कि अन्य कोई भी मुझसे संभोग नहीं करता। इस पर दूसरी स्त्री कहती है—तुम्हारी यह योनि किसी चिड़िया के समान धीरे-धीरे हिल रही है, उसमें वीर्य पड़ा है और यह गुलगुल की आवाज कर रही है, फिर शिकायत करने की कहाँ जगह है? इस टिप्पणी का भी रानी उत्तर देती है—शिकायत न करूँ तो क्या करूँ? मुझसे कोई पुरुष संभोग नहीं कर रहा है इसलिए मैं घोड़े के पास जाती हूँ। इस पर एक तीसरी कहती है—तू यह अपना नसीब मान कि तुझे घोड़ा तो मिल गया। तेरी माँ को तो वह भी नहीं मिला। तेरी माँ और तेरा बाप पेड़ पर चढ़ते थे और फिर तेरे बाप से योनि छिलने के कारण तेरी माँ योनि में अपने हाथ की मुट्ठी ही ठूँसती थी। इससे तो घोड़ा अच्छा है या नहीं? ऐसा है **तैत्तिरीय संहिता** के मंत्रों का विवरण। इस मंत्र का अर्थ और

पूर्वपरसंबंध और शब्द, सायण को बिल्कुल ही समझ में नहीं आये थे।

(5) **कृष्ण यजुर्वेद संहिता** में वर्णित नाटक का विवरण इस प्रकार है। अब **शुक्ल यजुर्संहिता** में लिखे हुए इसी नाटक का वर्णन दे रहा हूँ। शुद्ध किये गये घोड़े के पास सब राजपत्नियों के आने के बाद वे एक दूसरी से कहती हैं—अरी, मुझे कोई भी तो पकड़कर नहीं ले जाता। यह घोड़ा भी मेरे साथ न सोते हुए कापिल नगर की उस सुभद्री के साथ रममाण हुआ है। उसके इतना कहने पर सभी राजपत्नियाँ घोड़े का इस प्रकार आवाहन करती हैं—तू स्त्री समूहों का पति है। तू सब प्रियकरों में प्रियकर है। तू सुखनिधि है। अतः हे मेरे बसु मैं तेरे पास आकर गर्भधारण करती हूँ। तू मेरे पास आकर गर्भ डाल। हम दोनों चारों पैर फैलाकर और चादर ओढ़कर, इस स्वर्गतुल्य सुखदायक स्थान पर सोयें। तू रेत संपन्न है, तू मुझ में रेत डाल। राजपत्नियों द्वारा घोड़े की इस तरह से प्रार्थना करने के बाद पत्नियों का पति राजा, स्वयं घोड़े को एक कनबतिया बताता है कि मेरी इस पटरानी की जांघें ऊपर उठाकर तू उन पर अपनी जांघों का पिछला भाग रख और उसकी योनि में अपना शिश्न ढकेल, क्योंकि शिश्न पर स्त्रियों की पूरी जान और सुखभोग निर्भर रहता है। यजमान राजा का यह भाषण होने के बाद यज्ञ का मुख्य ऋत्विज अध्वर्यु राजपत्नियों में से जो कुमारी थी, उसकी योनि की ओर उंगली निर्देशित कर कहता है—अच्छी तरह से तपाओ, अच्छी तरह से झुलसाओ, इस तरह से यह तेरी योनि क्रोध से चिल्ला कर कह रही है। इसलिए लिंग तेरे छेद में ठूंसता हूँ। इससे तेरी योनि रेत से भर जायेगी और गलगल शब्द करेगी। अध्वर्यु की इस बात के उत्तर में कुमारी कहती है—आग-आग यह कहकर यह तेरा लिंग हिल रहा है, वह तेरा सच्छिद्र लिंग तेरे मुँह के समान दिखता है, इसलिए अधिक बकबक मत कर। अध्वर्यु और कुमारी का यह संभाषण समाप्त होने के बाद, ब्रह्मा नामक याजक राजमहिषी से कहता है—तेरे माँ-बाप भी पेड़ पर चढ़ा करते थे। फिर तेरा पिता, तेरी माँ से कहता था कि तेरी योनि भर देता हूँ। और फिर उसकी योनि में अपना लिंग ढकेलता था। इस पर महिषी ब्रह्मा से कहती है—तेरे माँ-बाप भी पेड़ पर चढ़कर ही क्रीड़ा किया करते थे इसलिए अधिक मुँह मत चला। चुप हो जा। ब्रह्मा और महिषी के बाद उदात्त नामक ऋत्विज तथा वावाता नामक राजपत्नी के स्वांग यज्ञभूमि पर आते हैं। यज्ञभूमि पर एक युवक भी था। उससे उद्धाता कहता है—इस वावाता को, पत्थर पर टिककर, जिस तरह घास का गट्ठर उठाते हैं उस तरह उठा। इससे इसकी योनि, हवा में अनाज फटकते समय जिस तरह सूपा आगे आता है उसी तरह आगे आयेगी। यह सुनकर यज्ञ भूमि पर एक स्त्री से वावाता कहती है—इस उद्धाता को पत्थर पर टिककर, जिस तरह घास का गट्ठा उठाते हैं, उस तरह से उठा। इससे उसका लिंग, हवा में अनाज फटकते समय सूपा जिस तरह ऊपर उठाया जाता है, वैसे ऊपर उठेगा। फिर होता नामक ऋत्विज और परिवृक्ता नामक राजपत्नी का चौथा जोड़ा रंगमंच पर आता है।

होता कहता है–इसकी छोटी योनि में मोटा लिंग जब यह मनुष्य ठेलता है, तब गाय के कदमों के बराबर पानी में मछलियों का जोड़ा जिस तरह न डूबकर बाहर रहता है, उसी तरह इसके वृषणों की जोड़ी इसकी योनि के बाहर लटकती रहती है। इसका उत्तर देने हेतु परिवृक्ता कहती है–अरे बुद्धिमान लिंगपूजक! तुम जब योनि में चिकना लिंग सरकाते हो तब, तुम्हें सच बताती हूँ कि तुम्हारी जंघाओं के नीचे से योनि धीमे प्रकाश में चमकती है। पांचवां जोड़ा क्षत्ता और पालागली का है। क्षत्ता पालागली से कहता है–हिरन जंगल की घास छोड़कर जब खेत का जौ चुराकर खाता है तब उसे अपना पेट भरा हुआ नहीं लगता। शूद्र स्त्री जब वैश्य पुरुष के साथ चोरी छिपे रत होती है तब उसे संतोष प्राप्त नहीं होता। पालागली क्षत्ता को उत्तर देती है–सच बात है। हिरन जब चुराकर खाता है तब उसे अपना पेट भरा हुआ सा नहीं लगता। शूद्र पुरुष वैश्य स्त्री के साथ जब रममाण होता है तब उसकी भी तृप्ति कहाँ होती है?

(6) इस प्रकार, यह कुल मिलाकर एक नाटक और नकल है। यह नकल क्षुद्र, अधम तथा वीभत्स है, यह बात अश्वमेध करने वाले राजा लोग और ऋत्विज जानते थे। **दधिक्राव्णो अकारिषम्** मंत्र में वे यह स्पष्ट रूप से स्वीकार करते हैं, उन्होंने जो नाटक किया वह वीभत्स था परन्तु यह वीभत्स व्यवहार पूर्व परम्परा के अनुसार करना आवश्यक होने के कारण उनका यह पक्का विश्वास था कि यज्ञ पुरुष अपना कुछ अच्छा ही करेगा, बुरा नहीं। वीभत्स भाषण करने से यज्ञ याजक का जो कुछ भी कल्याण करता होगा, वह करता रहे, किन्तु समाजशास्त्रियों का तो इस वीभत्स नाटक से एक फायदा निश्चित रूप से होता है। उन्हें वैदिक ऋषियों के वन्य पूर्वजों के रीति-रिवाज का ज्ञान होता है। और ये वीभत्स भाषण लिखकर रखने के लिए संहिताकारों के वे बहुत ऋणी हैं। यज्ञभूमि पर मैथुन से संबंधित वीभत्स नाटक वैदिक ब्राह्मण, क्षत्रिय पूर्वजों के समय से चलती आयी परम्परा के रूप में करते थे, नित्य व्यवहार के परिपाठ के रूप में नहीं। वेदकाल में राजा और ब्राह्मण सभ्य और शिष्ट थे, वे असभ्य भाषा का प्रयोग करने से डरते थे। परन्तु यज्ञ कार्य में धार्मिक परम्परा के रूप में वीभत्स शब्द कहना, वीभत्स हाव-भाव और बर्ताव करना उन्हें श्रेयस्कर तथा हितप्रद प्रतीत होता था। परम्परा के रूप में समाज में इस प्रकार की प्रथाएँ अवशेषस्वरूप रहती हैं और बर्दाश्त की जाती हैं, इसका यह उदाहरण है। उदाहरण के लिए यह बताया जा सकता है कि विवाह के समय दूल्हे के बदन पर पदत्राण फेंकने की कई यूरोपीय लोगों में प्रचलित प्रथा तथा होली के दिन अश्लील शब्द बोलने की ब्राह्मणादि हिन्दुओं की रूढ़ि अथवा पास-पास के दो गाँवों की लड़कियों द्वारा गाँव की सीमा पर जाकर एक दूसरी के बापजादों और माँ-बहनों को गाली-गलौज करने की गाँव वालों की प्रथा–ये सब प्रथाएँ–परम्परा के रूप में चलती आयी हैं, और समाज उन्हें बर्दाश्त करता है, अस्तु। ये प्रथाएँ क्या बताती हैं?

पुरातन युरोपीय टोली के लोग जब दूसरी टोली की स्त्री को भगा ले जाते थे,

तब उस स्त्री के भाई-बंद स्त्री को भगाने वाले पुरुष को पीटते थे, इस तरह का अनुमान हम पुरानी रूढ़ियों से निकालते हैं। होलाका नामक एक संस्था वन्य ऋषि-पूर्वजों में थी। उस संस्था में वे वन्य पुरुष लिंग तथा योनि के संबंध में टोली के सब स्त्री-पुरुषों के दोष खुले रूप में घोषित करते थे—यह अनुमान एक रूढ़ि से लगता है।

तीसरी रूढ़ि से यह अनुमान लगाया जा सकता है कि कुणवी इत्यादि गंवार पूर्वजों में तरुण कुमारिकाएँ एक-दूसरी के दोष बताकर जले फफोले फोड़कर, अभद्र भाषण करती थीं। यही नियम शिष्ट तथा सभ्य वैदिक ब्राह्मण-क्षत्रियों के वन्य पूर्वजों पर लागू होता है। वन्य ऋषि-पूर्वज यज्ञभूमि पर अथवा अग्निकुंड के चारों ओर यानी धधकती धूनी के चारों ओर आग तापने के लिए एकत्रित होकर हमेशा लिंग तथा योनि वाचक शब्द एक-दूसरे को सम्बोधित कर बोला करते थे। उन जंगली लोगों के ये दोनों अंग खुले होते थे, अतः इस सम्बन्ध में छिपाने लायक या लज्जास्पद कुछ न लगने के कारण, उन्हें ऐसा नहीं लगता था कि इन अवयवों के दर्शक शब्दों का उच्चारण करने में कुछ गलत है। जिन शब्दों को आज हम लोग अश्लील समझते हैं—लिंग व योनि—उनके वाचक वीभत्स शब्द हाल में भी पृथ्वी के कितने ही जंगली लोगों के हमेशा के बोलने में कई बार आते हैं, यह समाजशास्त्र का अध्ययन करने वाले लोगों को बताने की आवश्यकता नहीं है।

बहुत दूर जाने की आवश्यकता नहीं है, अभी जिस स्थान पर बैठकर मैं लिख रहा हूँ उस स्थान के पास से मैं भील, वडार, वंजारी, इत्यादि निम्न श्रेणी के न्यूनाधिक जंगली लोगों को गाड़ियाँ चलाते, बाजार करते, श्रृंगार गीत गाते एवं गपशप करते देखता और सुनता हूँ। उनके बोलने में प्रत्येक वाक्य में ऐसा शायद ही हो कि एक भी अश्लील शब्द न आये। ब्राह्मणादि उच्च और सभ्य लोगों से बोलते समय असभ्य भाषा मुँह से निकालने में वे कुछ डरते हैं। परन्तु आपस में बोलते समय उनकी बातचीत में तालमेल बहुत ही कम रहता है और यह स्थिति बिल्कुल स्वाभाविक है। उपजीविका के लिए परिश्रम करना, कड़ी मेहनत करना और मनोरंजन के लिए जननेंद्रियों की आराधना करना, इन दो विषयों के अलावा तीसरा कोई विषय जंगली लोग नहीं जानते। यही स्थिति वन्य ऋषि-पूर्वजों की भी थी। इन ऋषि-पूर्वजों की बातचीत में जननेंद्रियों से संबंधित बहुत सारे शब्द सहज रूप से आते थे। ये वन्य ऋषि-पूर्वज धूनी के आसपास एकत्रित होते थे और जननेंद्रियों के संबंध में आने वाली कठिनाइयों के बारे में बातचीत करते थे। वहीं पर ये गर्भाधान भी सम्पन्न करते थे और इन तीनों क्रियाओं को मिलाकर उसके लिए "यज्ञ" शब्द का प्रयोग करते थे। अग्नि में डाली हुई हवि द्वारा देवताओं की प्रार्थना करना "यज्ञ" शब्द का यह जो अर्थ, वैदिक लोग मानते थे, वह अर्थ वन्य ऋषि-पूर्वजों को ज्ञात नहीं था। यज्ञ की आग के आसपास चारों ओर इकट्ठा होना, छोटी लकड़ियों तथा मारे हुए जानवरों की चर्बी से आग जलाना, सोम की शराब पीना, जननेंद्रियों के

संबंध में बोलना और मैथुन करना, इस क्रियाकलाप को ये जंगली लोग "यज्ञ" की संज्ञा देते थे।

मूलतः यज्ञ शब्द यज्+न् से बना था। यजून् एक वाक्य बनता है। न् अथवा न्त बहुवचनी प्रथम पुरुषवाचक सर्वनाम जंगली ऋषि-पूर्वजों की भाषा में था, क्रियावाचक शब्द के आगे वे सर्वनाम का प्रयोग करते थे। यजू न् उनके इस वाक्य का अर्थ होता है वे यज्ञ कहते हैं। यजू क्रिया शब्द दो क्रियाओं का जोड़ है, यजू, इजू इस जुड़े हुए क्रियावाचक शब्द में ई अथवा य क्रिया का अर्थ था–गमन करना, जाना, जमना। इसलिए इसका अर्थ होता है जन्म देना, समागम की क्रिया करना। एक स्थान में एकत्रित होकर यमनक्रिया अथवा जननक्रिया करने की संयुक्त क्रिया के लिए यजू अथवा इजू संयुक्त क्रियादर्शक शब्द उनकी भाषा में था। तात्पर्य यह कि वे एकत्रित होते हैं चयनक्रिया (जननक्रिया) करते हैं–उन जंगली लोगों में यजू न् वाक्य का यह अर्थ था। इस यजू न् वाक्य का उच्चारण ऐसा कालांतर में हुआ और जंगली लोगों की प्राथमिक भाषा मृत होने के बाद ही यज्ञ वाक्य संज्ञा के रूप में, बाद की भाषा में प्रचलित हुआ। कालांतर से जंगली ऋषि-पूर्वजों के वंशज उत्तरोत्तर प्रगति करते गये, घरद्वार बनाकर रहने लगे, और मैथुनक्रिया यज्ञभूमि पर, यानी जमात की जगह पर, लोगों के बीच में न कर, अकेले में करने लगे। उन प्रगतिशील वंशजों में इन्द्र, वरुण, सूर्य देवताओं की आराधना अग्नि में हवि डालकर करने की पद्धति अस्तित्व में आयी। अग्नि और अग्निकुंड आर्य संस्कृति का मूल उद्गम हैं। अतः देवताओं की आराधना, अग्नि तथा अग्निकुंड के सान्निध्य में तथा अग्नि के द्वारा स्वाभाविक रीति से होने लगी, और यह भावना सहज ही प्रचलन में रही कि पूज्य पूर्वज जो कार्य अग्नि के समीप करते थे, वे सब कार्य उसी पद्धति से अग्नि के सम्मुख करने के इष्ट काम की सिद्धि जैसे उन्हें मिली, वैसी अभी हमको भी मिलेगी। पूर्वज अग्नि के चारों ओर एकत्रित होते थे, अभद्र शब्दों का उच्चारण करते थे, और वहीं पर मैथुनक्रिया भी पूरी करते थे, अतः उनके प्रगतिशील वंशज भी, यज्ञ प्रक्रिया में अग्नि के पास एकत्रित होने की, अभद्र शब्द बोलने की और संभोगक्रिया करने की नकल अश्वमेध यज्ञ में हू-ब-हू करते थे। वैदिक ब्राह्मण-क्षत्रियों की यह धारणा थी कि वन्य-पूर्वजों को धूनी के पास संभोग करने पर जिस तरह सचमुच पुत्र प्राप्ति होती थी उसी तरह यज्ञ भूमि पर पूर्वजों की सिर्फ नकल उतारने से हमें भी पुत्र संतति होगी। अश्वमेध यज्ञ करने से निश्चित रूप से वीर प्रजा मिलेगी अथवा पंचहविरूपेत-चयन करने से हजार पुत्रों की प्राप्ति होगी, वैदिक ऋषियों की यह श्रद्धायुक्त भावना थी। पूर्वजों ने अग्नि की इस तरह से उपासना कर, इस तरह की इष्ट सिद्धि प्राप्त कर ली, अतएव जिसको उस तरह की इष्ट सिद्धि प्राप्त कर लेने की इच्छा होगी, उसे उस तरह की आराधना करनी चाहिए–इस तरह का उपदेश, यजुर्वेद में, प्रत्येक इष्टि के और यज्ञ के मंत्र में किया हुआ पाया जाता

है। इस संबंध में **तैत्तिरीय संहिता** के पाँचवें अध्याय के छठे प्रपाठक के पाँचवें अनुवाक में लिखा हुआ निम्न वाक्य नमूने के तौर पर दिया जा रहा है :

एतं वै पर आट्णारः कक्षीवां
औशिजो वीतिहव्यः श्रायसस्त्रसदस्युः
पौरुकत्स्यः प्रजाकामा अचिन्वत ततो
बै तै सहस्त्रं सहस्त्रं पुत्रानविन्दंत।

अट्णार के लड़के पर, उशिज के लड़के कक्षिवान्, श्रयस के पुत्र वीतिहव्य और पुरुकुत्स के लड़के त्रसदस्यु ने पुत्र संतति की प्राप्ति की इच्छा से पंचहविर्युक्त चयन क्रिया की। इससे उसमें से प्रत्येक को एक-एक हजार पुत्र प्राप्त हुए। अतः पंचहविर्युक्त चयन जो कोई करेगा, उसे भी वही प्राप्त होगा।

यज्ञभूमि पर पंचहविर्युक्त चयन करने पर, कक्षिवान्, वीतिहव्य और त्रसदस्यु को एक-एक हजार पुत्र किस तरह से मिले? पंचहवि देते ही क्या आकाश से एकदम एक हजार बच्चे गिर पड़े या भूगर्भ से ऊपर आ गये? वास्तविक घटना इस प्रकार होती थी। शत्रु से लड़ने के लिए या युद्ध, शिकार इत्यादि, के लिए प्रजापति यानी समूह के मुखिया को तरुण युवकों की भारी जरूरत पड़ती रहती थी। प्रजापति यज्ञ का आयोजन करके पड़ोस के जवानों को एक साथ बुलाकर अपने समूह की स्त्रियों से उनका समागम करवाकर अपनी स्त्रियों के द्वारा, अधिक से अधिक प्रजा उत्पन्न करवाते थे, उस प्रजा की देखभाल करते थे और अपना मनुष्य बल बढ़ाते थे। शत्रुओं को जीतकर और उनको दास बनाने पर प्रजा जितनी बढ़नी चाहिए उतनी बढ़ नहीं पाती थी। अतएव यह यज्ञ के बहाने लोगों को एकत्रित करके बच्चे उत्पन्न करने की प्रजापतियों की पद्धति थी। **प्रजापतिर्यज्ञं असृजत, प्रजापतिः प्रजाः असृजतं,** इत्यादि जो वाक्य **तैत्तिरीय संहिता** में आते हैं, उनका अर्थ इतना ही है कि धूनी के चारों ओर सब जमातों को एकत्रित कर, प्रजापति प्रजा उत्पन्न कर अपना मनुष्य बल बढ़ाते थे।

अग्नि के चारों ओर प्रजोत्पादन आदि क्रिया हेतु एक स्थान पर एकत्रित होना, वन्य ऋषि-पूर्वजों की भाषा में "यज्ञ" शब्द का यही मूल अर्थ था। यही पूर्वपरम्परागत, पूर्वजों, से प्राप्त यज्ञ शब्द वन्य ऋषि-पूर्वजों के प्रगतिशील वेदकालीन वंशज अग्नि में हवि देकर इष्टकामना सिद्धि हेतु देवताओं की आराधना करने के लिए प्रयोग करते थे। अग्नि और यज्ञ, दोनों का इतिहास यही है। यज् न् यानी वे एकत्र होकर प्रजोत्पादन करते थे– जिस प्रकार से 'यज्ञ' शब्द का यह मूलार्थ है, उसी प्रकार से यजुस् शब्द का भी है। यज् संस्कृत धातु के आगे उस् अथवा उर् सर्वनाम लगाकर यज् उर् वन्य ऋषि-पूर्वजों की भाषा में वाक्य होता था। इस वाक्य से यजुर्, **यजुस्** शब्द निकला है। न् (अन्, न्त) जिस तरह प्रथम पुरुष के बहुवचन का सर्वनाम है, उसी तरह वह उर् या उस् उत्तम पुरुष का बहुवचन दर्शक सर्वनाम है। यजुस् का

अर्थ है, वे आराधना करते हैं। यज्ञ एवं यजुस् वाक्य मूल रूप में ही बहुवचनार्थक हैं। अतः उनका अर्थ है–कई लोगों द्वारा एकत्रित होकर ईश्वरोपासना करना। इष्टि शब्द इज् (यज्)+ति की तरह मूलतः वाक्यात्मक था। इज्+ति वाक्य में ज् का ष् होकर इष्टि वैदिक शब्द निर्मित हुआ है। तात्पर्य यह कि यज्ञ, यजुस्, इष्टि इन तीनों शब्दों का प्रथम संबंध अग्नि के चारों ओर किये गये प्रजोत्पादन-कर्म से था। अतः प्रजोत्पादन से संबंधित विवाहादि विधियों में अग्नि का प्रत्यक्ष अस्तित्व वैदिक ऋषियों को, परम्परागत होने के कारण, पूज्य अतएव अत्यावश्यक प्रतीत होता था।

(7) अग्निचयन और प्रजोत्पादन का साहचर्य, वन्य ऋषियों के पूर्वजों में कितनी पराकाष्ठा पर था, यह बात **तैत्तिरीय संहिता** में लिखित एक उद्धरण देकर अधिक स्पष्ट की जा सकती है :

नाग्निं चित्वा रामां उपेयाद्
अयोनौ रेतो धास्यामीति,
न द्वितीयं चित्वा अन्यस्य स्त्रियं
उपेयान्, न तृतीयं चित्वा
कांचन उपेयाद्, रेतो वा एतन्नि
धत्ते यदग्निं चिनुते, यदुपेयाद्रेतसा व्यृध्येत।
(**तैत्तिरीय संहिता,** काण्ड 5, प्रपाठक 6, अनुवाक 8)

एक ऋषि का मत था कि प्रथम बार अग्नि चयन करने पर, स्त्री समागम न करें; कारण यह कि अनुपयुक्त स्त्री में रेत स्थापित करने का कोई अर्थ नहीं। दूसरी बार अग्नि चयन करने पर परायी स्त्री से संभोग न किया जाये, और तीसरी बार अग्नि चयन किया तो किसी भी स्त्री के साथ संभोग न करे। इस वर्जना का कारण यह है कि अग्नि चयन करने का अर्थ रेत संचित करना है, अतः स्त्री समागम करने से रेत का व्यर्थ क्षय होता है।

स्त्री समागम पर लगायी गयी इस वर्जना के अनुसार स्वयं अपनी स्त्री की योनि अनुपयुक्त होने पर, दूसरे के स्वामित्व की स्त्री से या दूसरे किसी भी व्यक्ति के स्वामित्व की जो नहीं है ऐसी स्त्री के साथ भी, अग्नि चयन के उपरान्त समागमन न किया जाये। यानी गर्भितार्थ यह है कि निषेध का प्रारम्भ होने से पूर्व अग्नि सिद्ध किये जाने पर भी स्वस्त्री या परस्त्री से अथवा किसी भी स्त्री से समागम किया तो चल सकता था। यह निषेध प्रस्थापित होने से पूर्व यह प्रथा थी कि अग्निकुंड के पास, प्रजापति स्वस्त्रियों के साथ समागम करते थे, अथवा ऐसी दास्यावस्था वाली दासियों के साथ समागम करते थे, जिन पर किसी का स्वामित्व नहीं था। एक समय में ऐसी थी स्थिति। आगे नीति कल्पनाओं का विकास होने पर स्व-परभाव बढ़ा और कुछ सज्जनों को ऐसा प्रतीत होने लगा कि पवित्र माने गये अग्निकुंड के पास, स्वस्त्री से या परस्त्री से समागम करना नीतियुक्त नहीं है। तब कुछ लोगों ने अपनी

अग्निचयन प्रक्रिया में स्त्री समागम निषिद्ध माना, परन्तु यह निषेध समाज के सभी व्यक्तियों को पसंद आया—ऐसा नहीं कहा जा सकता। कुछ लोगों का मत था कि अग्निकुंड के पास गरमाहट के स्थान पर स्त्री समागम करने से प्रजावृद्धि होती है और मनुष्य बल बढ़ता है; अतः अग्निकुंड के पास आकर स्त्री समागम करना अपने समाज की मनुष्य संख्या बढ़ाने की दृष्टि से लाभदायक है, इसलिए उपर्युक्त प्रकार की रोक लगाना अनुपकारक है, अतः उसे अस्वीकार्य माना जाये। इस तरह समाज में दो पक्ष हो गये—(1) अगमन पक्ष, (2) गमन पक्ष।

अथो खलु आहुः अप्रजस्यं तद्
यन्नोपेयादिति, तस्मादुपेयाद्रेतसः
अस्कंदाय (काण्ड 5, प्रपाठक 6, अनुवाक 8)।

अब इस पर ऐसा कहा जाता है कि समागम न करने पर प्रजा अवरुद्ध हो जायेगी, अतएव रेत व्यर्थ न जाने दिया जाये, इस हेतु स्त्री समागम किया जाये।

इस तरह से गमन पक्ष का मत था कि अग्नि चयन करने के उपरांत भी, स्वस्त्री से, परस्त्री से, या किसी भी स्त्री से समागम में कोई आपत्ति न होनी चाहिए। इन विधि निषेध रूप मंत्रों का वर्तमान विषय के लिए उपयोगी तात्पर्य इतना ही है कि वन्य ऋषि-पूर्वज अग्नि के आसपास के गरमाहट के स्थान में प्रजोत्पादन करते थे।

(8) अग्नि और प्रजोत्पादन की क्रियाओं का नित्य संबंध दर्शाने वाले कितने ही वाक्य **ऋग्वेद** तथा **यजुर्वेद** से चुनकर निकाले जा सकते हैं। **प्रजननं ज्योतिः (तै.सं.**, कांड 7, प्रपाठक 1, अनुवाक 1) वाक्य में पुरुष की जननेंद्रिय को अग्नि की ज्योति कहा गया है। **गर्भो वा एष यदुख्यः (तै.सं.**, 5-6-10) वाक्य में अग्नि को गर्भ कहा गया है। गर्भ, योनि, रेत, मुष्क, अंजि, प्रजनन, प्रजापति, मेंदु, इन्द्रिय, वृष, वृषण, वृषभ, वीर्य आदि शब्द—जिनका उच्चारण करना हम अश्लील और असभ्य समझते हैं—**यजुर्संहिता** में अग्नि के साथ-साथ जगह-जगह उपयोग किये गये दिखायी देते हैं। वन्य ऋषि-पूर्वजों की कल्पना थी कि प्रजोत्पादक इन्द्रियाँ अग्नि हैं। इसके अलावा, यमनकर्म खुले में, सबके समक्ष करना उन्हें लज्जास्पद प्रतीत नहीं होता था अर्थात् उन्हें ऐसा नहीं लगता था कि यमनक्रियावाचक शब्दों तथा अवयवों का उच्चारण करने में कोई अश्लीलता है। जिस प्रकार नाक, आँख खुली रखना हमें लज्जास्पद नहीं लगता उसी तरह जननेंद्रियाँ खुली रखना वन्य ऋषि-पूर्वजों को लज्जा की बात नहीं लगती थी। मतलब यह कि वन्य ऋषि-पूर्वज एक समय बहुत कुछ नग्न रहते थे और जननेन्द्रिय, रेत, गर्भ आदि के वाचक शब्द उनके बोलने में हर घड़ी आते थे। **तैत्तरीय संहिता** के प्रथम कांड के पाँचवें प्रपाठक के नवम अनुवाक में अग्नि, योनि, लिंग के संबंध में ऋषिकल्पना, यानी ऋषि-पूर्वजों की कल्पना क्या थी यह स्पष्ट रूप से दिया हुआ है।

अग्निहोत्रं जुहोति, यदेव किं च
यजमानस्य स्वं तस्यैव तत्।
रेतः सिंचति प्रजनने प्रजननं हि वा अग्निः।

यत्सायं जुहोति रेत एव तत्सिंचति।
प्रैव प्रातस्तनेन जनयति तत्।।

इन वाक्यों का भावार्थ इस प्रकार है : अग्निहोत्री यजमान अग्नि में जो दूध, दही, घी आदि पदार्थ डालता है, वे निरर्थक नहीं होते। योनि में डाला हुआ रेत जिस प्रकार वहाँ जमा होता है, उसी प्रकार अग्नि में डाले हुए पदार्थ रेत रूप हो जाते हैं, क्योंकि अग्नि ही जननेन्द्रिय है। संध्या समय हवन करना रेतसिंचन करना ही है। और प्रातःकाल हवन करने का अर्थ है, सायंसिक्त रेत से प्रजा संपादित करना।

यज्ञ भूमि पर ऋषि-पूर्वजों के काल में किस प्रकार की प्रथाएँ चलती थीं, उनको स्पष्ट करने वाला एक और वाक्य **तैत्तिरीय संहिता** के सातवें अध्याय के पाँचवें प्रपाठक के दसवें अनुवाक में आया है।

यंति वा एते मिथुनाद् ये
संवत्सरं उपयंति अंतः वेदि
मिथुमो सं भवतः तेनैव
मिथुनान्न यंति।

इस मंत्र का भावार्थ है कि जो यजमान संवत्सर सत्र का अनुष्ठान करते हैं, उनकी मैथुन शक्ति कम होती है, क्योंकि वर्ष भर में वे ब्रह्मचर्य का पालन करते हैं। उनकी मैथुन शक्ति पुनः प्रज्ज्वलित हो, इस उद्देश्य से ईश्वर की अघटित लीला से वेदी के मध्य में एक जोड़ा उत्पन्न होता है। यह जोड़ा किसका? यह जोड़ा होता है, एक ब्रह्मचारी और एक छिनाल स्त्री का। उस जोड़ी का मैथुन व्यवहार देखने से वर्ष भर ब्रह्मचर्य से रहने वाले यजमान की मैथुन शक्ति पुनः पूर्ववत् शक्ति के साथ विकसित होती है। भाववाचक नाम मैथुन का कार्य **तैत्तिरीय संहिता** में मिथुन शब्द करता है।

यजमान द्वारा वर्ष भर ब्रह्मचर्य पालन करने का व्रत वैदिक काल में प्रचलित हुआ। इससे पहले देदी पर, अर्थात् अग्नि के चारों ओर अर्थात् जहाँ जमात जुड़ती थी, वहाँ, स्त्रियों के पीछे लगने वाले पुरुष तथा पुरुष के पीछे लगने वाली स्त्रियाँ यथेच्छ रममाण होते थे। जिस मालिक की धूनी होती थी, उसकी स्त्रियाँ आये हुए मेहमानों के साथ रममाण होती थीं, और स्वयं यजमान ब्रह्मचर्य से रहते थे। अतिथि को स्वस्त्री समर्पण करने की जो प्रथा वैदिक ऋषि लोगों में पहले प्रचलित थी, वह यजमान के इस कुछ समय के लिए किए हुए ब्रह्मचर्य पालन में दिखायी देती है।

(9) वन्य ऋषि-पूर्वज धूनी के चारों ओर जमात की जगह पर केवल प्रजोत्पादन का काम कर ही बेकार नहीं बैठते थे। वहाँ वे मादक सोमरस पीते थे, गाने गाते थे, नाचते-कूदते थे। वन्य पूर्वजों के गाने से बाद में त्रिष्टुभू, अनुष्ठुभू, गायत्री आदि छंद निकले और बाद में जिसे सामगायन कहा गया, वह गान उत्पन्न हुआ। जंगली नाचों से बाद में नृत्यकला का उदय हुआ, और वन्य पूर्वजों की प्रथाओं तथा पद्धतियों की जो नकल वैदिक काल में आदरपूर्वक होने लगी, उस नकल से ही बाद में वह चीज

उत्पन्न हुई जिसे नाटक या नाट्यकला कहा जाता है। अश्वमेध यज्ञ के घोड़े के सम्मुख राजस्त्रियों का विलाप अथवा विलास और उस विलास में होने वाले स्त्री-पुरुषों के संभाषाण-यह एक छोटा सा वीभत्स रसात्मक नाटक ही है। अश्वमेध की समाप्ति के समय जब आरती का समय आता है तब ऋत्विज ऋचा कहते हैं, स्त्रियाँ गाने गाती हैं और दासियाँ नृत्य करती हैं। सिर पर मद्य की गगरियाँ लेकर पैरों से ताल पकड़कर "इदं मधु" (यह मद्य है) शब्द गाते-गाते आठ दासियाँ यज्ञभूमि पर आती हैं, तब यजमान अपने को धन्य महसूस करता है कि वह बड़ा ही पुण्यमान् और भाग्यवान् है–यह **तैत्तिरीय संहिता** में लिखा हुआ है (कांड 7, प्रपाठक 5, अनुवाक 1, अंत)।

(10) भारतीय आर्यों में विवाह अग्नि के समक्ष ही क्यों किया जाता है यह उपरोक्त विवेचन से स्पष्ट होता है। किसी भी समाज में विवाह का मुख्य प्रयोजन प्रजोत्पादन होता है, जिसे वन्य ऋषि-पूर्वजों के काल में अग्नि के चारों ओर के यज्ञकुंड पर, अर्थात् जमात के स्थान पर किया जाता था। अतएव उनके वंशज वैदिक और वर्तमान भारतवर्ष के आर्य भी अपने विवाह 'तातस्य कूपं' न्याय के अनुसार अग्नि के समक्ष करते हैं।

परिशिष्ट

(**कृष्ण यजुर्संहिता,** कांड 7, प्रपाठक 4, अनुवाक 19)

(1) **अंबे अंबाल्यंबिके न मा नयति कश्चन**। हे अंबे, हे अंबालि, हे अंबिके, मुझे कोई भी नहीं ले जाता।

टीका : इस मंत्र के तीन पाठभेद हैं। एक पाठ **कृष्ण यजुर्संहिता,** दूसरा पाठ **यजुर्संहिता** का और तीसरा पाणिनीय **अष्टाध्यायी** का।

कृष्ण यजुर्संहिता पाठ–अंबे अंबाल्यंबिके
शुक्ल पाठ - अंबेअंबिकेऽ बालिके
पाणिनि पाठ - अंबे अंबाले अंबिके

अंबे और अंबिके ये दोनों रूप तीनों ही पाठों में एक जैसे हैं। अंबे रूप तीनों पाठों में पहला है। अंबिके रूप कृष्ण पाठ में और पाणिनीय पाठ में अन्तिम और शुक्ल पाठ में दूसरा है। कृष्ण पाठ में अंबालि रूप, शुक्ल पाठ में अंबालिके रूप और पाणिनीय पाठ में अंबाले रूप हैं। अंबालि अंबालि शब्द का संबोधन है। अंबाले, अंबाला अथवा अंबालि शब्द का सम्बोधन है और अंबालिके अंबालिका शब्द का। शब्द-रूप में और पाठ्यक्रम में इस तरह के तीन प्रकार हैं। इससे स्पष्ट रूप से यह अनुमान लगाया जा सकता है कि **यजुर्संहिता** शुक्ल हो या कृष्ण, उसके पाठ निश्चित नहीं हैं। इसका अर्थ यह है कि **यजुर्संहिता**–शुक्ल और कृष्ण–जैसी आज

उपलब्ध हैं मूल रूप में वह जिस रूप में लिखी गयी होंगी, उसी रूप में हमारे पास तक नहीं पहुँची हैं। उसके शब्दों तथा शब्दक्रम में रूपांतर हुए हैं। इसके अतिरिक्त, पाणिनीय सूत्रों से (6-1-118) ऐसा लगता है कि पाणिनी को **यजुर्संहिता** में स्वरसंधियों के संबंध में जो नियम ज्ञात थे, उनका अभी उपलब्ध **कृष्ण यजुर्संहिता** और **शुक्ल यजुर्संहिता** में यद्यपि पालन किया गया है, तथापि उनका पालन बड़े युक्तिपूर्ण ढंग से हुआ है।

आपो जुषाणो आदि सुत्रों में पाणिनि कहते हैं कि अंबे, अंबाले, अंबिके इन तीन शब्दों में आये हुए आद्य "अ" कार के पूर्व "अे" अकार आने पर पूर्वरूप एकादेश "यजुषि" नहीं होता, मूल रूप ही रहता है, अर्थातू संधि नहीं होती। इस नियम के अनुसार, पाणिनि को जो मान्य थी, उस **यजुर्संहिता** में अंबे, अंबाले, अंबिके—इस प्रकार का संधि रहित पाठ था। वह पाठ आज की **कृष्ण यजुर्संहिता** में, अर्थात् **तैत्तिरीय संहिता** में बदलकर अंबे, अंबाल्यंबिके कर दिया गया है, अर्थात् अंबाले की जगह अंबालि का संबोधक रूप रख दिया गया है और इस तरह पाणिनीय उपदेश की अवहेलना स्पष्ट रूप से दृष्टिगोचर होती है। पाणिनी ने अंबे, अंबाले और अंबिके ये तीन रूप बताये हैं, उनका अर्थ अभी उपलब्ध तैत्तिरीय संहिताकारों ने ऐसा किया कि अगर अंबाले रूप होगा तो ही आगे के आकार का पूर्वरूप-एकादेश होगा। अंबालि जिस अर्थ में हमारा आज का रूप है, उस अर्थ में यह नियम यहाँ लागू ही नहीं हो सकता। पाणिनीय नियम को टालने का एक ऐसा गुप्त मार्ग नये तैत्तिरीय संहिताकारों ने निकाला, यह बात सच है। परन्तु पाणिनि के हाथों इन कच्चे गुरुओं की चालों को मुक्ति न मिल पायी। अंबालि रूप स्वीकार कर अंबाल्यंबिके की संधि वे खुलेआम कर सकते थे, परन्तु अंबे तथा अंबालि शब्दों का स्वाभाविक रूप रखकर, अर्थात् संधि न बनाकर उन्होंने अपनी स्वयं की हँसी करवा ली।

लग्नसंस्था—एक टिप्पणी

(अब तक हमने भारतीय विवाह संस्था के इतिहास पर स्वर्गीय श्री राजवाडे जी द्वारा लिखित चार अध्याय दिये हैं। इसके आगे के और अध्याय उपलब्ध नहीं हैं, किन्तु यहाँ इसी विषय पर उनके द्वारा लिखी टिप्पणियाँ "लग्नसंस्था" शीर्षक के अन्तर्गत दी जा रही हैं-**संपादक**)

1. ब्रह्मदेव ने अपनी लड़की के साथ लैंगिक संबंध बनाया।
2. यम और यमी भाई-बहन के बीच पति-पत्नी का संबंध स्थापित हुआ।
3. चंद्र, बृहस्पति की पत्नी तारा के साथ रहने लगा (**वनपर्व**-219) गुरु तल्पग।
4. पाराशर ने सुगंधी के साथ संभोग किया।
5. कृष्ण की 16,000 गोपी-पत्नियाँ थीं।
6. फिर भी, मोहिनी के लिए वृन्दावन में कृष्ण ने घर बनाया।
7. विभांडिक ने मृगी से संभोग किया (formication with beasts)(**वन**-110)। अश्वरूप धारण करने वाली त्वाष्ट्री सूर्य की भार्या (**आदि**-66)। दम ने मृगी के साथ संभोग किया (**आदिपर्व**, पृष्ठ 11) मृगवेष में पत्नी से रतिक्रीड़ा, पांडु द्वारा मारे गये मृग-दम्पति। मृग ऋषि था (**आदि**-118)।
8. द्रौपदी—एक स्त्री सब भाइयों की पत्नी। जो भाई कमरे में होता उसकी निशानी बाहर रखी जाती थी, इससे दूसरा भाई भीतर नहीं जाता था।
9. सीता--एक-एक बहन, एक-एक भाई की पत्नी।
10. चिरकारी की कथा : गौतम ने व्यभिचारी स्त्री का—चिरंकारी की माता का—वध करने को चिरकारी से कहा, परन्तु उसने उसका वध नहीं किया (**शांतिपर्व**-266 अध्याय), माता की ममता का रक्षण किया।
11. परशुराम की कथा—उसने माँ का वध करके पिता की आज्ञा का पालन किया।
12. कुंती ने तीन और माद्री ने एक बार नियोग किया, तथा वह पति की अनुमति से किया।

13. कुंती जब किशोरी थी तब उसे कर्ण हुआ था और लोक-लज्जा के कारण यह उसने लोगों से छिपाया था, ऐसे पुत्र को मान्यता नहीं थी।
14. प्रत्येक हिन्दू वधू पहले इन्द्र, अग्नि, आदि पाँच देवताओं से विवाह करती है और बाद में वास्तविक वर से विवाहित होती है। दमयंती ने भी ऐसा ही किया था।
15. बड़े भाई से पहले छोटे भाई का या बड़ी बहन से पहले छोटी बहन का विवाह नहीं किया जाता, और अगर कभी किया जाये तो उसे गौण मानते हैं।
16. देवताओं द्वारा मानव स्त्री के साथ संभोग किये जाने पर मानव उसे अनुग्रह समझते थे। यह समझ अभी भी रूढ़ है।
17. सुदर्शन के आतिथ्य की कहानी—उसने अपनी पत्नी, रतिसुखार्थ मेहमान को दी और इस बात के लिए उसकी अमरकीर्ति हुई। (**अनुशासन पर्व**-अ. 2)।
18. ऋचिका ने गाधि को 1000 घोड़े, शुल्क के रूप में, सत्यवती के लिए दिये (**अनुशासन पर्व**-अध्याय 3-4)। स्वयंवरों में किये गये विक्रय आदि एक प्रकार के शुल्क ही हैं।
19. **श्रुयते हि पुराणेपि जटिला नाम गौतमी।**
ऋषीनध्यासितवतीसप्त धर्मव्रतां वरा।।14।।
तथैव मुनिजा वार्क्षी तपोभिर्भावितात्मनः
संगताभूद्दश भातृनेकनान्मः प्रचेतसः।।15।।

(**आदिपर्व**, अध्याय 198 संपूर्ण पढ़िये)

(Polyandry एक बंधु स्त्री के साथ एकान्त में रहने पर दूसरा इसको न देखे, यह पांडवों का नियम था) (**आदिपर्व**, अध्याय 212)।

20. **प्रेष्याः संप्रददै कृष्णा नानादेश्यः सहस्शः।।** 16।। (**आदिपर्व**, अध्याय 201)।
21. उत्तंक और वेद की कथा—आश्रम की स्त्रियाँ उत्तंक को, गुरु की अनुपस्थिति में गुरुपत्नी का ऋतु सुफलित करने के लिए कहती है, तो वह इस सुझाव को अस्वीकार कर देता है। लौटने पर गुरु उसको शाबाशी देते हैं, परन्तु आश्रमवासी स्त्रियों को जरा भी दोष नहीं देते। इससे स्पष्ट है कि गुरुपत्नी के साथ गुरु की अनुपस्थिति में संभोग करना शिष्य के लिए एक विहित कृत्य था। गुरुपत्नी के साथ किया गया संभोग एक प्रकार का मातृगमन ही था। इत्यादि (**आदिपर्व**)।
22. सत्यवती को कौमार्यावस्था में व्यास हुआ। कर्ण के समान कानीन (**आदिपर्व**, अध्याय 60)।
23. व्यास जब जनमेजय की राजसभा में गये तब उन्हें मधुपर्कपूर्वक गाय समर्पित की गयी, परन्तु अवध्य होने के कारण उन्होंने उसे मारा नहीं। इसका अर्थ

यह है कि पूर्वकाल में कभी गाय मारने की प्रथा थी। वह महाभारत काल में बंद हो गयी थी (**आदिपर्व,** अध्याय 60)।

24. पाराशरी ब्राह्मण तथा निषाद जाति की कुमारी सत्यवती के मिलन से जो व्यास कृष्णद्वैपायन हुए, वे माता की जाति को न होकर पिता की जाति से माने गये, इससे ऐसा प्रतीत होता है कि यह निषादी मूलतः अनार्य नहीं थी। वह ब्राह्मण बीज और शूद्र क्षेत्र से निर्मित निषाद की कन्या थी। उस कन्या का पाणिग्रहण पाराशर द्वारा किये जाने पर उसको जो पुत्र हुआ, वह ब्राह्मण माना गया (**आदिपर्व,** अध्याय 6.3)।

25. मानस पुत्र किसे कहा जाता है?

26. ब्रह्मा :– ब्रह्मा

1. मरीचि–2. दक्षXदक्षा–भाई-बहन का विवाह

कश्यप अदिति, दिति आदि 50

X 13. चचेरे भाई-बहनों का विवाह

कश्यप married 13 out of 50 daughters of दक्ष

धर्म

married 10 daughters of दक्ष, कीर्ति, लक्ष्मी आदि marriage between uncle & niece

(**आदिपर्व,** अध्याय 36)

27. नारद की नारदी। अर्जुन की सैरंध्री, **सैर ध्रियते इति** (सैर=penis)। शिखंडी-शि stands for penis and खंड का अर्थ है निव कटा हुआ। षंढ=खंड=खड् to cut. खच्ची किया हुआ। Males assuming female dress and discharging female occupations.

भाव-विचार प्रदर्शन के साधनों का विकास

1. सहज विक्षेप अभिप्रायसूचक हैं

मन में संकल्प-विकल्प आते हैं। उनका प्रदर्शन मनुष्य, आदि प्राणी अनेक प्रकार से करते हैं। मुँह, दाँत, जीभ, नाक, कान, आँख, पैर और अन्य अंगों के विक्षेप द्वारा संकल्प-विकल्प देखे या दिखाये जाते हैं। इन विक्षेप साधनों को जल, वायु, अग्नि, आकाश, आदि की सहायता की आवश्यकता नहीं होती। मुँह बनाना, दाँत निकालना, मुस्कराना, जीभ दिखाना, मूंछों पर ताव देना, बाल बिखेरना, माथा झुकाना, भौंहें सिकोड़ना, भृकुटियाँ तानना, कान खड़े करना, गाल फुलाना, नाक चढ़ाना या फुलाना, आँखें मिचकाना, फाड़ना, लाल करना, हाथों से हावभाव करना, अंगूठा दिखाना, उंगलियाँ चटकाना, मुट्ठी दिखाना, हाथ मलना, लात मारना, मुँह बिचकाना, दुम हिलाना, खुर से जमीन खुरचना, पंख फड़फड़ाना, फन पटकना, सूंड घुमाना, लंगड़ाते हुए चलना, नाचना, उड़ना, बांग देना, खेलना, दौड़ना, पीठ के बल लेटना, करवट लेकर मरने का ढोंग करना, लोटना, झुकना, नमस्कार करना, आदि संकल्प-विकल्प दिखाने के सैकड़ों प्रकार के साधारण विक्षेप हैं। बोलना, अलापना, हँसना, सूँघना, खुजाना, ताली बजाना, बगलें बजाना, चुटकी बजाना, सीटी बजाना, फूँक मारना, थूकना, खखारना, चीखना-चिल्लाना, शोर मचाना, खिलखिलाना, गुर्राना, कैं-कैं करना, किकियाना, भौंकना, बांग देना, चहकना, किचकिचाना, दाँत पीसना, जीभ तालू पर पटकना, निःश्वास छोड़ना, हुआहुआ करना, रंभाना, व्यर्थ की बकवास करना, मचमच आवाज करना, ललकारना, गुनगुनाना, तनतनाना, भन्नाना, किटकिटाना, सिहरना, तिलमिलाना, कुहराम मचाना, चूमना, चाटना, आलिंगन करना, प्यार से सहलाना, चिकोटी काटना, घूंसे लगाना, लात मारना, धकेलना आदि सैकड़ों प्रकारों में स्वयं को छोड़कर अन्य व्यक्तियों, पृथ्वी, जल, वायु, आकाश आदि बाह्य पदार्थों की सहायता से संकल्प-विकल्प दिखाये जाते हैं। यह दूसरा प्रकार मिश्रित है। ये दोनों प्रकार पूर्णतः सहज, अर्थात् जन्मजात हैं, अतएव मनुष्य के समान पशु-पक्षी आदि अन्य प्राणियों में भी देखे जाते हैं। इन्हें किसी को किसी से सीखना नहीं होता,

क्योंकि ये प्राणियों के अलग-अलग अवयवों के अलग-अलग गुणधर्म हैं। प्राणी की रचना ही ऐसी है कि आंतरिक व बाह्य कारणों का आघात होते ही उपरोक्त विविध प्रकारों के रूप में प्रत्याघात प्रकट हो जाता है। ऐसा नहीं कि उक्त सभी विक्षेप सभी प्राणियों में प्रादुर्भूत होते हों। आनन्द के कारण या कृतज्ञता से या समाधान से पूँछ का विक्षेप कुत्तों में उत्कट रूप से दृश्यमान होता है। दुम के अभाव में मनुष्य के लिए यह क्रिया संभव नहीं है। हँसना मनुष्य के लिए संभव है किन्तु कान खड़े करना प्रायः संभव नहीं। प्रायः कहने का कारण यह कि किन्हीं मनुष्यों में कान की नसें हिलाने की सामर्थ्य पायी जाती है, ऐसा ग्रंथों में लिखा हुआ स्मरण आता है। अभिप्राय इतना ही है कि उपरोक्त विक्षेप प्राणी मात्र में सहज अथवा जन्मसिद्ध होते हैं, कृत्रिम अथवा सायास नहीं।

2. ध्वनियों के अनुकरण द्वारा भाषा की उत्पत्ति

सहज विक्षेपों का ज्ञान होने के बाद उनकी पुनरावृत्ति करने की इच्छा होना इसके आगे की सीढ़ी है। यह गुण जितना मनुष्य में विकसित है उतना विकसित अन्य प्राणियों में नहीं दिखायी देता; यह कहना कठिन होगा कि दूसरे प्राणियों में यह गुण बहुधा होता ही नहीं। विक्षेपों का विज्ञान बनाने की शक्ति अकेले मनुष्य प्राणी में है। पहले किये गये विक्षेप या हावभाव सोच समझकर पुनः करने की, अर्थात् पुनरावृत्ति की, सामर्थ्य अकेले मनुष्य में ही दृष्टिगोचर होती है। ऐसा भी नहीं कि यह पुनरावृत्ति वह केवल अपने ही विक्षेपों की करता हो, वह अन्य प्राणियों के विक्षेपों की भी पुनरावृत्ति कर सकता है। तात्पर्य यह कि उसमें अनुकरण की विलक्षण शक्ति है। विक्षेपों में से केवल हलचलों की पुनरावृत्ति करने तक ही मनुष्य रुकता नहीं है, वह प्रत्येक प्राणी के विशिष्ट शब्दों की पुनरावृत्ति और अनुकरण करके उस प्राणी की पहचान अन्य मनुष्यों को भी कराता है। जैसे-जैसे मनुष्य ध्वनियों का अनुकरण करने लगता है, वैसे-वैसे वह प्राणियों को उनके शब्दों के अनुसार नाम देने लगता है। इसी प्रकार मनुष्य ने प्राणियों का नामकरण करने की विधि खोजी। कांव-कांव करने वाले पक्षी को काकः, किखि करने वाले बन्दर को किखिः, रू-रू आवाज करने वाले को रुरु, भृंग आवाज करने वाले को भृंगः- इस प्रकार वह ध्वनियों के अनुसार प्राणियों को नाम देता है। कृकवाकु, कोकिल, कुक्कुट, फेरव, कुक्कुर, कुरेट, क्रकर, चिल्ल, कीर, कुरर, के की, मयूर, तित्तिरिः, इन सब प्राणियों के नाम ध्वन्यानुकरण से जन्मे हैं। कई नामों में कर आदि प्रत्यय लगाये गये हैं, और कई नामों में केवल ध्वनियों को ही प्राणिवाचक बना दिया गया है। यह स्पष्ट है कि कर, कुर, र, इनु, रव आदि प्रत्ययान्त प्राणिनामों के किरकिराना, कुर आवाज करना, इन (पास होना), रव (आवाज करना) जैसे धातुनामों की खोज के बाद के होने के कारण ये प्रत्ययान्त नाम काक, कृकवाकु, कीर, अप्रत्ययान्त नामों से अर्वाचीन हैं। केवल ध्वनिजन्य

प्राणिनाम ही सब नामों में अत्यंत पुराने, अतः प्राथमिक हैं। प्राथमिक यानी कब के? मनुष्य को ये प्राणी जब प्रथम बार मिले, तब के। किस मनुष्य को? संस्कृत अथवा वैदिक भाषा बोलने वाले मनुष्य को या पूर्वकालीन मनुष्य को?

इस समस्या को हल करने के लिए प्रत्येक प्राणी का मूल निवास अथवा जन्म स्थान कौन-सा है, इस बात का निर्णय करना आवश्यक है। मान लीजिए कि हिमाचल के उत्तरी प्रदेश में कौवा नहीं है और हिमाचल के दक्षिण प्रदेश में है। उसी तरह यह भी कल्पना कीजिए कि वैदिक भाषा बोलने वाले ऋषियों का मूलस्थान हिमालय के उत्तर में स्थित मेरु पर्वत था, तब यह अनुमान स्वाभाविक रूप से ही निकलता है कि काक शब्द हिमालय की दक्षिण दिशा में उतरने के बाद ही वैदिक ऋषियों की भाषा में आया। यह काक शब्द ऋषियों के पूर्व की वन्य जातियों द्वारा निर्मित किया गया होगा व उसे ऋषियों ने अपना लिया होगा और वह बहुत पुराना ठहरेगा। पुराना कहने का अर्थ एक लाख अथवा पाँच लाख वर्ष पुराना भी हो सकता है। भूस्तरविज्ञान के अनुसार, मनुष्य को इस पृथ्वी पर विचरण करते हुए लाखों वर्ष बीत चुके हैं। इन लाखों वर्षों में मनुष्य की प्रगति बहुत ही धीमी गति से हुई है, यह अनुमान लगाया जा सकता है। भाषादि मुखविक्षेप मानव लाखों वर्षों से करता आया है और विशिष्ट ध्वनियों के आघातों पर वस्तुओं को नाम देने की खोज उसने लाखों वर्ष पूर्व शुरू कर दी थी। प्राणियों की नयी-नयी ध्वनि सुनते ही, भाषा में समय-समय पर नये प्राणिनाम बनाते रहने की प्रक्रिया भाषा के इतिहास और व्युत्पत्ति में दृष्टिगोचर होती है। तात्पर्य यह कि प्राणिध्वनिजन्य प्राणिनाम अत्यंत पुराने हैं। कहने का अर्थ यह नहीं है कि ये संस्कृत या वैदिक भाषा में अत्यंत पुराने हैं, किन्तु मानव वंश की किसी भी एक शाखा के या पड़ोस के किन्हीं भी मानवों की भाषा में ये अत्यंत पुराने हैं। वैदिक ऋषियों को काक शब्द हिमालय के दक्षिण प्रदेश में आने के बाद ज्ञात हुआ होगा; परन्तु ऋषियों के पूर्व काल के जो वन्य लोग इस देश में थे, उनकी भाषा में वह प्रचलित और पुराना था।

जो विशुद्ध ध्वनिजन्य प्राणिनाम अप्रत्ययांत हैं, केवल उनके ही सर्वप्रथम अस्तित्व में आने के कारण यह है कि स्पर्शज्ञान को छोड़, सब प्रकार के ज्ञानों में ध्वनिविज्ञान ही सर्वप्रथम होता है और ध्वनि कर्णेन्द्रियों पर बिना झंझट के सीधा आघात करती है। केवल आकाश तत्व की सहायता ही इस ज्ञान के लिए पर्याप्त होती है। रंग, गति, क्रूरता आदि गुणों से जो ज्ञान प्राप्त होता है, उसे प्राप्त करने के लिए पृथ्वी, तेज, वायु आदि अनेक मिश्रित तत्वों की सहायता लेनी पड़ती है। अल्प श्रम से अधिक लाभ उठाने के प्राणिमात्र के स्वभाव को देखते हुए शब्दजन्य प्राणिनाम को सहज ही बोधगम्य, अतः सबसे पुराना मानना न्यायसंगत होगा। रात हो या दिन, प्राणी दिखे या न दिखे, उसकी आवाज से उसका अस्तित्व मनुष्य को प्रतीत होता है। अस्तित्व प्रतीत होने के बाद, उस आवाज करने वाले प्राणी की

पहचान अन्य लोगों को ज्ञात कराने के लिए, अथवा उस प्राणी की अनुपस्थिति में उसके सम्बन्ध में अन्य व्यक्तियों से बात करते समय कर, कुर, इन, इत्यादि प्रत्यय न लगाते हुए (क्योंकि प्रत्यय उस समय अस्तित्व में नहीं थे) इस प्राणी की आवाज का, जहाँ तक हो सके हू-ब-हू अनुकरण कर, प्राणी का स्मरण अन्य लोगों को कराने का मनुष्य प्रयास करता था। इसमें केवल गुण से (गुण बताकर) गुणी का (उस विशिष्ट गुण को धारण करने वाले का) निर्देश करने का ज्ञान मनुष्य को सहज ही प्राप्त हो जाता है। गुण और गुणी का भेद उस काल में मनुष्य को पता नहीं था। मनुष्य जिस तरह प्राणियों को उनकी ध्वनि से नाम देता है, उसी तरह वह जहाँ रहता है, उस प्रदेश की एक-एक ध्वनि किस-किस सजीव पदार्थ से प्रत्यक्ष रूप से निकलती है या निकली थी, इसकी समझ होने के कारण वह उस ध्वनि से नदी, प्रपात, वृक्ष, मेघ आदि सजीव पदार्थों को नाम देता है। इस तरह मनुष्य के पास वस्तुदर्शक सैकड़ों ध्वनियों का भंडार इकट्ठा होता जाता है। यही मनुष्य का पहला शब्दकोष है। इन सजीव पदार्थदर्शक ध्वनियों के साथ ही छटपटाना, खर्राटे भरना, सूँघना, पटकना, किरकिराना, थोपना, थप्पड़ जमाना, थपकी देना, आदि क्रियाओं की ध्वनियों को पहचानकर वह उन्हें नाम देकर प्रचलित करने लगता है, यानी इन क्रियाओं का नामकरण उनकी ध्वनियों से करने लगता है। विशिष्ट ध्वनियों से विशिष्ट पदार्थों और क्रियाओं का विशिष्ट निर्देश करने या पुनः परिचय कराने की जिस समय उसको सामर्थ्य प्राप्त होती है उस समय वह, भाषा के दो अंगों—संज्ञा और क्रियादर्शक ध्वनि—की अपूर्व खोज करता है। यहीं पर परिपूर्ण भाषा का निर्माण हुआ। भाषा यानी यह और इसके अतिरिक्त और कुछ भी नहीं। मुख से निकल सकने वाली ध्वनियों द्वारा क्रियाओं और पदार्थों की पहचान की कला। ध्वनि निकालने के लिए मुँह और उसे सुनने के लिए कान—इन दो इन्द्रियों के साधन इस काल के लिए पर्याप्त हैं और ये दोनों साधन साधारणतया प्रत्येक मनुष्य के पास होते हैं।

3. अध्वनिवाचक और जातिवाचक संज्ञाएँ

अनुकरणात्मक ध्वनियों द्वारा अपने विचार दूसरों को ज्ञात कराने या विगत विचारों को वर्तमान काल में अपने समक्ष लाने की यह खोज मनुष्य जाति की प्रगति के इतिहास में बहुत क्रांतिकारी सिद्ध हुई। जिस समाज में यह खोज अभी नहीं हुई थी उस समाज पर ऐसे समाज का वर्चस्व स्थापित हुआ जिसके पास उक्त साधन था। टेलीग्राफ से अपने विचार प्रेषित करने वाले पश्चिमी लोगों का इससे अनभिज्ञ हिन्दू, चीनी, नीग्रो आदि पूर्वी लोगों पर जो प्रभुत्व हम देखते हैं, वैसा ही प्रभुत्व उस समय अनुकरणात्मक ध्वनियों की भाषा की खोज करने वाले समूहों को मिला। परन्तु किसी भी अन्य खोज के समान यह खोज अपर्याप्त प्रतीत होने लगी। जिन वस्तुओं से ध्वनि सुनायी देती है, उन वस्तुओं और क्रियाओं का नामकरण करना संभव हुआ;

यह कोई छोटा-मोटा लाभ नहीं था। परन्तु जिनसे ध्वनि नहीं निकल सकती, ऐसी असंख्य वस्तुएँ (बिना नाम की-अनु.) रह गयीं। इन असंख्य अध्वनिकारक वस्तुओं और क्रियाओं का प्रदर्शन अभी तक हाव-भाव द्वारा होता रहा। कौवा मांस खाता है, यह आशय प्रकट करने के लिए ध्वनि के अनुकरणार्थ काक शब्द का उच्चारण करना, अध्वनिकारक शब्द मांस के लिए मांस का टुकड़ा दिखाना, खाने की क्रिया बक्, भक्, भक्ष अनुकरणात्मक ध्वनियों से सुनाना और वर्तमान काल का बोध हाथ अथवा उंगली नीचे करके दिखाना—इतना झमेला करना पड़ता था। ध्वनि और हाव-भाव का मिश्रण करके विचार प्रकट करने की प्रथा सैकड़ों वर्षों तक चली। इस मिश्रित पद्धति में कान, मुँह, आँखें और हाथ—इन चार साधनों का उपयोग करना पड़ता था। यह पद्धति उजाले में काफी उपयुक्त प्रतीत होती थी; परन्तु अंधेरे में यह बहुत ही पंगु और अपर्याप्त लगती थी। जिनसे ध्वनियाँ नहीं निकलतीं, उन वस्तुओं और क्रियाओं का प्रदर्शन ध्वनि से किस तरह करें, अथवा उनका नामकरण किस आधार पर किया जाये, यह कठिनाई, विचार-प्रदर्शन की प्रगति में अत्यंत विकट थी और उस पर पार पाने में मनुष्य को काफी समय लगा होगा। इस तरह बहुत समय बीतने के बाद, किसी एक कल्पनाशील व्यक्ति को अध्वनिकारक वस्तुओं और क्रियाओं के आधार पर नाम देने की तरकीब सूझी। दाह या ऊष्मा होने पर हम मराठी में 'हुष-हुष' जैसे उद्‌गार निकालते हैं। वैदिक लोगों के पूर्वज 'उष-उष' जैसे दाहदर्शक उद्‌गार निकालते हैं। यह दाहदर्शक उद्‌गार ही पाणिनि ने अपने धातुपाठ में उष् दाहे करके दिया है। इस दाहदर्शक उष् उद्‌गार से धधकती हुई रेत में, धूप की मार में मनुष्य को ढोने वाले प्राणी के लिए उष्ट्र शब्द निर्मित हुआ। उष यानी दाह, उसमें से बचाकर ले जाने वाले का उष्ट्र, झुलसा देने वाले वनस्पति-विरहित वीरान स्थान का ऊसर, और दाह से बचाव करने वाले सिर के आच्छादन का उष्णीष नाम पड़ा। उष्ट्र नाम प्राणी की आवाज से नहीं पड़ा। अतः यह तर्क किया जा सकता है कि आर्यों के अति प्राथमिक मूल स्थान में उष्ट्र प्राणी नहीं था।

इस ध्वनि से प्रभातदर्शक उषा, संध्यारागदर्शक उषस् और धूपदर्शक उष्ण, ये तीन अध्वनिक शब्द अस्तित्व में आये। उषा, उषस्, उष्ण आदि शब्दों में जो प्रत्यय संस्कृत भाषा बोलने वाले लोग लगाते थे, वे प्रत्यय संस्कृतभाषी लोगों के हजारों वर्ष पूर्व के पूर्वज नहीं लगाते थे। प्रत्यय के स्थान पर वे उस अर्थ के शब्द का ही उपयोग करते थे।

धीरे-धीरे प्रत्यय के अर्थ के शब्दों का संक्षिप्त रूप बनते-बनते, प्रत्यक्ष प्रत्यय निर्मित हुए। परन्तु सप्रत्यय भाषा का काल हाल ही का है। अभी हजारों या लाखों वर्ष पुराने जिस काल की भाषा के संबंध में बात हो रही है, वह काल प्रत्यय-रहित भाषा का काल था। प्राणियों और वस्तुओं की ध्वनियों के अनुकरणात्मक शब्दों से बनी, उस लाखों वर्ष पूर्व की प्रारम्भिक अप्रत्यय भाषा के, वैदिक या संस्कृत भाषा के, कदाचित पचीस-तीस अपभ्रंश होने की यद्यपि पूर्णतः संभावना हो सकती है,

तथापि उस ध्वन्यानुकारक अप्रत्यय प्राथमिक भाषा के चिन्ह आज की संस्कृत भाषा में काफी मात्रा में उपलब्ध हैं। ये चिन्ह पाणिनि द्वारा दिखाये गये हैं। धन्य है उनकी पृथक्करण शैली। उन्होंने बहुधा सब संस्कृत शब्दों के धातुबीज, प्रत्ययों-उपसर्गों के छिलके छीलकर, धुले हुए चावल के समान अलग कर रखे हैं। पाणिनीय धातुकोष में दी गयी धातुओं और अन्य धातुओं का परिक्षण करने के बाद हमारे देखने में यह आया है कि करीब सात सौ धातुएँ ध्वन्यानुकरण से जन्मी हैं। इसके अलावा, बोलचाल की भाषा में चिमचिम, गपगप, फसफस, धपधप आदि ध्वन्यानुकारी धातुएँ—जो पाणिनि या कोशकारों द्वारा नहीं दी गयी हैं, परन्तु संस्कृत ग्रंथों में पुनः-पुनः पायी जाती हैं और जो सिर्फ बोलने में ही आया करती थीं, या जिनका अनुमान मराठी भाषा में रूढ़ अपभ्रष्ट रूपों से किया जा सकता है—ऐसी हजारों धातुएँ अलग हैं। तात्पर्य यह है कि लाखों वर्ष पूर्व के आर्यपूर्वज आदि मानव को अथवा आदिम मानव समाज को हजारों ध्वन्यानुकारी शब्दों वाली भाषा ज्ञात थी और ऐसी स्थिति का होना कोई विचित्र बात नहीं थी। मूलतः बोलने की प्रक्रिया का अर्थ है—भाव, विचार, वस्तु व क्रिया का मुख-ध्वनि से प्रदर्शन करना। प्राप्त अनुभव का प्रदर्शन मुख-ध्वनि से करने की इस कला का सारसर्वस्व सारे ब्रह्मांड को ध्वनिरूप कर दिखाने में है। किस आद्य समाज ने कितना अंश, किस तरह से ध्वनिमय किया होगा, यह उस समाज विशेष के बाह्य सृष्टि से प्राप्त अनुभवों पर और उसकी प्रतिभा पर अवलम्बित रहा होगा—यह स्पष्ट है। कहना न होगा कि आज हम अपने चारों ओर प्राणियों और वस्तुओं की जो आवाजें सुनते हैं, आदिम मानव समाज ने लाखों वर्ष पूर्व उससे भिन्न प्रकार की आवाजें सुनी होंगी। उस समय के दो सूंड वाले हाथी या पचास हाथ लम्बे मगरमच्छ किस प्रकार की आवाजें निकालते होंगे या उस समय की नदियाँ और झाड़-झंखाड़ किस तरह की आवाजें करते होंगे उनकी हम कल्पना ही नहीं कर सकते।

ऐसी ध्वनियाँ सुनकर, जो आज हमें ज्ञात नहीं, आदि मानव ने जो शब्द निर्मित किये, वे मूलतः ध्वन्यानुकारी नहीं, वरन् सादृश्य के अनुसार निर्मित साधित शब्द हैं—यह ठहराने की गलती हमसे होने की संभावना है। इसके लिए ऐतिहासिक प्रमाण उपलब्ध नहीं हैं। उन लाखों वर्ष पुरानी ध्वनियों को पुनरूज्जीवित करने के साधन भी हमारे पास नहीं हैं। इसी कारण यह चुनाव करना अत्यंत कठिन है कि मूल शब्द कौन-से हैं और बनाये हुए (कृतक) शब्द कौन-से। उदाहरण के लिए काला, सफेद, हरा आदि रंगदर्शक शब्दों को ले लीजिये। इन निर्जीव चीजों को ये नाम कैसे प्राप्त हुए? सादृश्य से या ध्वनि के अनुसार? काला और सफेद ये जो साधारण नित्य दिखने वाले रंग हैं, उनके नाम निर्मित करने की आवश्यकता आदि मानव को अवश्य प्रतीत हुई होगी। उनके अभाव में अत्यंत साधारण व्यवहार भी संभव नहीं है। हमारे मतानुसार, काला, सफेद आदि रंगों के नाम निम्न प्रकार से अस्तित्व में आये होंगे। अत्यंत कृष्ण वर्ण के किसी तत्कालीन प्राणी की आवाज

काल्-काल् सुनायी देती होगी और काले रंग का बोध कराने के लिए आदि मानव ने उक्त अति कृष्णवर्णी प्राणी की काल्-काल् ध्वनि का अनुकरण किया होगा। जिस प्रकार मनुष्य ने ध्वनि के आधार पर ध्वनि करने वाले प्राणियों को पहचानने की खोज की, उसी तरह से उसने वह ध्वनि निकालने वाले प्राणी के रंग पर काला, सफेद आदि ध्वनिरहित सादे रंगों को नाम देने की खोज की। गुणी की ध्वनि सुनकर गुण को नाम देना मनुष्य प्राणी द्वारा की गई एक अपूर्व खोज थी। तब तक ध्वनि करने वाले प्राणियों, वस्तुओं या क्रियाओं को नाम देने की कला ही उसे ज्ञात थी, अब आगे ध्वनिरहित गुणों को भी शब्दों द्वारा प्रकट करने की कला उसे ज्ञात हो गयी। भा-भा ध्वनि करने वाले उज्ज्वल तथा चटक रंग के पशु-पक्षियों को देखकर मनुष्य प्रकाश के लिए भा शब्द का प्रयोग करने लगा। चोंच, सूंड, पैरों या दाँतों से वस्तु फाड़ने या खाने की करकर ध्वनि पर कर शब्द का प्रयोग सूंड के लिए या चोंच के लिए या स्वयं के हाथ के लिए करने की कल्पना मनुष्य को सूझी और 'कृ'—करना और 'कृ'—नाश करना—ये दो धातुएँ बनीं। इस तरह से, गुणों को शब्दों में प्रकट करने की तरकीब हाथ लग जाने पर मनुष्य ने शब्दों की मानो टकसाल ही खोल दी।

वस्तु, क्रिया और गुण को दर्शाने वाले सैंकड़ों शब्द मनुष्य के पास एकत्र हो गये। तब मनुष्य ने उनमें से उनका प्रकार, अर्थात् व्यक्ति पहचानने की एक और खोज की होगी। हरा, सफेद, लाल, काला आदि विविध रंग देखकर उन सभी के लिए उसने सामान्य "रंग" शब्द निश्चित किया। रंजू मूलतः गहरे लाल रंग को दर्शाने वाला शब्द था। उस शब्द को सामान्यार्थक बनाकर मनुष्य ने जातिदर्शक नाम रंग निर्मित किया और इस तरह से अनेक जातिमान तैयार किये। बाद में प्रदीर्घ काल के उस वैज्ञानिक ज्ञान का अहंकार उत्पन्न होने के बाद, वह विवाद करने लगा कि जाति पहले है या व्यक्ति पहले। जातिकल्पना मनुष्य के मस्तिष्क में स्वयंभू है और भूत-भविष्य-वर्तमानकालीन सब व्यक्तियों में व्याप्त होती—इस मनमाने निरर्गल सिद्धान्त का भी वह जोर देकर ढिठाई से समर्थन करने लगा। यह बात उसके दिमाग में अभी हाल तक भी नहीं आ पायी थी कि वास्तव में जातिनाम भाषा तथा बोलने की सुविधा के लिए, केवल संकेत मात्र है और उन नामों द्वारा दर्शाया गया अर्थ प्रत्यक्ष नहीं, किन्तु केवल मानसिक होता है। जाति का मानसिक अर्थ भी जैसे-जैसे जानकारी बढ़ती जाती है, वैसे-वैसे बदलता रहता है, और कभी-कभी तो बिल्कुल नष्ट भी हो जाता है, अतएव जाति-कल्पना स्वयंभू, स्थिर और व्यक्ति के पूर्व की नहीं है, यह बात भी उसके ध्यान में नहीं थी। जाति-व्यक्तिवाद का घपला आगे का है, परन्तु उसका प्रारंभ आदिम मनुष्यों के समाज में लाखों वर्ष पूर्व हाने के कारण यहाँ उसका उल्लेख किया गया है। आगे यद्यपि यह घपला जातिवाचक नामों ने किया, फिर भी भाषा और विचार की प्रगति की दृष्टि से जाति नाम अभी जितने लाभदायक सिद्ध होते हैं, उतने या उससे भी अधिक पुरातन काल में लाभदायक सिद्ध हुए। उस

पुरातन काल में मराठी भाषा की पूर्वज वैदिक भाषा की पच्चीस-तीस चरण पूर्ण की आरम्भिक प्रत्य-विहीन भाषा शुद्ध अलग-अलग ध्वनियों वाली भाषा थी। एक के बाद एक सार्थक ध्वनियाँ निकालना—यह थी तत्कालीन भाषण शैली। नदी के किनारे पर शेर ने मनुष्य को मार डाला, यह आशय दर्शाने के लिए नदी, कंठ, स्थान, सिंह, मनुष्य, नींद—ये शब्द एक के बाद एक उच्चरित करके किसी तरह आधे-अधूरे प्रकट किये जाते थे और बाकी अर्थ—अर्थ अंग-विक्षेपों द्वारा दर्शाये जाते थे। बहुवचन उंगलियों या हाथों से दर्शाये जाते थे। अध्वनिक पदार्थों के वाचक शब्दों और जातिवाचक नामों के अस्तित्व में आने के बाद कालदर्शक व संख्यादर्शक शब्द बने। इसके बाद लिंग भेद समझ में आने लगा। अंत में विकास होते-होते बार-बार आने वाले संबंधदर्शक शब्दों के संक्षिप्त हो जाने पर प्रत्ययों, उपसर्गों आदि का निर्माण हुआ और लाखों वर्षों के उपरांत वह भाषा विकसित हुई जिसे वैदिक भाषा कहा जाता है। उससे या उसकी सहोदर भाषा से निकली पुरानी महाराष्ट्री-अपभ्रंश-व-पुरानी मराठी की परम्परा से उस आधुनिक मराठी का जन्म हुआ जिसे आज हम बोलते हैं। आदि, वैदिक, संस्कृत, महाराष्ट्री, मराठी भाषाओं की, यानी मुखध्वनियों से विचार-प्रदर्शन करने के साधनों की, परम्परा इस प्रकार की है।

4. अनेक मौलिक ध्वनि परम्पराएँ

यह परम्परा वैदिक आर्यों की थी। पृथ्वी पर इसी तरह की पाँच-सात ध्वनि-परम्पराएँ हैं। असुर भाषा, द्राविड़ भाषा, चीनी भाषा, अमरीकी इन्डियनों की भाषा, अफ्रीकी भाषा, आदि विचार-प्रदर्शन के अनेक ध्वनि-साधन हुए हैं और उनकी ध्वनियाँ आर्य ध्वनियों से भिन्न हैं। भिन्न ध्वनि होने का कारण यह है कि आदिम अवस्था में उन लोगों के कानों में उन प्राणियों और वस्तुओं की ध्वनियों से भिन्न ध्वनियाँ पड़ी थीं, जिनकी ध्वनियाँ आर्य लोगों के कानों में पड़ी थीं। इन आर्येतर लोगों के ध्वनि-साधनों का इतना ही उल्लेख करके, आइए अब आर्यों के एक दूसरे विचार-प्रदर्शक साधन की ओर देखें।

5. अभिप्राय-दर्शक चित्र-रेखन

मुख ध्वनियों द्वारा विचार प्रदर्शन करने के लिए यह आवश्यक है कि सुनने वाला व्यक्ति बोलने वाले व्यक्ति की परिसीमा में हो। व्यक्ति की अनुपस्थिति में इन ध्वनि साधनों का कुछ भी उपयोग नहीं होता। यह युक्ति उस आदिम अवस्था में असंभव थी कि ध्वनि को पकड़कर रखा जाता और जब अनुपस्थित व्यक्ति उस स्थान पर आता तब वह उसके कानों में पड़ती। तथापि अपने ज्ञान की सीमा के भीतर ही आदिम अवस्था में मानव को एक युक्ति सूझी। अपने रहने के स्थानों की—सामान्यतः गुफाओं की—दीवारों के पत्थरों पर वह खाये गये या मारे हुए प्राणियों

की हड्डियों से अपनी स्थिति का चित्र खींचता था और यह आशा करता था कि उस चित्र द्वारा वह अपने विचार अपने मित्रों को किसी समय ज्ञात करा सकेगा। इस उत्कीर्णन कार्य की तरह, रंगीन चित्र बनाने का काम भी आदिम मानव को ज्ञात था—यह विंध्य पर्वत से प्राप्त अवशेषों से स्पष्ट हो जाता है। ऐसा नहीं था कि आदिम मानव उत्कीर्णन कार्य या रंगीन चित्र का उपयोग केवल अनुपस्थित व्यक्तियों के लिए ही करता हो। जहाँ भाषा द्वारा, सम्पूर्ण मनोगत शब्दों द्वारा अभिव्यक्ति संभव न होती थी, वहाँ वह उपस्थित लोगों के सम्मुख अपने विचार, लकड़ी या उंगली से जमीन पर रेखाएँ खींचकर तथा पत्ते, भूर्जपत्र आदि पर रंगचित्र खींचकर, प्रकट करता था। ऐसा दृढ़ अनुमान है कि रंगचित्रों और खुदे हुए रेखाचित्रों का आदि मानव शब्दों की तरह उपयोग करता था। भारत में प्राप्त आदि मानव के रेखा कार्य और रंगीन चित्रकारी का संबंध हमारे वैदिक लोगों के पूर्वजों से नहीं है। कारण यह है कि हम इस देश के मूल निवासी नहीं हैं। तथापि हम आर्यों का मूल स्थान भारत के बाहर जहाँ कहीं भी होगा वहाँ हमारे आदिम पूर्वजों ने उत्कीर्णन और रंगीन चित्र विचार-प्रदर्शनार्थ बनाये होंगे—इसमें बिल्कुल संदेह नहीं है। जिस तरह ध्वनि और भाषा मनुष्य के लिए जन्म से ही उपजती है उसी तरह उत्कीर्णन और रंगीन चित्रकला मनुष्य को स्वभावतः आते हैं। तो भी, भारत के आदिम पूर्वजों ने उत्कीर्णन और रंगीन चित्रकारी के काम से हम आर्यों का संबंध एक दूसरी तरह से है। वैदिक आर्यों से पहले इस देश में नाग लोग रहते थे। यदि वे यहाँ के मूल निवासी थे, तो आदिम अवस्था की यह चित्रकारी उन्हीं की हो सकती है। नाग लोग चित्रकारी के लिए विख्यात थे। उनका वैदिक आर्यों के साथ शरीरसंबंध हुआ था, यह बात इतिहास सिद्ध है तथा नागवंश का समावेश आर्यवंश में करने की रूढ़ि भी है। कुछ भी हो, उत्कीर्णन अथवा रंगीन चित्रकारी द्वारा मनोभावों को प्रकट करने की कला उतनी ही पुरानी है जितनी ध्वनियों द्वारा मनोभाव प्रकट करने की कला। प्रारंभिक अवस्था में चित्रकारी के ये साधन प्रतिदिन के विचार प्रकट करने के लिए उपयुक्त थे। यह संभव नहीं कि आदिम अवस्था में आर्य लोग विचार प्रकट करने के लिए इन स्वयंभू चित्र साधनों का अवलम्ब लिये बिना रहे होंगे।

6. चित्रों और ध्वनियों का पृथक्करण

शब्दसाधन के लिए मुँह और कान, केवल इन दो इन्द्रियों की आवश्यकता होती है। चित्र साधन के लिए हाथ और नेत्र ये दो इन्द्रियाँ तो लगती ही हैं, इनके अलावा चित्र बनाने लायक एकाध बाह्य वस्तु की भी आवश्यकता होती है। शब्दसाधन अंधेरे और उजाले में समान रूप से उपयुक्त सिद्ध होता है, परन्तु अनुपस्थित व्यक्ति के लिए अनुपयुक्त होता है। ऐसा लगता है जैसे आदिम मनुष्य ने चित्रसाधन अनुपस्थित व्यक्ति के निमित्त ही निर्मित किया। पिछली किसी वस्तु का कालांतर में अपने को अथवा अन्य लोगों को अनुभव प्राप्त करवाने में चित्रकला का यह

साधन आदिम मानव के लिए बहुत सहायक सिद्ध हुआ होगा, इतना सहायक कि चित्र द्वारा वह संदेश तक भेजता होगा। इस कला के संबंध में जैसे-जैसे अधिक अनुभव प्राप्त होता गया, वैसे-वैसे उसमें सुधार भी होते गये। फलकों अथवा भूर्जपत्रों पर महत्वपूर्ण घटना के या वीरों के चित्र बनाकर, उन्हें गोत्र के आसपास या दूर रहने वाले लोगों को दिखाते हुए घूमने वाले वक्ता अस्तित्व में आये और चित्रों से संबंधित रसपूर्ण कथाएँ सुनाने लगे। अपने यहाँ निरक्षर लोगों में "चित्रकथा" का धंधा अभी भी है। चित्रकथाओं की यह संस्था अत्यंत पुरानी है, इतनी पुरानी की वेदादि ग्रंथ उसकी तुलना में अत्यंत अर्वाचीन मानने पड़ते हैं। ऋग्वेद में चित्र शब्द आता है, और उसका अर्थ लगाया जाता है, आश्चर्यवत् देखना। धातुपाठकार चित्रीकरण और कदाचित् दर्शन—ये दो अर्थ चित्र धातु के देते हैं। यह मत उचित ही है कि ऐतिहासिक दृष्टि से चित्रीकरण अर्थ पुराना माना जाये। चित प्राथमिक अवस्था की अत्यंत पुरानी धातु है। इससे संज्ञा का नाम जिस वस्तु को दिया गया, उस वस्तु को किसी बाह्य वस्तु पर रेखांकित करने की क्रिया के लिए "चित्र" शब्द का प्रयोग होने लगा। मन का अर्थ विचार करना, इससे—दूसरे के हृदयपटल पर उस विचार को चित्रित करने के लिए—मंत्र शब्द; अथवा तन माने फैलना, इससे दूसरों पर हुकूमत फैलाने के अर्थ वाला तंत्र शब्द, इसी नमूने के हैं। चित्र, मंत्र, तंत्र ये शब्द चित्, मन, तन इन शब्दों से अर्वाचीन हैं। इस तरह चित्रीकरण की यह कला वैदिक लोगों के पूर्वजों में अति प्राचीन थी और विचार प्रकट करने के एक साधन के रूप में वही पहलेपहल अस्तित्व में आयी। शब्दसाधन और चित्रसाधन (शब्द बनाना तथा चित्र खींचना) के बीच दूसरी भिन्नता यह है कि शब्दसाधन में ध्वनि का अनुकरण किया जाता है, व चित्रसाधन में आकृति का। आकृति जैसी दिखायी देती है, वैसी ही मनुष्य आँखों द्वारा उसे ग्रहण करता है। सृष्टि में आकृतियाँ बहुत संमिश्र प्रकार की होती हैं, सीधी सरल नहीं होतीं। तालाब के किनारे के पेड़ पर, हाथ में पत्थर लेकर खड़े बंदर ने, उस चील को, जो चोंच में साँप पकड़े थी, मार डाला—यह सारी संमिश्र स्थिति मनुष्य एक साथ देखता है, और पहले उसका वह एक संमिश्र चित्र खींचता है। फिर बहुत समय व्यतीत होने के बाद, वह संमिश्र स्थिति में देखे हुए एक-एक अंश को पृथक करना सीखता है। प्रारम्भ में संमिश्र और बाद में सरल, यह परमारा जिस प्रकार चित्रीकरण में दिखायी देती है, उसी प्रकार ध्वनिकरण में भी दृष्टिगोचर होती है। पशु-पक्षी आदि प्राणी ध्वनियों को अलग-अलग नहीं करते, अपितु अनेक ध्वनियों से बनी ध्वनि-श्रृंखला निकालते हैं। यह ध्वनि-श्रृंखला मनुष्य के कानों में पड़ती है और मनुष्य प्रथमतः उसका अनुकरण, ध्वनियों को मुख द्वारा क्रमशः निकालने का प्रयत्न करता है और फिर उस संमिश्र ध्वनि-श्रृंखला की किसी एक पृथक ध्वनि का, अनुकरण हेतु, चुनाव करता है। संमिश्र ध्वनि-श्रृंखला से एक-एक ध्वनि को अलग करने की प्रक्रिया के उदय में

कितना समय लगा होगा, इस बात की केवल कल्पना ही की जा सकती है। संमिश्र चित्रों से पृथक चित्र बनाने का काल और संमिश्र ध्वनियों से पृथक ध्वनि का अनुकरण करने तक का काल, एक ही काल है। संमिश्र ध्वनियों तथा संमिश्र चित्रों से पृथक ध्वनि तक तथा पृथक चित्र तक आने के लिए, कष्ट उठाते समय आदिम मानव बहुत ही हड़बड़ाया, घबराया, तिलमिलाया और भ्रमित हुआ होगा। अमेरिकन इन्डियनों ने स्पेन के घुड़सवार को जब प्रथम बार देखा होगा, तब उन्हें ऐसा भ्रम हुआ होगा कि घोड़ा और सवार, ये दो वस्तुएँ एक ही होंगी। फिर कुछ समय बीतने पर उन्होंने घोड़े को सवार से अलग किया। अथवा पानी की बूँद को, देखकर यह भ्रामक समझ कि वह अविभाज्य द्रव्य होगी, कई युगों तक चली, उसके बाद रसायनशास्त्रियों ने हाइड्रोजन और आक्सीजन इन दो द्रव्यों में उसका जो पृथक्करण अभी हाल में किया, और इस पृथक्करण के बाद जो हताशा, आश्चर्य और हर्ष इन्डियनों और रसायनशास्त्रियों को हुआ वही हताशा, आश्चर्य और हर्ष संमिश्र चित्रों तथा संमिश्र ध्वनियों से अलग-अलग चित्रों और अलग-अलग ध्वनियों तक आते समय आदि मानव को हुआ।

7. चित्रलिपि का उदय

ध्वनिसाधन से तीन बातों का ज्ञान होता है : 1. बाह्य वस्तु, 2. उस वस्तु की मन में अंकित परिकल्पना, और 3. बाह्य वस्तु तथा आंतरिक परिकल्पना का दर्शक स्वयं शब्द। आदि मनुष्य पहले चित्र द्वारा बाहरी वस्तु दिखाने लगा। जब उस वस्तु को उसने नाम या शब्द या ध्वनि दी हो या न दी हो, कालांतर में उसके ध्यान में यह बात आयी कि चित्र जिस वस्तु को निर्देशित करता है, उस वस्तु की ध्वनि को दर्शाने वाला चित्र भी हो सकता है। यहाँ से चित्र का अर्थ हुआ ध्वनि का दर्शक, अर्थात वस्तुदर्शक शब्द को दिखाने वाला चिन्ह। घोड़े का चित्र जिस घोड़ा नामक वस्तु का चिन्ह बना, उसी तरह घोड़ा शब्द का भी दर्शक चिन्ह बना। आगे यह बात ध्यान में आयी कि घोड़े की संपूर्ण आकृति खींचने की बजाय, अगर सिर्फ उसकी मुखाकृति ही खींच दी जाय तो वह मुखाकृति ही घोड़ा शब्द की वाचक हो सकेगी। इस युक्ति से चित्र द्वारा शब्द दिखाना स्पष्टतः अधिक सुविधाजनक हुआ। चित्र-लेखन से जहाँ वस्तु का बोध होने लगा, वहीं शब्द का भी। चित्र-रेखांकन में शब्दों के समास भी दिखाये जा सकते थे। **तडागांतर्गत मच्छः** शब्दसमास अथवा कल्पनासमास का चित्रसमास तालाब के चित्र में मछली का चित्र बनाकर दिखाया जाता था। इस रीति से रेखांकन की कला अस्तित्व में आयी।

8. मूलाक्षरों की लिपि

परन्तु यह कला कालांतर में बहुत दुरूह हो गयी। जितनी भी वस्तुएँ और कल्पनाएँ मनुष्य को ज्ञात थीं, उन हजारों वस्तुओं और कल्पनाओं के हजारों चित्रों का रेखांकन करना पड़ता था और उनके अर्थ याद करने पड़ते थे। इसके अलावा, विभिन्न

कलाकार एक ही वस्तु के भिन्न-भिन्न चित्र बनाकर जो गड़बड़ करते होंगे, सो अलग। पूरे प्राणी का चित्र बनाना छोड़ भी दें तो प्राणियों के सिरों, कानों, खुरों, चोंचों और पूंछों के चित्र बनाना और हँसना, शरमाना, खाना, दौड़ना आदि क्रियाओं के चित्र खींचना कुछ बेढंगा-सा लगने लगा था। कल्पनाशील मनुष्य ने इस उलझन में रास्ता निकाल लिया। सीधे-सीधे सिर, कान अंकित करने के स्थान पर उसने सीधी, आड़ी, तिरछी, टेढ़ी, वक्र, नीचे, ऊपर, आगे, पीछे रेखाएँ खींचकर वस्तु और शब्द दिखाने की युक्ति निकाली। रेखांकन में आकृतियों के चित्र और वस्तुदर्शनत्व, स्वभावतः ही पीछे छूटने लगा और रेखाओं द्वारा केवल शब्दों का, तथा उन शब्दों से वस्तुओं का बोध होने लगा। रेखाएँ शब्द दर्शाती थीं, अतः उनकी संख्या सैकड़ों में गिननी पड़ती थीं। शब्द तोड़कर, उनके भिन्न-भिन्न भाग विशिष्ट रेखाओं से दर्शाने की योजना इससे आगे की सीढ़ी है। फिर भी पाँच हजार सौ चिन्ह तो याद करने ही पड़ते थे। अंत में उन सामान्य ध्वनियों को दर्शाने वाले चित्र अस्तित्व में आये जिन सामान्य ध्वनियों से शब्दों के विभाग बने रहते हैं। इसका अर्थ यह हुआ कि संस्कृत में जिन्हें मातृका कहा जाता है उनकी खोज हुई। इन मातृकाओं के लिए, अर्थात इने-गिने विशिष्ट चिन्हों के लिए संस्कृत में अक्षर–यानी अपरिवर्तनीय, स्थिर-चिन्ह–का अर्थानुसारी नाम रूढ़ हुआ। मूलाक्षरों की खोज सीढ़ी-दर-सीढ़ी और बहुत प्रयास के उपरान्त हुई। इसका अर्थ यह नहीं कि किसी ने एकदम कोई नयी चीज निर्मित कर दी। वर्णमाला बिल्कुल साधारण और अत्यंत पृथक्कृत ध्वनियों की ही दर्शक होती है, किसी वस्तु, कल्पना अथवा शब्द को दर्शाने वाली नहीं। चित्र से अक्षरों तक आते-आते वस्तु और कल्पना को पूर्णतः दरकिनार कर, केवल पृथक की गयी सामान्य ध्वनि रह गयी।

9. अक्षर और वर्ण

अक्षरसंस्था का समाम्नाय, यानी परम्परा इस प्रकार है : 1. सम्पूर्ण घटना का मिलाजुला चित्र, 2. अलग-अलग चित्र, 3. चित्र का भाग, 4. सीधी रेखा, 5. वक्र रेखा, 6. शब्ददर्शक रेखा, 7. शब्द-अवयवदर्शक रेखा, और अंत में 8. सामान्य मौलिक ध्वनियों के सरल-वक्र रेखांकित चिन्ह अथवा मूलाक्षर। इस तरह यह एक दीर्घ परम्परा है। चित्रण और लेखन–इन दो क्रियाओं की जब तक पूर्ण तैयारी नहीं हो जाती, तब तक मूलाक्षरों की सिद्धि संभव नहीं। मूलाक्षरों के पूर्व चित्र बनाने और रेखाएँ खींचने की क्रियाओं का ज्ञान प्राप्त करना मनुष्य के लिए आवश्यक है। अर्थात यह कि जिन लोगों को मूलाक्षरों का ज्ञान था, स्वयं उन लोगों ने, तथा जिन लोगों से उन्होंने मूलाक्षर प्राप्त किये, उन्हें लेखन के चरण को अवश्य पार किया हुआ होना चाहिए। उपरोक्त आठ सीढ़ियाँ पार किये बिना, संमिश्र ध्वनि का मूल ध्वनि में पृथक्करण करने की क्षमता आने की बात सोची भी नहीं जा सकती, फिर सम्भव कैसे होगी? सुलभ और सुविधाजनक मूलाक्षरों की खोज तक आते-आते तथा इस

खोज के बाद ही मनुष्य के लिए मूल ध्वनियों का पृथक्करण संभव हुआ। जिस काल में वैदिक आर्यों ने अक्षरों की खोज की, उस काल में वे अक्षरों को वर्ण या संज्ञा नाम से जानते थे। वर्ण और अक्षर–ये दो शब्द शक पूर्व 1000 के आसपास लिखित पाणिनि की **अष्टाध्यायी** में मान्यता प्राप्त हैं। वर्ण का अर्थ है रंग से निर्मित ध्वनि का चिन्ह, तथा अक्षर का अर्थ है ध्वनि का अपरिवर्तनीय चिन्ह। **ह्रस्वंलघु** व **दीर्घच**–इन दो सूत्रों में 'ह्रस्व' नपुंसकलिंगी रूप में आगे 'उच्चार' पुल्लिंग शब्द जोड़ा हुआ नहीं समझा जाता, अक्षर अथवा वर्ण–ये दो नपुंसकलिंगी शब्द ही जोड़े हुए मानने होंगे। अक्षर तथा वर्ण में अंतर यह है कि लोहे की शलाका से फलक, पट्टी, पत्थर आदि कठिन भूमि पर खोदकर जो आकृति बनायी जाती है, उसे अक्षर कहा जाता था और भूर्जपत्रादि मृदु भूमि पर रंगों से बनायी आकृति को वर्ण। शलाका, आदि कठोर वस्तुओं से पत्थर पर रेखाचित्र या रंगों से रंगीन चित्र बनाने की कला अत्यंत आदि मानव को ज्ञात थी, यह सुविदित है। अतः यह कहने की आवश्यकता नहीं कि पाणिनिकालीन आर्यों को लेखन की ये दोनों पद्धतियाँ ज्ञात थीं। इतनी ही नहीं, रेखाओं के चिन्हों से संख्यादर्शक ध्वनि दिखाने की कला ऋग्वेद काल में भी ज्ञात थी, यह बात **पंचकर्ण्यः** और **अष्टकर्ण्यः** रूपों से सर्वमान्य है। अतएव आर्मेनियाई लोगों से हिन्दुओं ने अक्षर उधार लिये होंगे, आदि तर्क युक्तिसंगत नहीं प्रतीत होते। इसके विपरीत ऐसा दिखता है कि आर्मेनियाई लोगों ने ही, आर्यों से अक्षर निकालने और अक्षर परम्परा की कला प्राप्त की होगी। 14वीं शताब्दी शकपूर्व जब आर्यों का मितानी देश पर प्रभुत्व था, तब आर्मेनियाई लोगों ने आर्य अक्षर परम्परा बहुशः ग्रहण की होगी और वह भी तोड़-मरोड़कर आधे-कच्चे रूप में। मूल स्थान से भारत आकर रहने, मूल स्थान में भौगर्भिक परिवर्तन होने व बीच के प्रदेश में अभी तक खोज-बीन न होने के कारण, आर्यों के रेखाचित्रों और रंगीन चित्रों, आदि का पता नहीं लगा है। तथापि इसमें कोई संदेह नहीं कि पाणिनि के पूर्व आर्यों ने वर्ण परम्परा की खोज की थी। यही पाणिनिकालीन वर्णमाला अपभ्रंश होते-होते महाराष्ट्र में काल-बोध नाम से प्रचलित हुई।

10. विचारसूचक अभिनय

मनुष्य ने विचार-प्रदर्शन के लिए ध्वनि से एक के बाद एक साधन खोज कर, प्रदीर्घ काल के उपरान्त, भाषा का निर्माण किया और चित्रों से अक्षर निर्मित किये। इन दो सृष्टियों की उत्पत्ति से भी पूर्व मानव ने एक तीसरे साधन का आरम्भ किया था। यह साधन है हावभाव अथवा विक्षेप। इस साधन का उल्लेख इस लेख के प्रारम्भ में किया जा चुका है। इस साधन की जो स्थिति आदिम मानव के समय थी, वही आज भी है। भाषा और अक्षरों की असीम प्रगति के कारण, विचार-प्रदर्शन तथा अन्य व्यवहार करने के लिए, इस साधन में सुधार करने की आवश्यकता नहीं थी, तथा भाषा और अक्षरों के अभाव में, आवश्यकता प्रतीत होने पर भी, वह विशद काम करने

की क्षमता इस साधन में नहीं जो विशद काम भाषा और अक्षर करते हैं। फिर भी विचार-प्रदर्शन के काम में, भाषा न जानने वाले पशु-पक्षियों के साथ व्यवहार करते समय बोलने की पुष्टि करने के उद्देश्य से मनुष्य इस साधन का उपयोग करता रहा है। भाषा और अक्षर के माध्यम से जो विचार और भाव प्रदर्शित करना कठिन होता है, ऐसे विचार और भाव प्रदर्शित करने के काम में भी इस साधन का मनुष्य अतिशय उपयोग करता आया है और इस तरह उसने इन विक्षेपों को व्यवहारक्षम बनाया है। नैसर्गिक हाव-भावों के परिणत और कृत्रिम रूप को अभिनय कहते हैं। जिस तरह अनुकरणात्मक ध्वनियों का परिणत और कृत्रिम रूप भाषा है, या जिस तरह अनुकरणात्मक रेखाओं का परिणत और कृत्रिम रूप अक्षर है, उसी तरह अनुकरणात्मक सहज विक्षेपों या हाव भावों का परिणत और कृत्रिम रूप अभिनय है।

11. आकृति-निर्माण

ध्वनि, रेखा और हाव भाव इन तीन साधनों जितने ही पुराने एक चौथे साधन का आदि मानव को अनुकरण से पता चला। वह साधन है देखी हुई वस्तु की हू-ब-हू-आकृति बनाना। रेखाओं का साधन लम्बाई और चौड़ाई के दो परिमाणों की सहायता से कार्य करता है। हू-ब-हू आकृति बनाने के साधन के लिए लम्बाई और चौड़ाई के अलावा गहराई की भी आवश्यकता होती है। शुरू-शुरू में ये आकृतियाँ लकड़ी, मिट्टी या पत्थर की बनती थीं। मानव जिस कोटर या कंदरा में रहता था, उसके अनुसरण से दो खड़े पत्थरों के ऊपर एक तीसरा पत्थर रखना, या जिस पेड़ पर रहता था उस पेड़ पर बने मचान के अनुकरण से पानी में मचान बाँधना, नदी के आसपास बने गड्ढे देखकर वैसे ही छोटे-बड़े नांद या कमरे बनाना, बेल के फल, नारियल इत्यादि फलों के समान ही मिट्टी के बर्तन बनाना, गुहा से गिरने वाली जल-धारा से बने स्तम्भों के समान पत्थर के स्तम्भ बनाना, पशु-पक्षियों की मिट्टी, लकड़ी और पत्थर की मूर्तियाँ बनाना, और ये परिमाणात्मक आकृतियाँ बनाकर उनकी परिकल्पना अन्य मानवों को कराना आदि मानव का शौक था। इसकी परिणति अन्ततः यह हुई की मानव ने जमीन पर और पानी में अपने उपयोग के विविध प्रकार के बर्तन बनाने की कला का निर्माण किया। कहना न होगा कि इस कला के परिपाक होने में हजारों नहीं, लाखों वर्ष लग गये होंगे।

12. भाषा, वर्ण आदि की दैवी उत्पत्ति

इस प्रकार (1) ध्वनि से भाषा (2) रंगीन अथवा सामान्य रेखांकन के अक्षरमाला, (3) नैसर्गिक हाव भावों से कृत्रिम अभिनय, और (4) देखी हुई आकृतियों से बर्तन—ये चार कृत्रिम व्यावहारिक कलाएँ मनुष्य ने अकेले अपने बूते पर संपादित कीं। सैकड़ों ठोकरें खाकर और हजारों प्रयोगों में असफल होने पर मानव को ये चार

नित्योपयोगी कलाएँ भारी कष्ट झेलने और पसीना बहाने के बाद प्राप्त हुईं। किसी काल्पनिक स्वर्ग में रहने वाले देवों ने या नरक में रहने वाले असुरों ने इन्हें मनुष्य को दे दिया, ऐस कुछ भी नहीं है। शंकर जी के डमरू से ध्वनि निकली, चित्रलेखा नामक गंधर्व कन्या ने चित्ररेखन का कौशल सिखाया, किसी किन्नर ने अभिनय सिखाया अथवा विश्वकर्मा ने बर्तन बनाने का काम सिखाया, ये सब बातें केवल काल्पनिक कथाएँ हैं। इन सब मनगढ़ंत कथाओं का अर्थ इतना ही है कि अभी-अभी तक भारतीय मानव को भाषा, अक्षरमाला, अभिनय और बर्तन बनाने की परम्परा का ऐतिहासिक स्पष्टीकरण करने का ज्ञान नहीं था। जिन बातों का उद्‌गम, घटना, विकास और परिणति नहीं मालूम, वे बातें किसी दैवी शक्ति की कृपा से प्राप्त हुईं, यह अर्थ अनभिज्ञ मनुष्य सदैव और सर्वत्र लगातार दृष्टिगोचर होता है। यह खोज मानव ने परम कष्टों के बाद की कि यह सब उसका स्वयं का ही कृतित्व है। शंकर के डमरू की अथवा विश्वकर्मा की अथवा वागाधिष्ठात्री सरस्वती की, अथवा पशु-पक्षियों के नामकरण करने वाले नोहा की दैवी अर्थों में किसी भी उद्देश्य से, आवश्यकता नहीं रह गयी है। ऐतिहासिक दृष्टि से इनके इतिहास का पता लगाया जा सकता है।

13. वास्तविक तथा भ्रामक कलाओं का विकास

ध्वनियों, रेखाओं, हाव भावों और आकृतियों को भाषा, अक्षर, अभिनय तथा बर्तनों का रूप देकर, इन चारों प्राकृतिक और अनुकारक शक्तियों का मानव ने प्रतिदिन के व्यवहार में विचार-प्रदर्शन हेतु उपयोग किया। यह बात सच है कि सामान्य जीवन-व्यवहार के लिए ये भाषा, आदि साधन बिना किसी झंझट के पर्याप्त होते हैं; परन्तु भावों या विचारों का जब तूफान उठता है और सुखदुःखादि भावनाओं का जब कोलाहल मच जाता है, तब सीधा बोलना या सीधा लिखना किसी काम का नहीं रह जाता और तीव्रतर साधनों का प्रयोग किये बिना उठा हुआ तूफान शांत नहीं हो पाता। ऐसी कोई बात नहीं कि विचारों और भावनाओं का यह तीव्र आवेश प्रकट करने के लिए मनुष्य ने कुछ बिल्कुल अभूतपूर्व नये साधनों की खोज की हो। जिसकी पहले कहीं नींव न हो, ऐसा नया कुछ भी खोज निकालना संभव नहीं है। नींव पुरानी ही, साधन भी वे ही, सिर्फ उनकी जुड़ाई में अंतर भर आया। मामूली बोलने के लिए जो ध्वनि आवश्यक होती है, उसी को दीर्घ तथा दमदार बनाकर किसी भी संवेग का प्रदर्शन तीव्रता से करने से गीत बनता है। साधारण मूल चित्रों की आवेगों के तीव्र रूपों से प्रबल बनाकर काल्पनिक और नाजुक रंगों से भरना ही चित्रकारी है। साधारण हाव-भाव को अतिशय रूप देने का अर्थ है नृत्य और साधारण नित्य परिचित ठोस आकृतियों की ही तीव्र आवेगों के साथ दिखाने से मूर्तियाँ बनती हैं। इस तरह ध्वनि, रेखा, हाव-भाव, आकृति में से प्रत्येक से मनुष्य ने सादापन और अतिशयोक्ति, इन ऐयत्तिक भेदों पर आधारित दो-दो अलग-अलग कलाओं का निर्माण किया। इन्हें निम्न रूप में प्रस्तुत किया जा सकता है :

गुण	सादापन या व्यवहार	अतिशयता या तीव्रता
1. ध्वनि	भाषा	गान
2. रेखा	अक्षर	चित्रण
3. हाव भाव	अभिनय	नृत्य
4. आकृति	बर्तन	मूर्ति निर्माण

सादेपन से नित्य का विविध प्रकार का अनंत व्यवहार होता है। अतिशयता से तीव्र अनुभवों का प्रदर्शन होता है। बार-बार ऐसे प्रसंग आते हैं कि प्रतिदिन के सादेपन से ऊब हो आती है, परन्तु आकस्मिक तीव्र अतिशयता सभी के लिए संभव नहीं होती। अतः सादेपन और अतिशयता का न्यूनाधिक मिश्रण करके कल्पनाशील मानव ने और भी चार कलाओं का निर्माण किया। भाषा के चुने हुए शब्दों और गीत की तालबद्धता के मिश्रण से मनोहारी काव्य का जन्म हुआ। अक्षर और चित्रांकन से सुबोध चित्रमय अथवा सचित्र ग्रंथ बने। अभिनय तथा नृत्य के दांपत्य से नाटक नाम के कुलकलंक बालक का जन्म हुआ तथा बर्तनों और मूर्तिकारों के संयोग ने स्थापत्य जैसे महत्वपूर्ण विषय को जन्म दिया। सभी के लिए तानसेन बनना संभव नहीं है, परन्तु स्त्रग्धरा अथवा मालिनी के वृत्त कंठस्थ करना बहुधा सभी के लिए संभव होता है। अजंता की कला तक बहुत थोड़े ही पहुँच सकते हैं, परन्तु इच्छा हो तो चित्रमय जगत घर में ही देखा जा सकता है। तांडव नृत्य केवल शंकर ही कर सकते हैं परंतु नौटंकी और तमाशे गाँव वालों का मनोरंजन करते हैं। भिवा नामक बढ़ई को घर-घर में मजदूरी देकर काम करने के लिए नहीं लाया जा सकता, परन्तु एक-आध जालीदार मेहराब या सुन्दर वृन्दावन थोड़े खर्चे में कोई भी बनवा सकता है। साध्य-असाध्य और शक्य-अशक्य की दृष्टि से ये जो चार कलाएँ निर्मित हुईं उनका विवरण इस प्रकार है :

1. ध्वनि भाषा x गान = काव्य
2. रेखा अक्षर x चित्ररेखन = चित्रमय ग्रंथ
3. हाव भाव अभिनय x नृत्य = नाटक
4. आकृति बर्तन x मूर्तिकरण = स्थापत्य

गान, चित्ररेखन, नृत्य और मूर्तिकरण अथवा काव्य, सचित्र ग्रंथ, नाटक व स्थापत्य इन आठों कलाओं में मन का और मन के मालिक मनुष्य का कौशल प्रमुख होता है। मनुष्य का कौशल जिनमें अप्रधान रहता है ऐसे चार तंतुवाद्य ध्वनि आदि के आधार पर निर्मित करना मनुष्य के लिए संभव हुआ। ये तंत्रवाद्य मनुष्य ने प्रायः बाह्य साधनों पर विशेष रूप से निर्भर रहकर बनाये। चमड़ा, बांस, धातु, केश, तार आदि वस्तुओं पर आघात करने से ध्वनि निकलती है और उस ध्वनि को उचित रूप से मोड़ देने पर सुस्वर उत्पन्न होते हैं। बाह्य वस्तुओं से सुस्वर निकालने की इस

कला को वादन कहते हैं। वस्तुओं के चित्र हाथ से बनाने की अपेक्षा प्रकाश के द्वारा उन्हें निकलवाने की प्रकाशलेखन कला (फोटोग्राफी–अनु.) जानीमानी है। नटों के महत्व को बिल्कुल कम करके गुड़ियों से अभिनय व नृत्य कराने की कठपुतलियों की कला बहुत पुरातन है। मूर्तियों के शरीर गठन या मुखचर्या में विचार तथा भाव संकलित करने की अपेक्षा वृक्ष-वल्ली, वनउपवनों, मैदानों और टीलों की विशिष्ट रचना से विचार और भाव उत्तेजित करने के लिए भूमिरचना की कला भारतवर्ष में बहुत पुरानी है। वाद्यों की जगह ग्रामोफोन, चित्रकला की जगह प्रकाशलेखन (फोटोग्राफी), कठपुतलियों के स्थान पर सिनेमा के रूप, आधुनिक विज्ञान से उत्पन्न होने के कारण, आधुनिक हैं। इन तीनों के अतिरिक्त अन्य सभी रूप महाराष्ट्र में प्राचीन काल से काफी बेहतर स्थिति में पाये जाते हैं। इन बाह्य कलाओं को पुरानी आठ कलाओं के साथ जोड़ने पर, चित्र और परम्परा इस प्रकार बनती है :

	मूल मनुष्याधीन साधन	सादा व्यवहार	अतिशयता	व्यवहार X अतिशयता	बाह्य साधन
	1	2	3	4	5
1.	ध्वनि	भाषा	गान	काव्य	वाद्य
	6	7	8	9	10
2.	रेखन	अक्षर	चित्रण	चित्रमय ग्रंथ	प्रकाशलेखन
	11	12	13	14	15
3.	हावभाव	अभिनय	नृत्य	नाटक	कठपुतली
	16	17	18	19	20
4.	घनाकृति	बर्तन	मूर्तिकरण	स्थापत्य	भूमिरचना

इन बीस मार्गों से मनुष्य विचार और भाव प्रकट करता है इनमें से 1. ध्वनि, 6. रेखन, 11. हाव भाव, और 16. घनाकृति; तथा 2. भाषा, 7. अक्षर, 12. अभिनय तथा 17. बर्तन इन आठ मौलिक साधनों के कार्य के संबंध में पहले उल्लेख किया जा चुका है। इस लेख में बर्तन शब्द का अर्थ विचार-भाव प्रदर्शनार्थ अथवा व्यवहार में उपयोग के लिए बनायी गयी प्रतिमा, मूर्ति, घर, छप्पर, हौज आदि की कोई भी घनाकृति समझना चाहिए। भावनाओं और विचारों का आधिक्य होने पर जब वे मन में समा नहीं पाते, तब द्रव रूप होकर बाहर निकलने लगते हैं और जब उन्हें साधारण साधनों के द्वारा प्रकट करना संभव नहीं होता तब मनुष्य अतिशयता की 3. गान, 8. चित्रण, 13. नृत्य और 18. मूर्तिकरण की, कलाओं का आश्रय लेता

है। मन का द्रवरूप होकर उफन जाना, इसी को रस कहा जाता है। श्रृंगार, वीर, करुण, अद्भुत, हास्य, रौद्र, भयानक, वीभत्स तथा शांत इन नौ प्रकारों में द्रवरूप होकर मन के भाव उफन आते हैं तथा इन नौ की नौ उफनने की प्रक्रियाओं का प्रदर्शन गान, चित्रण, नृत्य और मूर्तिकरण की अतिशयताओं से मनुष्य उपलब्ध करता है। शब्द और भाषा का गान की प्रक्रिया से कुछ भी संबंध नहीं है। गान हजारों शब्दों में नहीं बोलता, केवल सप्त स्वरों में नवरस बोलते हैं। चित्रकला अक्षरों से अर्थात् बावन मातृकाओं से (मूल अक्षरों से) अर्थ नहीं दर्शाती, सिर्फ पाँच रंगों के न्यूनाधिक परिमाणों से, नवरसों को प्रकट करती है। नृत्य का अर्थ साधारण अभिनय नहीं, अवयवों के उद्धत हाव भावों से नवरसों का प्रकटीकरण है; अथवा तांडव और मूर्तिकरण का अर्थ वास्तव में केवल बर्तन बनाना ही नहीं, घनाकृति के उभरे हुए अंगों द्वारा नवरसों का प्रदर्शन करना है। अतिशयता की संगीतादि चार कलाएँ, साधारण व्यवहार की भाषा, आदि चार कलाएँ और ध्वन्यादि चार मौलिक साधन, सब मिलाकर विचार-भाव प्रदर्शन के बारह साधनों के कार्य, केवल परिमाण के उतार-चढ़ाव से बने हुए हैं। तालिका में जो चार साधन लिखे हैं, वे सरलता और अतिशयता के मिश्रण से अंतर्बाह्य रूपों में बने हुए मिलते हैं। संगीत की ताल और भाषा के शब्द मिलकर, काव्य का गद्य-पद्य बहिस्वरूप बनाते हैं तथा शब्दों के अर्थ और अतिशयता से उत्पन्न नवरसों को मिलाकर काव्य के अंतःस्वरूप की रचना होती है। अक्षर और चित्रों का मेल चित्रमय ग्रंथों का बाहरी स्वरूप है तथा अर्थ और वस्तुओं का साक्षात् दर्शन, उनका अंतःस्वरूप। अभिनय में हाथों से किये गये हाव भाव और नृत्य में किया गया औद्धत्य नाटक का बाह्य स्वरूप है, तथा हाथों की क्रियाओं द्वारा दर्शाये गये भाव व विचार औद्धत्य की अतिशयता से दिखाये गये नवरस उसका अंतःस्वरूप। बर्तन स्थापत्य का बाहरी स्वरूप हैं, और नवरसों का मूर्त उत्थान अंतःस्वरूप। ये हैं इन चार संमिश्र कलाओं के अत्यंत विशुद्ध रूप। प्रायः यह देखने में आता है कि अन्य विविध कलाओं के मिल जाने से ये मूल शुद्ध मिश्र कलाओं में अनेक बार मिश्रण हुआ है। उदाहरण के लिए नाटक को ही ले लीजिए। इसमें गद्य, पद्य, काव्य, वाद्य, चित्र, मूर्ति आदि अनेक कलाओं का संमिश्रण हुआ है। दूसरा उदाहरण स्थापत्य कला का है। स्वयं केवल एक बर्तन की मूर्ति से नव रसों का प्रदर्शन करना स्थापत्य का मूल कार्य है। उसमें भित्तियों पर चित्रित चित्र, नक्काशी, अक्षर, अर्धमूर्तियाँ, पूर्ण मूर्तियाँ, लेप, रंगोली आदि कलाओं का बना हुआ मिश्रण प्रायः देखने में आता है। अस्तु, इन बारह कलाओं में विशेषतः मनुष्य के कृतत्व का प्रमुख स्थान होता है। वाद्यादि जो चार विचार-भाव प्रदर्शन की कलाएँ बचीं, उनमें मनुष्य के स्वयं के साध ानों की अपेक्षा बाह्य वस्तुओं के साधनों की संख्या अधिक पायी जाती है। बात स्पष्ट हो जाती है। अतः इन बीस साधनों के संबंध में यह विवेचन यहीं समाप्त कर, अब मैं मनुष्य-निर्मित एक-दूसरे विचित्र साधन का वर्णन करता हूँ। यह साधन पूर्णतः

भावनापूर्ण है, और आश्चर्य की बात यह है कि यह अत्यंत गहन-गूढ़ विचार प्रकट करने का प्रयास करता है। अन्य कलाओं के समान, इन कलाओं की नींव भी वही है, अर्थात् ध्वनि, रेखन, हाव भाव और घनाकृति। केवल मूलाधार के उद्‌गम में अन्तर है। संगीतादि कलाओं का उद्‌गम ज्ञात रहता है, परन्तु इस कला का उद्‌गम याद नहीं रहता। आकाशवाणी, अरण्य-रुदन, पिशाचगायन, श्मशान-कोलाहल, आदि ध्वनियाँ कई लोगों को कभी-कभी सुनायी देती हैं। वे कहाँ से और कैसे आती हैं, यह पता नहीं चलता। उससे मनुष्य घबराता है, चौंकता है, हैरान होता है, तथा कभी-कभी तो बीमार भी पड़ जाता है। इस ध्वनि से होने वाली पीड़ा को दैवी-पीड़ा मानकर, उसका प्रतिकार करने के लिए मनुष्य सुनी गयी ध्वनि के सदृश या उसकी विरोधी ध्वनियाँ टोटके के रूप में निर्मित करता है। हाँ, हीं, हूँ, क्रां, क्रीं, क्रूं, फट्, वषट्, स्वाहा इत्यादि असंख्य ध्वनियाँ मुँह से निकालकर और अन्य सार्थक या निरर्थक संस्कृत, प्राकृत तथा खिचड़ी शब्द अथवा शब्दमाला गुनगुनाकर मांत्रिक दैवी ध्वनियों की बाधा दूर करते हैं। इन ध्वनियों को मंत्र कहा जाता है, और साधना को मंत्रसाधना। जिस तरह कई लोगों को अज्ञात स्थान से आयी हुई अथवा काल्पनिक ध्वनियाँ सुनायी देती हैं, उसी तरह आकाश-नगर, गंधर्वपुरियाँ, सूर्यमुख इत्यादि चित्र भी कई लोगों को आकाश में दिखायी देते हैं। यही है काल्पनिक चित्रकला। इनके शरीर में संचरित होने पर मनुष्य विविध प्रकार के भद्दे हाव भाव करता है तथा कमर तक के शरीर को चारों ओर घुमाता है। यही काल्पनिक तांडव या नृत्य है, और कई लोग जो भ्रांति से पिशाच, राक्षस, खैस, वैताल, स्वर्ग, नरक, पाताल, देव, दानव आदि घनाकृति बनाते हैं, वही काल्पनिक मूर्तिकरण और स्थापत्य है। अज्ञान से जन्मी भ्रांति से उत्पन्न ध्वनियाँ, रेखाएँ, हाव भाव, तथा घनाकृतियाँ–इस काल्पनिक साधन चतुष्टय को ज्ञात वस्तुओं से बने, उक्त विश्वसनीय और वास्तविक साधनों के साथ जोड़ने पर जो स्वरूप बनता है, वह इस प्रकार होगा :

भाव-विचार प्रदर्शन के साधन

	वास्तविक अथवा शुद्ध	**भ्रांत अथवा शबल**
1.	ध्वनि-भाषा-गान-काव्य-वाद्य	ध्वनि-भाषा-गान-वाद्य
2.	रेखन-अक्षर-चित्रण-चित्रमय ग्रंथ-प्रकाशलेखन	रेखन-अक्षर-चित्रण-चित्रमय ग्रंथ-प्रकाशलेखन
3.	हाव भाव-अभिनय-तांडव-नाटक-कठपुतलियाँ	हाव भाव-अभिनय-नृत्य-नाटक वेतालसभा
4.	घनाकृति-बर्तन-मूर्ति-स्थापत्य-भूमिरचना	घनाकृति-बर्तन-मूर्ति-स्थापत्य-भूमिरचना

वास्तविक साधन के उदाहरण कौन से हैं और भ्रांत साधनों के कौन से, ये

निम्न सूची में क्रमबद्ध रूप में दिये जा रहे हैं—

वास्तविक अथवा शुद्ध	भ्रांत अथवा शबल
1. वास्तविक ध्वनि	मनुष्य की और बाह्य सृष्टि में विद्यमान पदार्थों की
2. भ्रांत ध्वनि	अज्ञात उद्गम से निकली हुई
3. वास्तविक भाषा	जो व्यवहार में बोली जाती है
4. भ्रांत भाषा	अज्ञात से निकली हुई ध्वनि के अनुकरण से उत्पन्न हाँ, हीं, हूँ आदि मंत्रभाषा
5. वास्तविक गान	स्वरोद्भव
6. भ्रांत गान	डुं डुं करना, गुनगुनाना, बुदबुदाना, आदि मंत्रगान
7. वास्तविक काव्य	शिवाजी काव्य, नारायणवध, पोप द्वारा लिखित डन्शियाड, मनु के श्लोक आदि
8. भ्रांत काव्य	मिल्टन का पैराडाइज लास्ट, दाँते की कविताएँ, कुमारसंभव आदि
9. वास्तविक वाद्य	शहनाइयाँ, ढोल आदि
10. भ्रांत वाद्य	डमरू, 'कुड़बुडे' आदि
11. वास्तविक रेखन	वस्तुदर्शक रेखाएँ
12. भ्रांत रेखन	टोटकों की सीधी, वक्र और सर्पाकार रेखाएँ
13. वास्तविक अक्षर	अ, क इत्यादि
14. भ्रांत अक्षर	ओंकार, यंत्र, स्वस्तिक आदि
15. वास्तविक चित्र	पशु-पक्षी आदि के
16. भ्रांत चित्र	राक्षस, किन्नर, देवता, दानव आदि के
17. वास्तविक सचित्र ग्रंथ	इतिहास, बढ़ईगिरी, लुहारी आदि के विशदीकरण के लिए
18. भ्रांत सचित्र ग्रंथ	पुराण, महात्माओं की कथाएँ, नारकीय विभीषिका (इंफेर्नो) आदि के विशदीकरण के लिए
19. वास्तविक प्रकाशलेखन	फोटोग्राफी आदि
20. भ्रांत प्रकाशलेखन	आकाश में काल्पनिक नगर आदि देखना
21. वास्तविक हाव भाव	दैनिक आंगिक विक्षेप
22. भ्रांत हाव भाव	संचार के समय के विक्षेप
23. वास्तविक अभिनय	विक्षेपों का वर्गीकरण करने के उपरांत शास्त्र में कथन किये हुए

24. भ्रांत अभिनय	वेताल, श्मशान, खंडोबा आदि से संबंधित विशिष्ट विक्षेप
25. वास्तविक नृत्य	प्रसिद्ध है
26. भ्रांत नृत्य	कमर तक शरीर के ऊपरी हिस्से को गोल घुमाना, संचार होने पर नाचना आदि
27. वास्तविक नाटक	मानव समाज का चित्र दिखाने वाला
28. भ्रांत नाटक	देव, असुर, पिशाच आदि के समूहों को दिखाने वाली
29. वास्तविक कठपुतली	मनुष्यों जैसी
30. भ्रांत कठपुतली	पिशाच जैसी
31. वास्तविक घनाकृति	पशु-पक्षी आदि की
32. भ्रांत घनाकृति	देवता और दानवों की
33. वास्तविक बर्तन	स्वयंपाक पात्र, साधारण घर, बड़े मकान,
34. भ्रांत बर्तन	देवता और वेताल के पूजन के उपकरण (साधन), पत्थर और लकड़ी के देवताओं के मामूली छप्पर, मामूली तकिये, ईसाइयों के सामान्य प्रार्थनाघर, कब्रें आदि
35. वास्तविक मूर्ति	पशु-पक्षी आदि प्राणियों की
36. भ्रांत मूर्ति	राम-कृष्ण, शैतान, देवदूत आदि की
37. वास्तविक स्थापत्य	महल, किले, परकोटे, घाट आदि
38. भ्रांत स्थापत्य	देवालय, चर्च, मस्जिद आदि
39. वास्तविक भूमिरचना	उद्यान, बगीचे, पदार्थसंग्रह भूमि, नगर-रचना,
40. भ्रांत भूमिरचना	स्वर्ग, नरक, पाताल, वायुलोक, चंद्रलोक आदि

अज्ञान से उत्पन्न भ्रांत या काल्पनिक साधन केवल भ्रमपूर्ण होते हैं, परन्तु मनुष्य उन्हें भ्रमपूर्ण बिल्कुल नहीं मानता। मनुष्य की तो ऐसी मान्यता है कि वे वास्तविक साधनों और कलाओं के बराबर ही या उनसे भी अधिक वास्तविक हैं। गूढ़ आवाजें आदि हैं प्रारम्भिक मूलाधार। उस पर वे कहाँ से आयीं, इस संबंध में तर्क। जब आवाजें किसी ज्ञात पदार्थ से नहीं आयीं, तब वे किसी प्राणी से आयी होंगी—इस कल्पना के अनुसार आदिम मानव ने ऐसा मान लिया कि ये आवाजें किसी अदृश्य प्राणी की हो सकती हैं। आवाज, वृक्ष, जंगल, सरोवर, बादलों, आकाश आदि स्थानों में से जहाँ कहीं से भी आती होंगी, वहीं पर अदृश्य प्राणी रहता होगा—इस तरह से विविध अनुमान लगाकर मनुष्य ने भूत, यक्ष, देव, दानव, अप्सरा, गंधर्व, वेताल, पिशाच आदि गूढ़ प्राणी पहले निर्मित किये, फिर उनके निवास के लिए जगह, स्थल, प्रदेश और लोक निर्मित किये और अंत में गुणानुरूप उनके

विविध रूप बनाये। इतना करके ही मनुष्य रुका नहीं। इन अदृश्य प्राणियों के क्रोधित होने पर, उनकी पूजा, प्रार्थना करके, उन्हें भोग और बलि चढ़ाकर उनकी कृपा प्राप्त करने के मार्ग भी उसने निश्चित किये। इन मार्गों को ही देवधर्म कहते हैं। दयालु देवता, दुष्ट देवता, सतानेवाला देवता, वरिष्ठ देवता, कनिष्ठ देवता, श्रेष्ठ देवता, प्रेष्ट देवता और एकमेव एक देवता–इस प्रकार विविध प्रकार के देवताओं और देवदूतों तथा भूतों व शैतानों की, और इन सभी की स्त्रियों व बाल-बच्चों की–इस तरह एक पूरी की पूरी नयी दुनिया ही–मनुष्य ने निर्मित कर ली। वही दुनिया सच है और मरने के बाद उसी वास्तविक दुनिया में हम सदा के निवास के लिए जायेंगे : इतना ही नहीं हमारी यह दो दिन की साधारण-सी दुनिया मिथ्या, और मिथ्या न भी हो, तो भी बिल्कुल क्षणिक है–इस प्रकार की तर्क-परम्परा विकसित करते हुए वह उस वास्तविक परलोक पर बेहद आसक्त हुआ, इतना आसक्त कि उसने अपने रोज-ब-रोज के व्यवहार में किये जाने वाले कामों, आयुधों, उपकरणों, चित्रों, मूर्तियों, इमारतों, कब्रों, विवाह, जातकरण (एक धार्मिक संस्कार-अनु.), पताकाओं, ध्वजों आदि सभी पर उस वास्तविक जगत की छाप लगायी। मनुष्य ने वह वास्तविक जगत और वहाँ के देव-दानवों के चित्र, स्तोत्र, वेद, बाइबिल, कुरान, त्रिपटिक काव्य, नाटक, तांडव भी निर्मित किये। इस प्रकार का एक बहुत बड़ा ताम-झाम मनुष्य ने बना डाला; जो बिल्कुल सच था उसे उसने झूठा ठहराया और जो बिल्कुल काल्पनिक था उसे उसने सच घोषित किया। मनुष्य ने यह जो कल्पनासृष्टि तैयार की उसका उत्कट ऐतिहासिक रूप देखना हो तो सर्वोत्तम मार्ग है, किन्हीं भी लोगों के देवालय की ओर चलिए। वहाँ आपको लोगों के भ्रांतिमय साधनों का ऐतिहासिक संग्रह एकत्र किया हुआ मिलेगा। इस हेतु शहर में स्थित हाल के सौ-डेढ़ सौ साल पुराने मंदिर को छोड़ दीजिये। शहरी क्षेत्र के बाहर का कोई पुराना, विदीर्ण मंदिर ले लीजिए और जो हिस्सा प्रदीर्घ समय के कारण, अथवा मंदिर भजकों के हाथों छिन्न-भिन्न हो गया हो, उस हिस्से को कल्पना द्वारा जोड़िये। पहले पहल आपको पुराने पीपल तथा बड़ के पेड़ मिलेंगे। ये वृक्ष ब्राह्मण हैं और उन पर ब्रह्म राक्षस रहते हैं। भ्रांत दृष्टि से ब्रह्म राक्षस को एक मिश्रिंत योनि माना जाता है। ऐतिहासिक दृष्टि से ब्रह्म राक्षस को, ब्राह्मण और राक्षसों से उत्पन्न एक पुरातन संकर जाति मान लिया जाये, तो विशेष गलत नहीं होगा। जिस काल में राक्षसों का निवास था यह जाति संकर उसी काल का होगा। इन वृक्षों के आगे कोई म्हसोबा या बिरोबा या पोटाबा दिखायी देगा, एक मामूली उबड़-खाबड़ पत्थर और उस पर सिन्दूर पुता हुआ। ऐसा नहीं कि अच्छी नक्काशीदार मूर्ति नहीं बनायी जा सकती थी; परन्तु इन म्हसोबा आदि देवताओं की मूर्तियाँ मामूली तथा उबड़-खाबड़ ही रहती है। उनके उबड़-खाबड़पन में भी इतिहास है। पुरातन काल में जिन लोगों के बीच ये देव अस्तित्व में आये उन्हें इससे अधिक कौशलपूर्ण मूर्ति कला ज्ञात नहीं थी और ज्ञात होती भी तो स्वयंभू ऊबड़-खाबड़ मूर्ति के सामने कृत्रिम रूप से बनायी गयी

सुन्दर मूर्ति का कोई मूल्य उन्हें प्रतीत नहीं होता। आप और आगे जायें तो एक तरफ वेतालसभा मिलेगी। यह विशेष रूप से अछूतों का, यानी नाग लोगों के बीच की एक कनिष्ठ जाति का देव है। दूसरी ओर, एक पत्थर के आले में पत्थर का दिया जलता हुआ मिलेगा। यह पत्थर का आला पितरों का है और यह दिया उन्हें दिन-रात उजाला दिखाने के लिए जल रहा है। दस-पाँच हाथ के अंतर पर गाँव की दो-चार सतियों के मंदिर दिखायी देंगे। उन पर मिथुन (पति-पत्नी का जोड़ा) खुदा हुआ रहता है। फिर आप हनुमान जी के मंदिर के पास पहुँचेंगे। वेदकालीन महत, यानी पौराणिक मरुत्, मारुतः, मारुति की तीसरी पीढ़ी मारुति है। मारुति पाथिकों का रक्षक है। उसके आगे देहली और उस पर गोपुर मिलेगा। गोपुर में पुराने जमाने में मंदिर की गायें बाँधी जाती थीं। अब उस पर बजैयों का दल रहता है। गोपुर पूर्वाभिमुख है और उसमें से परकोटे के भीतरी स्थानों में जाने के लिए रास्ता है। परकोटा दो-ढाई पुरुष ऊँचा है, और उसकी ईंटें एक हाथ लम्बी हैं। परकोटा दो मंजिलों का है। नीचे की मंजिल में चारों ओर दालान बने हैं और ऊपर की मंजिल में परकोटे पर शत्रु पर तीर चलाने या गोलाबारी करने के लिए छेद रखे गये हैं। मंदिर एक प्रकार का किला ही है। उसकी दीवार दो हजार वर्ष पूर्व के शकों और यवनों के हमलों का प्रतिकार करने के उद्देश्य से परकोटे के नमूने में बाँधी गयी है। भीतर जाने पर बीच में एक-दो मुख्य देवालाय और चारों ओर उपदेवालय दिखायी देंगे और उनके आगे चार-पाँच खड़े डंडे मिलेंगे। एक डंडा इन्द्रध्वज, दूसरा गरुड़ध्वज, तीसरा सिंहध्वज और चौथा रामदासी भगवा झंडा है सारे ध्वज ऐतिहासिक हैं। ये इन्द्र से लेकर समर्थ रामदास स्वामी तक के झण्डे हैं। भगवा झण्डा भी इन्द्रध्वज ही है। ध्वजदंड शब्द का मराठी अपभ्रंश है ध्वज-दंडः=झअंडा=झेंडा। और भगवान, जो इंद्र है, उसका अपभ्रंश है भगवा। भगवद्ध्वजदंडः=भगवा झंडा। पाँचवां झंडा पेशवाओं के जरीपटके का है। जरीपटका शब्द का अर्थ भी पुनश्च इंद्रध्वज ही है। इंद्र के ध्वज का संस्कृत नाम जर्झर था। पटक का अर्थ है कपड़े का टुकड़ा। जर्झरीकपटकः=जरीपटका। जरीपटका, यानी इन्द्र का ध्वज। पेशवाओं ने उसे कोई नया नहीं निकाला। वह वैदिक काल से चलता आया है और पुराना है। बीच में मुसलमानों के हमलों में उसे मंदिरों में छिपाकर रखा गया था। उसको छत्रपति शिवाजी और पेशवाओं ने अपनी सेना में पुनः प्रचलित भर किया। सूक्ष्मता से देखने पर इन ऐतिहासिक झंडों के पास अतिजीर्ण अवस्था में पड़े और बरसात के पानी से घिसेपिटे दस-पाँच पत्थर दिखायी देंगे। पत्थर एक-एक पुरुष या अर्ध पुरुषभर ऊँचे तथा हाथ-पौने हाथ चौड़े हैं तथा उन पर तीन चार मंजिल की अर्धमूर्तियाँ खुदी हुई हैं। खुदाई उबड़-खाबड़ है। परन्तु म्हसोबा बिरोबाओं से, अधिक कौशलपूर्ण हैं। एक मंजिल में शिवलिंग और स्त्री-पुरुष उपासक खुदे हुए हैं। दूसरी मंजिल में भालाधारी घुड़सवार खुदे हुए हैं। तीसरी मंजिल में बड़े-बड़े नितंबों वाली नितंबनियाँ और कुमस्तनी महाराष्ट्र की वधुएँ खुदी हुई हैं। इन अर्धमूर्तिधारी पत्थरों को कांदल या कांदल के पत्थर कहते हैं। महाराष्ट्र में ऐसा

एक भी गाँव नहीं है जहाँ के मंदिर के बाहर, पास में या भीतर ये कांदल न मिलें। ये कांदल कब के हैं? जिस काल में पर्वत और गुफाओं में तथा घाटियों में उत्कीर्णन की लहर चली, उस काल के हैं। कांदल शब्द कांदर का अपभ्रंश है। **कंदरस्य इदं कांदरं**—कंदर, यानी पर्वत में उत्कीर्ण गुफा। यह कंदर शब्द वाल्मीकि रामायण में आता है। कंदरपूजा अथवा लिंगपूजा महाराष्ट्र में बहुत पुरानी है। बौद्ध लोगों से लिंगपूजकों की रक्षा करने हेतु भालाधारी कंदरों पर खुदे हुए हैं। बहुधा बौद्धों की पराजय और लिंगपूजकों की विजय सूचित करने का विचार रहा होगा। जबकि प्रत्येक गाँव में कंदर पाये जाते हैं, तब यह तर्क दिया जा सकता है कि किसी समय महाराष्ट्र में बौद्धों और शैवों के बीच बड़ा झगड़ा हुआ होगा। कांदलों में से कुछ पत्थर तो अति प्राचीन हैं और बहुत से उनकी नकल से खुदे, सिर्फ पाँच-सात सौ वर्ष पुराने हैं। इस तरह ये कांदल दो प्रकार के हैं। इन कांदलों के पास ही कुछ अंतर पर वीर हैं। असुरों, राक्षसों, शकों, यवनों और मुसलमानों से गाँव की रक्षा में वीरतापूर्वक लड़ते हुए जिन्होंने देह त्याग दी उनकी मूर्तियाँ बनाकर, मंदिर के अहाते में सम्मानपूर्वक रखने की रूढ़ि महाराष्ट्र में चलती थी। ये मूर्तियाँ ग्रामीण कारीगरों द्वारा बनायी हुई होती हैं और कुछ मूर्तियों के नीचे आलेख भी खुदे रहते हैं।

मध्यवर्ती देवालय प्रायः शिव या विष्णु का होता है और कभी-कभी दोनों का। कई मंदिर चालुक्यकालीन, कई राष्ट्रकूटकालीन, कई यादवकालीन और कदाचित एकाध कोई मुगलकालीन हैं। यादवकाल के तथा मुसलमानों के समय के मंदिर मामूली हेमाड़पंती शैली के हैं। चालुक्यकालीन मंदिर बहुत कारीगरीपूर्ण तथा कलात्मक हैं। गरुड़ या नंदी दिखायी देता है। फिर सभामंडप प्रारम्भ होता है और गर्भगृह में प्रवेश से पूर्व जय-विजय की अनुमति लेनी पड़ती है। अनुमति माँगते समय गणेश की और उनके बंधु स्कंदराज की प्रार्थना करने के बाद देहली के नीचे रखे कीर्तिमुख को लाँघकर भीतर प्रवेश करते ही गर्भगृह की अपूर्व शोभा से आँखें तृप्त हो जाती हैं। यहाँ प्रेक्षक का नन्हा-सा मन चकरा जाता है। देखे भी तो क्या-क्या? पहले गर्भागार देखे या सभामंडप या प्रकारचित्र, इसका वह निर्णय नहीं कर पाता। कहीं इन्द्रसभा और दशावतार के रंगीन चित्र बने हैं, कहीं देवयोनि और गणदेवता की अर्धमूर्तियाँ खुदी हैं, कहीं यक्ष-किन्नर-राक्षसों की प्रतिमाएँ बनी हैं, तो कहीं तत्कालीन राजाओं की सभाएँ चित्रित हैं। इस सबको अच्छी तरह से आरम्भ से अंत तक, अर्थ समझते हुए देखने के लिए एक महीना भी अपर्याप्त होगा। खाली उपकरणों को ही लें तो अटनी पर रखे शंख, सर्पाकार आचमनी, कमलाकृतिक अभिषेकपात्र, मत्स्याकृतिक धूपदान आदि वस्तुओं में भी इतिहास भरा मिलता है। मंदिर में से परकोटे के आँगन में आकर नींव से शिखर तक स्वयं मंदिर का आकार देखें तो वह भी आश्चर्यकारी! वे मेहराबें, वे जालियाँ, वे मूर्तियाँ, वह कोण, वह आकाशदीप—सभी कुछ विचित्र! आँगन में नागशिला पड़ी है। यह नाग लोगों का स्मरण दिलाती है। पश्चिमी देहली से परकोटे से बाहर निकलने पर बिल्कुल नदी

के पानी तक उतरता हुआ अर्धचंद्रकार घाट दिखता है। वहाँ जलदेवता का मंदिर है, संन्यासियों की समाधियाँ हैं, चबूतरें हैं, पास ही करीब सौ एक हाथ के अंतर पर एक मस्जिद है, दूसरी तरफ एक टीला दिखायी देता है। वह शायद बौद्ध स्तूप होगा, चार-पाँच मील पर पहाड़ियों की एक कतार दिखायी देती है, उसमें पांडवों की गुफा है। आसपास की जगह पर हाल ही के तीन-चार सौ वर्षों के अंदर ईसाइयों द्वारा बनाया हुआ एक कैथोलिक चर्च है; उसी की बगल में ब्रह्मसमाजियों द्वारा अभी दस-बीस सालों में बनाया हुआ एक छोटा और मामूली-सा प्रार्थना-मंदिर है।

14. शैशवावस्थादर्शक लोकभ्रम

इस सब दिखावे का क्या मतलब है? ये गत तीन हजार वर्षों में महाराष्ट्र के लोगों के विविध, काल्पनिक और बिखरे हुए साधनों के, कलाओं और अभिमतों के मूर्त प्रदर्शन हैं। इसका अर्थ तीन प्रकार से लगाया जा सकता है। जो लोग केवल श्रद्धालु हैं उन्हें इन दृश्यों में स्वर्ग-नरक यानी परलोक में स्थित देवताओं के क्रियाकलाप दिखायी देते हैं और वे उन्हें सत्य से भी अधिक सत्य मानते हैं। जो केवल कला और शिल्प के जानकार हैं, वे इन मूर्तियों का आकार, इमारतों की रचना, चित्रों के उभार, भरे पूरे रंगों की शोभा और कल्पना की उड़ान आदि गुणों का वर्णन करने में मग्न हो जाते हैं और इस प्रकार के शिल्पों को अब लुप्त होते हुए देखकर दुखी होते हैं। जो इतिहास के अध्येता हैं उन्हें इन दृश्यों में उपर्युक्त दो अर्थों से एक भिन्न अर्थ दीखता है। सूंड वाले गणेश, पंख वाले देवदूत, चोंच वाला गरुड़, शेषशायी नारायण, चतुर्मुख ब्रह्मदेव, दशमुख रावण, अश्वमुखी किन्नर, ऊर्ध्वशिख नारद, सिर के ऊपर स्थित स्वर्ग और पैरों के नीचे स्थित पाताल, ये सब भ्रांत कल्पना के खेल हैं, ये सर्वथा मिथ्या हैं और विशुद्ध विज्ञान का ज्ञान जैसे-जैसे विकसित होगा, वैसे-वैसे कालांतर में इनका लोप होना ही चाहिए यह बात इतिहासकार जानते हैं, और वे लुप्त हो रहे भ्रांत शिल्पों के लिए दुख से विह्वल नहीं होते। इसके विपरीत, इन कल्पनाओं का लोप अत्यंत धीमी गति से हो रहा है, इसका उन्हें खेद होता है। स्थूल मूर्तियों, चित्र और पशु-पक्षी आदि की प्रतिमाओं पर भ्रांत विश्वास भी तो अभी कहाँ लुप्त हो पाया है? और यद्यपि कहींकहीं, थोड़ा-बहुत हुआ हो तो भी स्वर्ग, नरक, देव, देवदूत, जिहोवा, गाड, अल्ला, इस प्रकार की अमूर्त भ्रांत कल्पनाएँ अभी भी चारों ओर प्रचलित हैं। केवल अद्वैत वेदांतियों और भौतिक विज्ञानियों में से कुछ में ही ये कल्पनाएँ नष्ट हुई हैं। परन्तु इन कुछ की संख्या, पृथ्वीतल की पूरी जनसंख्या का कौन सा लाक्षांश है? अभी भी विश्व बाल्यावस्था में तो क्या, शैशवावस्था में ही है।

15. देवकल्पना के संबंध में मूल भ्रम

मनुष्य मात्र की इस दीर्घकालीन, अर्थात् लाखों वर्षों की शैशवावस्था के मंद इतिहास का विचार-भाव-प्रदर्शन के शुद्ध और मिश्रित, चालीस साधनों की स्थिति देखने के

बाद, अल्प-स्वल्प रूप में, अनुमान किया जा सकता है। इस इतिहास के परिशीलन से यह दृष्टिगोचर होता है कि ईश्वर, आत्मा, परमात्मा, काल, दिक्, कारण आदि विशुद्ध अथवा मिली-जुली कल्पनाएँ स्वयंभू नहीं हैं, परन्तु मनुष्य द्वारा केवल भ्रांत अनुमान से निर्मित की गयी हैं। अनुभवों के अन्वय अतिरेक से शुद्ध ज्ञान के कुछ कण मनुष्य के हाथ लगे। यहाँ से वहाँ तक बाकी सब साम्राज्य मिश्रित ज्ञान का है। इस मिश्रित ज्ञान से शुद्ध ज्ञान की ओर प्रगति हो रही है, यही थोड़ा बहुत संतोष है। आश्चर्य यह है कि लगता है विकास की प्रक्रिया की, अर्थात् इतिहास की घोर उपेक्षा की जा रही है। कल्पना, ईश्वर कल्पना, कार्यकारण भावकल्पना, दिक्कल्पना, कालकल्पना, ये सब कल्पनाएँ लाखों वर्षों के विकास के दौरान बनती आयी हैं। जिसे देखो वह स्वयंभू की ओर, यानी ईश्वरदत्तत्व की ओर, अथवा स्वाभाविक प्रेरणा की ओर दौड़ पड़ता है। मानो आज इसी मुहूर्त पर मनुष्य आसमान से भूमि पर अचानक टपक पड़ा हो। मानो उसके पूर्व का लाखों वर्षों का इतिहास हो ही नहीं। यहाँ मैं लाखों वर्षों के विकास के बाद विकसित हुई एक कल्पना की एक टूटी-फूटी परम्परा दे रहा हूँ। इससे यह स्पष्ट होगा कि उपरोक्त कल्पना और उसका स्वयंभूत्व, दोनों कितने भ्रांतिमूलक हैं। अज्ञात प्रदेश से ध्वनि सुनायी दी, मनुष्य चौंका, बीमार पड़ गया, बीमारी का कारण स्पष्ट रूप से नहीं समझ सका, अतएव भूत की कल्पना कर ली। भिन्न-भिन्न तरह के अज्ञान से उत्पन्न ध्वनियों के लिए, हाव भावों के लिए, जन्म और मृत्यु के लिए एक-एक भूत की कल्पना की गयी। भले और दुष्ट भूत निर्मित हुए। उनकी उपासना शुरू हुई। बाद में जैसे-जैसे रोगों के, सुखों और दुखों के वास्तविक कारण और निवारक उपाय ज्ञात होने लगे, वैसे-वैसे भले भूतों की, अर्थात् देवताओं और दुष्ट भूतों की, अर्थात् शैतानों की भद्द उड़ायी जाने लगी और उनकी जरूरत नहीं रह गयी। बिजली गिरने से मनुष्य की मृत्यु होने पर इस तरह की भ्रांत कल्पना की जाती थी कि इन्द्र देवता ने अपने वज्र से उसको मारा है; और अगर हैजे से कोई मनुष्य मर गया तो भ्रामक कल्पनावश ऐसा समझा जाता था कि उसे मरी देवी ने मारा है। घर में बिजली का तार ठीक तरह से लगा हो तो बिजली से विशेष खतरा नहीं रहता, यह वैज्ञानिक ज्ञान प्राप्त होने के बाद, इन्द्र और उसका वज्र, दोनों ही भ्रांतिजन्य और काल्पनिक सिद्ध होते हैं और मनुष्य के मन से दोनों को निकाल बाहर किया जाता है। उसी तरह शुद्ध हवा-पानी रहने पर मरी देवी की परवाह नहीं होती। देवता या देवी की जरूरत मनुष्य को कब तक प्रतीत होती है? जब तक मनुष्य को संकट-निवारण के उपाय ज्ञात नहीं होते, तभी तक। संकट निवारण के उपाय जैसे-जैसे मनुष्य को अधिक मात्रा में सूझते हैं, वैसे-वैसे ईश्वर को कम से कम तकलीफ देने या उस समय के लिए ईश्वर को स्थान-च्युत कर देने की मनुष्य की परिपाटी है। इस प्रकार अनेक देवों को मिथ्या ठहराकर मनुष्य एक ही देवता के संबंध में बड़ी दिलेरी के साथ कल्पना करता है और स्वयं को सयानों का शिरोमणि समझता है। परन्तु यह एक अकेला देव भी हजारों प्रसंगों में उपयोगी नहीं होता। अंत में उस अद्वितीय को भी एक ओर फेंककर, वह अद्वैत वेदांती बनता है और

ईश्वर की माया का, यानी भ्रांति का बाना उतार देता है अथवा भौतिक विज्ञानी बन कर कल्पित ईश्वर के पंजे से संकट-निवारण का काम धीरे-धीरे छीनता जाता है। तात्पर्य यह है कि जहाँ-जहाँ कार्य का सही कारण नहीं मिलता, वहाँ-वहाँ अज्ञानी मनुष्य भूत अथवा देव के कारण की कल्पना करता आया है; वास्तविक कारण मिल जाने पर भूत कारण की अथवा देव कारण की छुट्टी करने की उसकी परिपाटी है। तात्पर्य यह कि देवता की कल्पना कृत्रिम है, स्वयंभू नहीं।

16. भाव-विचार प्रदर्शन के 40 साधन और इतिहास

भाव-विचार प्रदर्शन के 20 शुद्ध और 20 मिश्रित, इस तरह कुल मिलाकर 40 साधनों का अब तक वर्णन किया गया है। इन 40 साधनों की सहायता से किसी भी देश और वहाँ के विगत तथा वर्तमान लोगों का इतिहास ज्ञात किया जाता है। अपने महाराष्ट्र और इस भूमि पर रहने वाले पुरातन और वर्तमान लोगों का इतिहास इन्हीं साधनों की सहायता से लिखा जाने वाला है। हाल के लगभग पचास वर्षों में 40 साधनों में से केवल अक्षर साधनों-कागजपत्रों और ग्रंथों—की ओर हमारा विशेष रूप से ध्यान आकर्षित हुआ। सीमित धनराशि और अल्प परिश्रम से इन्हीं साधनों की उपलब्धि प्रथम होना संभव थी। अतः जो हुआ, वह ठीक ही हुआ। परन्तु इस एक अक्षर साधन की उपलब्धि से ही पूरा काम समाप्त नहीं हो जाता। अक्षर विचारों का एक साधन है। अक्षर के अतिरिक्त जो 39 बच गये हैं, उनका क्या होगा? ऐसा नहीं कि अक्षर से सभी विचार प्रकट हों। जो विचार अक्षर से प्रकट नहीं हो सकते, वे शुद्ध और मिश्रित विचार गान, चित्र, तथा स्थापत्य से प्रकट होते हैं। अतः इन साधनों को भी हमें यथोचित रूप से ध्यान में रखना चाहिए। अक्षर साधनों के द्वारा किये गये शोध से उक्त शोध आर्थिक दृष्टि से सापेक्षतः थोड़ा खर्चीला है। फिर भी खर्च कम हो या अधिक हो, इस खोज के अभाव में महाराष्ट्र के इतिहास का चित्र अपर्याप्त रहेगा, यह बात अस्वीकार नहीं की जा सकती। इसके अलावा ऐसा नहीं कि अक्षर साधन सभी कालों में समान रूप से उपलब्ध होगा ही। चार-पाँच सौ वर्ष गुजर जाने पर कागजपत्रों से मिलने वाली सहायता समाप्त-सी हो जाती है। केवल ग्रन्थ बचते हैं। उनकी पुष्टि मूर्तियों, चित्र, स्थापत्य से करनी पड़ती है। कई कालखंडों के इतिहास के संबंध में तो अल्प-स्वल्प अवशेषों से निकाले गये तर्क द्वारा अनुमान लगाना पड़ता है। ऐसी हैं कठिनाइयाँ। इनका निवारण करने के लिए उपर्युक्त चालीसों साधनों की सहायता आवश्यक होने के कारण ही उनके संबंध में उपरोक्त सोलह परिच्छेदों में कुछ गहन विस्तृत चर्चा आवश्यक प्रतीत हुई।